Fale Tudo em Coreano!

VEJA
COMO ACESSAR
O ÁUDIO
p.279

CB014339

SANG HEE LEE KIM
Projeto e coordenação editorial: José Roberto A. Igreja

Fale Tudo em Coreano!

Tudo o que você precisa para se comunicar no dia a dia,
em viagens, reuniões de negócios, eventos sociais, entrevistas,
recepção de estrangeiros e muitas outras situações.

5ª reimpressão

© 2016 Sang Hee Lee Kim

Projeto e coordenação editorial
José Roberto A. Igreja

Preparação de texto
Larissa Lino Barbosa/Verba Editorial

Capa e projeto gráfico
Paula Astiz

Editoração eletrônica
Laura Lotufo/Paula Astiz Design

Ilustrações
Carlos Cunha

Assistente editorial
Aline Naomi Sassaki

Locutores do Áudio
Fabiana Eun Ji Kim, Lucas Jung Ki Kim, Sang Hee Lee Kim e Woo Poong Kim

Dados Internacionais de Catalogação na Publicação (CIP)
(Câmara Brasileira do Livro, SP, Brasil)

Kim, Sang Hee Lee
 Fale tudo em coreano! / Sang Hee Lee Kim. – Barueri, SP : DISAL, 2016.

 Bibliografia.
 ISBN 978-85-7844-160-9

 1. Coreano – Vocabulários e manuais de conversação – Português
 2. Português – Vocabulários e manuais de conversação – Coreano I. Título.

14-02688 CDD-495.7369

Índices para catálogo sistemático:
1. Coreano : Guia de conversação : Linguística 495.7369
2. Guia de conversação : Coreano : Linguística 495.7369

Todos os direitos reservados em nome de:
Bantim, Canato e Guazzelli Editora Ltda.

Alameda Mamoré 911 – cj. 107
Alphaville – BARUERI – SP
CEP: 06454-040
Tel./Fax: (11) 4195-2811
Visite nosso site: www.disaleditora.com.br
Televendas: (11) 3226-3111

Fax gratuito: 0800 7707 105/106
e-mail para pedidos: comercialdisal@disal.com.br

Nenhuma parte desta publicação pode ser reproduzida, arquivada ou transmitida de nenhuma forma ou meio sem permissão expressa e por escrito da Editora.

SUMÁRIO

APRESENTAÇÃO   7

I. DIÁLOGOS SITUACIONAIS E FRASES-CHAVE   11
상황에 맞는 대화와 주요구문
sãm rúãm é mannūn derruáuá juiô gumún

1. **Quebrando o gelo**   13
서먹한 분위기를 깨면서 – sómókhán buniguirūr quemionsó
2. **Viagem para o exterior (Parte 1)**   29
해외 여행 (1부) – reué iórrém (ir bú)
3. **Viagem para o exterior (Parte 2)**   45
해외 여행 (2부) – reué iórrém (i bú)
4. **Entretenimento e diversão**   63
엔터테인먼트 및 오락 – enthótheimónthū mid orác
5. **Saúde e boa forma**   81
건강 및 운동 – góngām mid undōm
6. **Lar doce lar**   93
화목한 가정 – rúamokhán gajóm
7. **No trabalho**   101
직장에서 – jicjjām esó
8. **Relacionamentos**   123
관계 – guangué
9. **Vivendo, apenas! (Parte 1)**   137
일상 생활 (1부) – irsām sem rruár (ir bú)
10. **Vivendo, apenas! (Parte 2)**   147
일상생활 (2부) – irsām sem rruár (i bú)

II. VOCABULÁRIO   161
어휘
órruí

III. GUIA DE REFERÊNCIA GRAMATICAL   209
문법 관련 설명
mumpób guarlión sórmióm

IV. GUIA DE DICAS CULTURAIS   249
문화 소개
mumrruá sogué

V. GUIA DO VOCABULÁRIO ATIVO   **251**
어휘 활용 안내
órruí ruar iõm anné

VI. DIÁLOGOS TRADUZIDOS   **253**
대화문 번역
derrúamún bónhóc

VII. GUIA DO ÁUDIO: FAIXA E PÁGINA   **271**
CD 사용법: 트랙 및 페이지
CD saiõmpób: thūréc mid pheijí

BIBLIOGRAFIA   **277**

COMO ACESSAR O ÁUDIO   **279**

APRESENTAÇÃO

Bem-vindo a **Fale tudo em coreano! – Guia de conversação**, um livro abrangente de apoio e referência a todos que estudam ou já estudaram coreano, cuidadosamente planejado para auxiliar na utilização desse idioma em variadas situações.

Fale tudo em coreano! – Guia de conversação é um livro prático e objetivo que reúne frases e diálogos essenciais e recorrentes da conversação cotidiana, sendo altamente recomendado para todos que desejam:
» revisar e consolidar conceitos já estudados;
» preparar-se para uma viagem a um país de língua coreana;
» preparar-se para reuniões, apresentações e entrevistas em coreano, como é o caso das entrevistas de emprego;
» receber visitantes estrangeiros na empresa;
» relembrar frases e vocabulário-chave e tirar dúvidas;
» praticar e melhorar a compreensão auditiva sobre variados assuntos (o livro traz um áudio com 61 diálogos variados gravados em coreano);
» compreender e responder e-mails em coreano com mais facilidade e de forma mais adequada.

O conjunto de todas as seções do livro (veja abaixo o item "As seções do livro") o torna uma ferramenta útil e indispensável a todos que necessitam se comunicar, oralmente ou por escrito, em coreano, seja qual for a situação. Dessa forma, **Fale tudo em coreano! – Guia de conversação** é um livro ideal para se ter em casa, no escritório e levar em viagens, uma vez que auxilia você a se preparar para as situações de conversação que poderá vivenciar.

AS SEÇÕES DO LIVRO

Diálogos situacionais (상황에 맞는 대화 – s<u>ãm</u> r<u>uãm</u> é mann<u>ũn</u> derruá)
Fale tudo em coreano! – Guia de conversação reúne 61 diálogos situacionais que abrangem os principais tópicos da conversação cotidiana. As situações abordadas nos diálogos incluem:
» fazer reserva em um hotel;
» alugar um carro;
» sair para se divertir;
» comprar roupas;
» fazer o check-in no aeroporto;
» pegar um táxi do aeroporto para o hotel;
» fazer uma entrevista de emprego;
» fazer ligações telefônicas;
» frequentar um restaurante;
» pedir desculpas;

» aconselhar e pedir conselhos,
» usar computadores.

Uma das principais preocupações na criação dos diálogos foi retratar com naturalidade e fidelidade a realidade linguística dos falantes nativos. Dessa forma, o áudio que acompanha o livro, com a gravação dos diálogos situacionais na voz nativa, é um excelente material para você praticar e melhorar a compreensão auditiva do idioma coreano em variados contextos e se preparar para o que certamente vai ouvir ao entrar em contato com falantes nativos, seja em reuniões de negócios, situações informais ou em viagens ao exterior. (Veja também o item "Como tirar melhor proveito de Fale tudo em coreano! – Guia de conversação".)

A versão em português dos diálogos foi propositalmente inserida no fim do livro, para que você procure, em um primeiro momento, compreender os diálogos em coreano sem o auxílio e a interferência do português. Essa será uma prática interessante, em especial para os leitores que têm um nível mais avançado de conhecimento do idioma.

Frases-chave (주요구문 – juiô gumún)
Fale tudo em coreano! – Guia de conversação apresenta todas as frases e perguntas-chave utilizadas nos mais variados contextos de conversação. Seja para pedir desculpas, dar conselhos, emitir opinião, convidar alguém para fazer algo, descrever as características físicas e os traços de personalidade de alguém, falar com o atendente de check-in no aeroporto, pedir informações, falar de sua rotina diária, entre outras situações, você poderá facilmente visualizar, nessa seção bilíngue, o que precisa dizer.

Um dos destaques desta seção é que não se trata de uma mera tradução de frases. É sabido que cada idioma possui características e formas próprias e que muitas vezes não é possível fazer uma tradução literal do português para o coreano mantendo o mesmo significado da frase original. **Fale tudo em coreano! – Guia de conversação** apresenta frases-chave para diversas situações da maneira como são expressas pelos falantes nativos de coreano.

Vocabulário ativo (어휘 활용 – órrui ruariõm)
Para se falar um idioma com fluência é preciso saber empregar o vocabulário da forma mais natural e adequada possível. A seção "Vocabulário ativo" apresenta uma seleção de palavras fundamentais pertencentes a diversos contextos de conversação. Todas essas palavras são apresentadas em frases contextualizadas. Essa seção retrata de uma forma realista o uso do vocabulário nos contextos mais usuais de conversação. Os tópicos abordados na seção "Vocabulário ativo" incluem:
» viagem aérea;
» pegar um táxi;
» manter-se em forma;
» afazeres domésticos;
» trabalho e carreira;
» uma reunião de negócios;
» ligações telefônicas;
» namoro;
» romance e sexo.

Um dos destaques dessa seção é o tópico "Usando computadores", com vocabulário atualizado de termos usados no mundo da informática.

Dicas culturais (문화 소개 – munrruá sogué)
É um fato sabido que língua e cultura são inseparáveis. Há momentos em que é praticamente impossível comunicar-se ou compreender com clareza sem o prévio conhecimento de dados culturais. **Fale tudo em coreano! – Guia de conversação** apresenta 15 dados culturais relevantes, relativos a contextos variados, como:
» a atividade ao ar livre mais comum na Coreia;
» o café da manhã coreano comparado ao brasileiro;
» a famosa ilha de "Jeju";
» o sistema monetário coreano;
» datas e feriados típicos, como "o grande festival da colheita".

Vocabulário (어휘 – órruí)
Esta seção foi planejada para você localizar rapidamente o vocabulário que precisa empregar em variadas situações de conversação. Ela complementa e interage com todas as outras seções do livro, em especial a seção "Frases-chave", já que frequentemente uma frase-chave pode ser alterada com a variação do vocabulário. Dessa forma, o "Vocabulário" potencializa e expande o horizonte linguístico contido na seção "Frases--chave". Os assuntos apresentados no "Vocabulário" incluem:
» relações familiares;
» ocupações;
» vocabulário comercial;
» artigos de drogaria;
» o automóvel;
» o corpo humano;
» esportes;
» comida;
» ditados e provérbios.

Guia de referência gramatical (문법 관련 설명 – munpób guarlión sórmióm)
Esta seção foi cuidadosamente planejada para você revisar de forma rápida, fácil e objetiva conceitos gramaticais fundamentais do idioma. Ao relembrar conceitos importantes do funcionamento da estrutura do idioma coreano você vai perceber que a compreensão e aplicação de todas as frases do livro se tornarão mais fáceis. Lembre-se de que a estrutura gramatical de qualquer língua é o esqueleto que dá sustentação a todas as frases e diálogos no idioma.

COMO TIRAR MELHOR PROVEITO DE *FALE TUDO EM COREANO!* – *GUIA DE CONVERSAÇÃO*
Fale tudo em coreano! – Guia de conversação foi planejado para ser utilizado por pessoas de diferentes níveis de conhecimento do coreano. Se o seu conhecimento atual do idioma for do pós-intermediário em diante, uma excelente maneira de explorar esse material é ouvir primeiramente o áudio, tentando compreender as variadas situações apresentadas nos diálogos. É possível que em alguns momentos haja palavras ou frases que você não conseguirá captar com clareza. Nesse caso, ouça o áudio pela segunda vez, tentando

avançar na compreensão. Se após mais algumas audições você ainda não conseguir captar tudo o que é falado, poderá recorrer ao diálogo em coreano contido no livro e indicado no "Guia do Áudio: Faixa e Página". O conteúdo de todas as seções do livro servirá de apoio e referência para os momentos em que você precisar tirar dúvidas ou se preparar para situações de conversação, como viagens ao exterior, reuniões, apresentações, entrevistas etc.

Para as pessoas que possuem um nível básico de conhecimento do idioma, uma boa forma de explorar o material é iniciar com a leitura da seção "Guia de referência gramatical", para revisar a estrutura de funcionamento do idioma. Esta seção é apresentada de forma progressiva: à medida que você gradualmente avançar, terá a oportunidade de compreender melhor como elaborar perguntas e frases (afirmativas e negativas) nos tempos verbais (presente, passado, futuro e condicional), entender os significados e a aplicação dos verbos e ter uma visão geral dos principais itens que compõem a estrutura do idioma. Você poderá então consultar as seções de "Frases-chave" para se familiarizar com as perguntas e frases usuais em vários contextos de conversação, aprender novas palavras nas seções de "Vocabulário ativo" e ouvir os diálogos acompanhando o texto no livro. À medida que você progredir no estudo do idioma (independentemente da escola em que faz o curso), você vai notar que o conteúdo de todas as seções do livro complementará e facilitará o seu desenvolvimento de forma significativa.

I. DIÁLOGOS SITUACIONAIS E FRASES-CHAVE
상황에 맞는 대화와 주요구문
<u>sãm</u> <u>rúãm</u> é mannūn derruáuá juiô gumún

1. QUEBRANDO O GELO
서먹한 분위기를 깨면서
sómókhán buniguirūr quemionsó

1.1 Quebrando o gelo (Diálogo)
서먹한 분위기를 깨면서 (대화)
sómókhán buniguirūr quemiónsó (derrúa)

🔊 **Faixa 1**

호세: 오늘 날씨 참 춥네요!
Rose: Onūr narchí tcham tchumneiô!

아나: 네, 정말 그러네요! 이런 추운 날씨에는 익숙하지 않아서요.
Ana: Ne, jóm már gūrónéiô! Irón tchuún narchiénūn icssuckhají anasóiô.

호세: 그럼, 다른 나라에서 오셨어요?
Rose: Gūróm, darūn naraesó ochióssóiô?

아나: 네, 저는 브라질에서 왔습니다. 그리고 브라질은 여기 한국보다 훨씬 덥습니다.
Ana: Ne, jónūn būrajiresó uassūmnidá. Gūrigô būrajirūn ióguí rangucpodá ruórchín dóbsūmnidá.

호세: 죄송합니다, 먼저 제 인사가 늦었습니다. 제 이름은 호세입니다.
Rose: Jêsōm rammidá, mónjó jé soguegá nūjóssūmnidá. Je irūmūn rosseimnidá.

아나: 호세씨, 만나서 반갑습니다! 저는 아나입니다. 당신은 한국 분입니까?
Ana: Rosessí, mannasó bangabssūmnidá! Jónūn Ana imnidá. D<u>ām</u> chinūn rangúc punimnicá?

호세: 아니요, 멕시코에서 태어났지만 여기에서 자랐습니다. 제가 3살때 우리 가족이 한국으로 왔습니다.
Rose: Aniô, mecchikhoesó theónajjimán ióguiessó jarassūmnidá. Jegá sesarté urí gajoguí rangugūrô uassūmnidá.

13

아나: 저는 처음으로 한국을 방문했습니다. 한국은 제가 생각했던 것보다 훨씬 아름다운 나라입니다. 실례지만 무슨 일을 하십니까?
Ana: jónūn tchóūmūrō rangugūr <u>bām</u> mún ressūmnidá. Rangugūn jegá <u>sem</u>gác rétóngópodá dó ruórchín arūmdaún nara imnidá. chirlejimán mussūn irūr rachimnicá?
호세: 저는 보험 회사에서 일을 합니다.
Rose: Jónūn borróm ruéssaesó irūr ramnidá.
» Veja a tradução desse diálogo na p. 253

1.2 Quebrando o gelo (Frases-chave)
서먹한 분위기를 깨면서(주요 구문)
sómókhán buniguirūr quemionsó (juiô gumún)

QUEBRANDO O GELO (A)
서먹한 분위기를 깨면서(A)
sómókhán buniguirūr quemiónsó (A)

정말 멋진 전망이죠? **Jóm már mójjín jón <u>mām</u> ijô?** – Bela vista, não é mesmo?
파티를/쇼를/강의를 즐기고 있나요? **phathírūr/chiourūr/<u>gām</u> irūr jūrguigó innaiô?** – Está gostando da festa/do show/da palestra?
좋은 파티죠/쇼죠/강의죠, 안 그래요? **joūn phathíjô/chioujô/<u>gām</u> ijô, an gūreiéô?** – Festa/show/palestra ótima(o), não é mesmo?
오래간만에 즐기고 있어요. **oreganmané jūrguigó issóiô.** – Não me divirto assim há anos.
당신이 즐기고 있는 것 같군요. **<u>dām</u> chiní jūrguigó innūngód gacunnhô.** – Você parece estar se divertindo.
» Veja "Guia de referência gramatical": uso de verbo 'parece que' p. 226
행복해/외로워/슬퍼 보이는군요. **<u>Rem</u> bokhé/uerouó/sūrphó boinūngunhô.** – Você parece contente/solitário(a)/triste.
여기 앉아도 돼요? **lógui anjadô deiô?** – Posso me sentar aqui?
여기 빈 자리인가요? **lóguí bin jarí ingaiô?** – Este(a) assento/cadeira está ocupado(a)?

QUEBRANDO O GELO (B)
서먹한 분위기를 깨면서(B)
sómókhán buniguirūr quemiónsó (B)

아는 사람 같은데... **anūn sarām gathūndé...** – Você me parece familiar...
혹시 우리 전에 만난 적이 있어요? **rocchí urí jóné mannanjóguí issóiô?** – Nós já não nos conhecemos?
무슨 일을 하세요? **Musūn irūr raseiô?** – O que você faz?
» Veja Vocabulário 1: Ocupações p. 163
여기에서 태어났어요? **ióguiesó theónassóiô?** – Você é daqui?
서울에서/부산에서/등등에서 사세요? **sóuresó/busánesó <u>dūm dūm</u> esó saseiô?** – Você mora em Seul/Busan/etc.?
여기 자주 오세요? **ióguí jajú oseiô?** – Você vem aqui com frequência?

QUEBRANDO O GELO (C)
서먹한 분위기를 깨면서(C)
sómókhán buniguirūr quemiónsó (C)

오늘 참 덥네요./춥네요. **Onūr tchām dómneiô/tchumneiô.** – Está quente/frio mesmo hoje.
» Veja Falando sobre o tempo – Frases-chave: Como está o tempo (B) p. 25
여기 덥네요./춥네요. **ióguí dómneiô/tchumneiô.** – Está quente/frio aqui dentro.
날씨가 아주 좋네요. **narchigá ajú jonneiô.** – O tempo está ótimo.
전 맑은 날이 좋아요. **Jón margūn narí joaiô.** – Eu adoro dias ensolarados.
실례합니다. 담배 있나요? **Chirlerramnidá. dambé innaiô?** – Com licença, você tem um cigarro?
불 있어요? **Bur issóiô?** – Você tem fogo?
죄송합니다. 저는 담배를 안 피워요. **Jesōm ramnidá. jónūn dambérūr an phiuóiô.** – Desculpe-me, não fumo.
담배 피워도 될까요? **dambé phiuódô dercaiô?** – Você se importa se eu fumar?

1.3 Acho que você não conhece minha amiga (Diálogo)
내 친구를 모르는 것 같아요 (대화)
Ne tchingurūr morūnūn gód gathaiô (derruá)

◀))): **Faixa 2***

바울: 준수야, 안녕? 오래간만이야!
Baúr: Junsuiá, annhóm? Oreganmaniiá!
준수: 바울! 만나서 정말 반가워, 잘 지냈니?
Junsú: Baúr! Mannasó jóm már bangauó, jár jinenní?
바울: 잘 지냈어. 내 친구 미나를 소개할게.
Baúr: Jar jinessó. Né tchingú minarūr soguerrarqué.
준수: 미나, 만나서 반가워!

* Informal

Junsú: Miná, mannasó bangauó!
미나: 나도 만나서 반가워!
Miná: Nadô mannasó bangauó!
준수: 넌 여기 서울에서 공부하니?
Junsú: Nón ióguí sóuresó gōm burraní?
미나: 아니. 그냥 여행 왔어. 나는 대구에서 살아.
Miná: aní. Gūnhãm iórrém uassó. nanūn degú esó sará.
준수: 정말? 대구에 사는 이모가 계셔서 한번 가 본 적이 있어.
Junsú: Jóm már? Degu é sanūn imogá guechiósó ranbón ga bôn jóguí issó.
미나: 그래? 어땠니?
Miná: gūré? ótenní?
준수: 좋았어. 그곳은 참 아름다운 도시인것 같아.
Junsú: Joassó. Gūgossūn tchãm arūmdaún dochí ingó gathá.
바울: 준수야, 미안한데 그만 가 봐야 해. 다음 수업 시간에 필요한 책을 가지러 기숙사에 갔다 와야 하거든.
Baúr: Junsuiá, mianrrandé gūmán ga baiá rê. Daūm suób chigané phiriorrán tchegūr gajiró guisucsaé gatá uaiá ragódūn.
준수: 그래. 나중에 보자.
Junsú: gūré. Najum é bojá.
미나: 준수야, 만나서 반가웠어.
Miná: Junsuiá, mannasó bangauóssó.
준수: 나도 반가웠어. 다음에 보자. 잘가.
Junsú: Nadô bangauóssó. Daūmé bojá. Járgá.

» Veja a tradução desse diálogo na p. 253

1.4 Cumprimentos (Frases-chave)
인사 (주요 구문)
insá (juiô gumún)

CUMPRIMENTOS (A)
인사 (A)
insá (A)

안녕하세요!/안녕!* **annhómrraseiô!/annhóm!** – Olá!/Oi!
어떻게 지내세요? **Óthókhé jineseiô?** – Como está?/Como vai?
덕분에 잘 지내요, 고마워요. 당신은요? **Dócpuné jar jineiô, gomauóiô. dãmchinūnnhô?** – Estou bem, obrigado. E você?
좋아요, 감사합니다. 당신은 어때요? **joaiô, gamsarramnidá. dãmchinūn óteiô?** – Bem, obrigado. E você?
좋아. 넌 어때?* **joá. nón óté?** – Ótimo. E você?

* Informal

CUMPRIMENTOS (B)
인사 (B)
insá (B)

안녕하세요! /좋은 아침!* a<u>nnh</u>ómrraseiô!/jo<u>ū</u>n atchím! – Bom dia!
안녕하세요! a<u>nnh</u>ómrraseiô! – Boa tarde!/Boa noite!
좋은 하루 되세요! Jo<u>ū</u>n rarú deseiô! – Tenha um bom dia!

CUMPRIMENTOS: INFORMAL
인사: 비격식 (편한 사이)
insá: biguiócchíc (phiónrrán saí)*

어떻게 지내니?* Ótókhé jinení? – Como está?/Como vai?
잘 지내니?* jar jinení? – Tudo bem?
오래간만이야.* oreganmaniiá. – Há quanto tempo a gente não se vê!
안녕!* A<u>nnh</u>óm! – Olá!/Oi!

1.5 Despedindo-se (Frases-chave)
작별 인사 (주요 구문)
jacpiór insá (juiô gumún)

DESPEDINDO-SE (A)
작별 인사 (A)
jacpiór insá (A)

안녕히 계세요! /안녕히 가세요!/안녕* A<u>nnh</u>ómrrí gueseiô! (fique bem)/A<u>nnh</u>ómrrí gaseiô! (vá bem)/A<u>nnh</u>óm* – Tchau!
안녕히 주무세요! A<u>nnh</u>ómrrí jumuseiô! – Boa noite! (# Usado ao se retirar ou antes de ir dormir)
나중에 보자!* Na<u>jum</u> é bojá! – Até mais tarde!/Te vejo mais tarde!
내일 봐* neír buá! – Até amanhã!
또 보자!* tô bojá! – Te vejo por aí!
나중에 이야기 하자* na<u>jum</u> é iiaguí rajá. – Depois conversamos, tchau!

DESPEDINDO-SE (B)
작별 인사(B)
jacpiór insá (B)*

몸 조심해!* Mom jochimé! – Cuide-se!
내일 보자, 안녕!* Neír bojá, a<u>nnh</u>óm! – Te vejo amanhã, tchau!
그래, 나중에 보자!* G<u>ū</u>re, na<u>jum</u> é bojá! – Ok, te vejo mais tarde!
좋은 하루 보내, 안녕!* Jo<u>ū</u>n rarú boné, a<u>nnh</u>óm! – Tenha um ótimo dia, tchau!
좋은 시간 보내.* Jo<u>ū</u>n chigán boné. – Tenha uma boa hora.
안녕!* A<u>nnh</u>óm! – Tchau! (em qualquer hora do dia)

* Informal

1.6 Conhecendo alguém (Frases-chave)
사람들을 처음 만날 때(주요 구문)
saramdūrūr tchóūm mannarté (juiô gumún)

만나서 반갑습니다! **Mannasó bangabsūmnidá!** – Muito prazer!/Prazer em conhecê-lo!
저야말로 반갑습니다! **Jóiámarlô bangabsūmnidá!** – O prazer é meu!
저도 반갑습니다. **Jódô bangabsūmnidá.** – Eu também/O prazer é meu!
반가워.* **bangauó.** – Muito prazer
내가 더 반가워!* **Negá dó bangauó!** – O prazer é meu!
나도 반가워.* **Nadô bangauó.** – Eu também/O prazer é meu!

1.7 Apresentando a si mesmo e outras pessoas (Frases-chave)
자기소개와 다른 사람을 소개 할때(주요 구문)
Jaguí sogueuá darūn saramūr soguérrárté (juiô gumún)

제 이름은... 입니다. **Jê irūmūn... imnidá.** – Meu nome é...
저는... 입니다. **Jónūn... imnidá.** – Eu sou...
아직 인사 안 한 것 같은데, 제 이름은... 입니다. **Ajíc insá an rangód gathūndé, jê irūmūn... imnidá.** – Acho que ainda não nos apresentamos, meu nome é...
제 소개를 하겠습니다, 저는... 입니다. **Jê soguerūr raguessūmnidá, jónūn... imnidá.** – Deixe me apresentar, eu sou...
제 친구...를 소개해 드리고 싶습니다. **jê tchingú...rūr soguerré dūrigô chibssūmnidá.** – Gostaria de apresentar meu amigo...
제 친구...와는 안면이 없는 것 같아요. **Jê tchingú...uanūn anmióni óbnūn gód gathaiô.** – Acho que você não conhece meu amigo...
제 친구입니다./형제입니다. **Jê tchingúimnida./rióm jê imnidá.** – Este é meu amigo/irmão.
» Veja Vocabulário 5: Relações familiares p. 171

1.8 Pedindo informações pessoais (Frases-chave)
개인정보를 요구하면서 (주요 구문)
gueinjómborūr iogurramiónsó (juiô gumún)

PEDINDO INFORMAÇÕES PESSOAIS (A)
개인정보를 요구하면서 (A)
gueinjómborūr iogurramiónsó (A)

이름이 무엇입니까? **Irūmí muóchimnicá?** – Qual é o seu nome?/Como você se chama?
당신의 성은 무엇입니까? **Dām chinūi sóm ūn muóchimnicá?** – Qual é o seu sobrenome?
당신은 무엇을 합니까? **Dām chinūn muósūr ramnicá?** – O que você faz?

* Mais informal

당신은 무슨 일을 합니까? **Dām chinūn musūn irūr ramnicá?** – Qual a sua ocupação?/O que você faz?
어디에서 왔습니까? **Ódiesó uassūmnicá?** – De onde você é?
당신의 국적은 무엇입니까? **Dām chinūi gucjjógūn muóchimnicá?** – Qual é a sua nacionalidade?
» Veja Vocabulário 2: Países e nacionalidades p. 165
어디에서 태어났습니까? **Ódiesó theónassūmnicá?** – Onde você nasceu?
어디에 삽니까? **Ódié samnicá?** – Onde você mora?
몇 살입니까?/나이가 어떻게 됩니까? **Mióssarimnicá?/naigá ótókhé demnicá?** – Quantos anos você tem?/Qual a sua idade?
고등학교는 어디 다녔습니까? **Godūm racguiónūn ódí danhóssūmnicá?** – Onde você fez o colegial?
대학은 어디 다녔습니까? **Derragūn ódi danhóssūmnicá?** – Onde você fez a faculdade?

PEDINDO INFORMAÇÕES PESSOAIS (B)
서로에 대해 알아가면서 (B)
Sóroé derré aragamiónsó (B)

여가시간에는 무엇을 합니까? **Iógá chiganenūn muóssūr ramnicá?** – O que você gosta de fazer no seu tempo livre?
» Veja Saindo para se divertir – Frases-chave: Coisas que as pessoas fazem para se divertir (B) p. 64, e Vocabulário 8: Esportes p. 174
취미가 있나요? **tchimigá innaiô?** – Você tem um hobby?
제일 좋아하는 가수는/배우는/작가는 누구입니까? **Jeír joarranūn gasúnūn/beúnūn/jacanūn nugú imnicá?** – Qual é o seu cantor/ator/autor/etc. preferido?
당신은 무슨 띠입니까? **Dām chinūn musūn tiimnicá?** – Qual é o seu signo? (horóscopo chinês)
결혼했습니까? **Guiór ronrressūmnicá?** – Você é casado/a?
기혼입니까?/미혼입니까? **Guirronimnicá?/mirronimnicá?** – Qual é o seu estado civil? Casada ou solteira?
자녀가 있습니까? **Janhógá issūmnicá?** – Você tem filhos?
애인이 있습니까? **Einí issūmnicá?** – Você tem namorada/namorado?
누구하고 삽니까? **Nugurragô samnicá?** – Com quem você mora?

1.9 Falando de si mesmo (Frases-chave)
자기소개를 하면서(주요 구문)
jaguí soguerūr rámiónsó (juiô gumn)

FALANDO DE SI MESMO (A)
자기소개를 하면서 (A)
jaguí soguerūr rámiónsó (A)

제 이름은/성은... 입니다. **Jê irūmūn/sóm ūn... imnidá.** – Meu nome/sobrenome é...
저는 교사/변호사/의사/등등 입니다. **Jónūn guiosá/biónosá/ūisá/dūm dūm imnidá.** – Eu sou professor/advogado/médico/etc.

» Veja Vocabulário 1: Ocupações p. 163
저는... 회계사입니다. Jónūn... rueguesá imnidá. – Eu sou contador na empresa...
저는 보험/광고/판매/등등 회사에서 일합니다. Jónūn borróm/<u>guām</u> gô/phanmé/<u>dūm dūm</u> ruesá esó ir ramnidá. – Trabalho com seguros/propaganda/vendas etc.
저는 브라질/등등 에서 왔습니다. Jónūn būrajír/<u>dūm dūm</u>... esó uassūmnidá. – Eu sou do Brasil/etc.
» Veja Vocabulário 2: Países e nacionalidades p. 165
저는 브라질/등등... 사람입니다. Jónūn būrajír <u>dūm dūm</u>... saramimnidá. – Eu sou Brasileiro/etc.
저는 브라질/등등....에서 태어났습니다. Jónūn būrajír/<u>dūm dūm</u>... esó theónassūmnidá. – Eu nasci no Brasil/etc.
저는 브라질/등등....에서 자랐습니다. Jónūn būrajír/<u>dūm dūm</u>... esó jarassūmnidá. – Eu cresci no Brasil/etc.
» Veja Vocabulário 2: Países e nacionalidades p. 165
저는... 에서 삽니다. Jónūn...esó samnidá. – Eu moro em...
저는 서른 한 살입니다. Jónūn sórūn ran sár imnidá. – Tenho trinta e um anos de idade...
» Veja Vocabulário 3: Números ordinais e cardinais p. 167
저는... 에서 고등학교를 다녔습니다. Jónūn...esó go<u>dum</u> raquiorūr danhóssūmnidá. – Eu fiz o colegial em...
저는...에서 대학을 다녔습니다. Jónūn...esó derragūr danhóssūmnidá. – Eu fiz a faculdade em...

FALANDO DE SI MESMO (B)
자기소개를 하면서 (B)
jaguí soguerūr rámiónsó (B)

저는... 을/를 좋아합니다. Jónūn...ūr/rūr joarramnidá. – Eu gosto de...
» Veja Saindo para se divertir – Frases-chave: Coisas que as pessoas fazem para se divertir (B) p. 64 e Esportes p. 174
저는 우표를/동전을/등등을 수집합니다. Jónūn uphíorūr/<u>dōm</u> jónūr/<u>dūm dūm</u> ūr sujíbrramnidá. – Eu coleciono selos/moedas antigas/etc.
제가 제일 좋아하는 가수는/배우는/작가는/등등은... 입니다. Jêgá jeír joarranūn gasúnūn/beúnūn/jacánūn/<u>dūm dūm</u> ūn...imnidá. – Meu cantor/ator/autor/etc. preferido é...
저는 쥐띠, 소띠, 호랑이띠, 토끼띠, 용띠, 뱀띠, 말띠, 염소띠, 원숭이띠, 닭띠, 개띠, 돼지띠 입니다. Jónūn jittí, sottí, rorām ittí, thokittí, iōm ttí, bem ttí, mar ttí, ióm sottí, uón<u>sum</u> ittí, dac ttí, guettí, dejittí imnidá. – Eu sou do signo de rato, boi, tigre, coelho, dragão, cobra, cavalo, cabra, macaco, galo, cachorro e porco.
저는 결혼했습니다. Jónūn guiór rrôn ressūmnidá. – Sou casado(a).
저는 미혼입니다/싱글입니다. Jónūn mirrônimnidá/<u>sim</u>gūrimnidá. – Sou solteiro(a).
저는 이혼했습니다. Jónūn irron rressūmnidá. – Sou divorciado(a).
저는 별거 중입니다. Jónūn biórgó <u>jum</u> imnidá. – Sou separado(a).
저는 약혼했습니다. Jónūn iakhôn ressūmnidá. – Sou noivo(a). Já estou noivo(a).
저는 과부입니다./저는 남편하고 사별했습니다. Jónūn guabú imnidá./Jónūn namphiónrragô sabiór ressūmnidá. – Sou viúva.
저는 홀아비입니다. jónūn rorabí imnidá. – Sou viúvo.

저는 두 아들이 있습니다. **Jónūn du adūrí issūmnidá.** – Eu tenho dois filhos.
» Veja Vocabulário 5: Relações familiares p. 171
저는 딸과 아들이 있습니다. **Jónūn targuá adūrí issūmnidá.** – Tenho uma filha e um filho.
저는 애인이 있습니다. **Jónūn einí issūmnidá.** – Tenho namorada/namorado.
저는 부모님과 삽니다. **Jónūn bumonimguá samnidá.** – Eu moro com meus pais
» Veja Vocabulário 5: Relações familiares p. 171
저는 제 아내와 아이들과 함께 삽니다. **Jónūn jê aneuá aidūrguá ramqué samnidá.** – Moro com minha esposa e filhos.
저는 혼자 삽니다. **Jónūn ronjá samnidá.** – Eu moro sozinho.
죄송합니다, 그건 사적인 일입니다! **Je<u>sōm</u> ramnidá, gūgón sajjóguín irimnidá!** – Desculpe, isso é pessoal!

1.10 Falando sobre a sua família (Frases-chave)
가족에 대해 말하면서 (주요 구문)
gajôguê derré mar rámiónsó (juiô gumún)

FALANDO SOBRE SUA FAMÍLIA (A)
가족에 대해 말하면서 (A)
gajôguê derré mar rámiónsó (A)

» Veja Vocabulário 5: Relações familiares p. 171
저는 가족이 많습니다/적습니다. **Jónūn gajoguí manssūmnidá/jócssūmnidá.** – Tenho uma família grande/pequena.
저는 남동생과 언니가/누나가 있습니다. **Jónūn nam<u>dōm</u> sem guá ónnígá/nunagá issūmnidá.** – Tenho um irmão mais novo e uma irmã mais velha.
» Veja Vocabulário 2: Relações familiares p. 171
저는 여동생과 오빠가/형이 있습니다. **Jónūn ió<u>dōm</u> sem guá opágá/rió<u>m</u> í issūmnidá.** – Eu tenho uma irmã mais nova e um irmão mais velho.
저는 쌍둥이 형제가/자매가 있습니다. **Jónūn <u>sām</u> dum í rió<u>m</u> jêga/jamegá issūmnidá.** – Tenho um(a) irmão/irmã gêmeo(a).
저는 외아들입니다./외동딸입니다. **Jónūn ué adūrimnida/ué <u>dōm</u> tarimnidá.** – Sou filho(a) único(a).
제 아버지는... 입니다. **Jê abójinūn... imnidá.** – Meu pai é...
» Veja Vocabulário 1: Ocupações p. 163
제 아버지는 은퇴하셨습니다. **Jê abójinūn ūnthérrachióssūmnidá.** – Meu pai é aposentado.
제 어머니는 주부입니다./변호사... 입니다. **Jê ómóninūn jubúimnida./biónrrosá... imnidá.** – Minha mãe é dona de casa/advogada...
제 부모님은.....에서 사십니다. **Jê bumonimūn...esó sachimnidá.** – Meus pais moram em...
제 부모님은 이혼하셨습니다. **Jê bumonimūn irrôn rachióssūmnidá.** – Meus pais são divorciados.
아버지는 돌아가셨고 어머니는 살아계십니다. **Abójinūn doragachiócô ómóninūn saraguechimnidá.** – Meu pai faleceu e minha mãe está viva.

FALANDO SOBRE SUA FAMÍLIA (B)
가족에 대해 말하면서 (B)
gajôc é derré mar rámiónsó (B)

제 아내는... 입니다. **Jê anenūn... imnidá.** – Minha esposa é...
» Veja Vocabulário 1: Ocupações p. 163
제 남편은... 입니다. **Jê namphiónūn... imnidá.** – Meu marido é...
제 여동생은 활발합니다. **Jê ió dōm sem ūn ruarbár ramnidá.** – Minha irmã é extrovertida.
» Veja Descrevendo traços de personalidade – Frases-chave p. 125
제 남동생은 재미있습니다. **Jê nam dōm ssem ūn jemiissūmnidá.** – Meu irmão mais novo é engraçado.
제 아버지는 무뚝뚝한 분이십니다. **Jê abójinūn mutuctúckhán bunichimnidá.** – Meu pai é sério.
제 부모님은 자상하십니다. **Jê bumonimūn jasām rachimnidá.** – Meus pais são amigáveis/simpáticos.
우리는 친척이 아닙니다. **Urinūn tchintchóguí animnidá.** – Nós não somos da mesma família./ Não somos parentes.
...하고 무슨 관계입니까? **...ragô musūn guanguêimnicá?** – Qual o seu grau de parentesco com...?
» Veja Vocabulário 5: Relações familiares p. 171

1.11 Ruídos na comunicação (Frases-chave)
대화를 놓쳤을 때 (주요 구문)
derruárūr notchóssūrté (juiô gumún)

RUÍDOS NA COMUNICAÇÃO (A)
대화를 놓쳤을 때 (A)
derruárūr notchóssūrté (A)

뭐라고요? **Muóragoiô?** – Como? (pedindo para repetir)
뭐라고 하셨습니까? **Muóragô rachióssūmnicá?** – Desculpe, como? (pedindo para repetir)
죄송하지만, 다시 말해 줄 수 있어요? **Juesōmrrajimán, dachí mar ré jurssú issóiô?** – Desculpe, você pode repetir, por favor?
천천히 말해 줄 수 있어요? **Tchón tchón rí mar ré jurssú issóiô?** – Você poderia, por favor, falar devagar?
천천히 말해 줄래요? **Tchón tchón rí mar ré jurleiô?** – Você pode, por favor, falar devagar?
다시 말해 줄 수 있어요? **Dachí mar ré jurssú issóiô?** – Você poderia repetir por favor?
다시 말해 줄래요? **Dachí mar ré jurleiô?** – Você pode repetir por favor?
죄송합니다, 이해를 못 했습니다... **Juesōmrramnidá, irrerūr mothéssūmnidá...** – Desculpe, não entendi...
다시 설명해 줄 수 있습니까? **Dachí sórmióm ré jurssú issūmnicá?** – Poderia explicar novamente?

RUÍDOS NA COMUNICAÇÃO (B)
대화를 놓쳤을 때 (B)
derruarūr notchóssūrté (B)

그거 다시 말해 줄 수 있어요? **Gūgó dachí mar ré jurssú issóiô?** – Pode dizer aquilo de novo, por favor?
...를/을 어떻게 발음해야 합니까? **...rūr/ūr ótókhé barūmrreiá ramnicá?** – Como se soletra...?
이것은 한국어로 뭐라고 합니까? **Igósūn rangugórô mórago ramnicá?** – Como se chama isto em coreano? (mostrando algo)
다시 말해 주실래요? **Dachí mar ré juchirleiô?** – Pode repetir, por favor?
이름이 뭐라고 했지요? **Irūmí móragô rejjiiô?** – Como é seu nome mesmo?
무슨 말인지 잘 모르겠습니다. **Mussūn marinjí jar morūguessūmnidá.** – Não entendi direito o que você disse.
무슨 말인지 전혀 모르겠습니다. **Mussūn marinjí jónrrió morūguessūmnidá.** – Desculpe, não tenho a mínima ideia do que você está falando.

1.12 Falando sobre o tempo (Diálogo)
날씨에 대해 말하면서 (대화)
narchie derré mar rámiónsó (derrúa)

🔊 **Faixa 3**

희진: 이번 주말 일기 예보 들었니?
Rijín: ibón jumár irguí iebô dūrónni?
수지: 들었어. 토요일은 날씨가 좋지만 일요일은 어쩌면 비가 약간 올지도 모른다고 했어.
Sují: Dūróssó. thoioirūn narchigá jotchimán irioirūn ójjómión bigá iacán orjjido morūndagô ressó.
희진: 난 비 오는 날이 싫어. 비가 오면 나는 항상 우울해.
Rijín: Nan bi onūn narí chiró. Bigá omión nanūn <u>rām sâm</u> u ur ré.

수지: 이해해. 그럼, 넌 여름을 더 좋아하니?
Sují: Irrerré. Gūróm, nón iórūmūr dó joarraní?
희진: 그래. 내가 제일 좋아하는 계절은 여름이야. 너도 알다시피, 나는 야외 활동을 정말 좋아해.
Rijin: Gūré. Negá jeír joarranūn guejóriiá. Nódô ardachiphí, nanūn iaué ruart<u>ō</u>m ūr j<u>ó</u>m már joárré.
수지: 그럼, 이번 주말에 뭐 할거니?
Sují: Gūróm, ibón jumaré mó rarcóní?
희진: 글쎄, 바닷가에 갔으면 해.
Rijín: Gūrssé, badacaé gassūmiónrré.
» Veja a tradução desse diálogo na p. 253

DICA CULTURAL 1: ATIVIDADES AO AR LIVRE
문화에 대한 도움말1: 야외 활동
MUNRRÚAE DERRAN DOUMMAR 1: IAUÉ RUART<u>Ō</u>M

A palavra 야외 활동 (iaué ruart<u>ō</u>m) refere-se a atividades ao ar livre. Uma das atividades que os coreanos curtem bastante é **a caminhada na serra** '등산하다' (d<u>ū</u>m sanrradá).

남산 **Namsan (Sóur):** Namsan (lit. "Montanha do Sul") é um pico de 262 **metros** de altura, localizado no distrito de **Jung-gu**, em **Seul**, **Coreia do Sul**. Embora conhecido como Monte Mongmyeok (목멱산) no passado, agora é comumente referido como Namsan. Possui espaço para caminhadas e recreação. A **N Seoul Tower** está localizada no topo do monte Namsan.

1.13 Falando sobre o tempo (Frases-chave)
날씨에 대해 말하면서 (주요 구문)
narchié derré mar rámiónsó (juiô gumún)

COMO ESTÁ O TEMPO? (A)
날씨가 어때요? (A)
narchigá óteiô? (A)

오늘 날씨가 어때요? **Onūr narchigá óteiô?** – Como está o tempo hoje?
더워요/추워요. **Dóuóiô/tchuuóiô.** – Está quente/frio.
맑아요. **Margaiô.** – Está ensolarado.
흐려요. **Rūrióiô.** – Está nublado.
비가 와요. **Bigá uaiô.** – Está chuvoso.
바람이 불어요. **Baramí buróiô.** – Está ventando.
눈이 와요. **Nuní uaiô.** – Está nevando.
약간 흐려요. **Iacán rūrióiô.** – Está meio nublado.
비가 조금 와요. **Bigá jog<u>ū</u>m uaiô.** – Está meio chuvoso.
서늘해요. **Sónūreiô.** – Está friozinho.

24

시원해요. **Chiuón reiô.** – Está fresco.
따뜻해요. **Tatūtheiô.** – Está quente.
포근해요. **Phogūn reiô.** – Está ameno.

COMO ESTÁ O TEMPO? (B)
날씨가 어때요? (B)
narchiga óteio? (B)

화씨 70도입니다. **ruachí tchirchibtô imnidá.** – Está fazendo setenta graus Fahrenheit.
20도 입니다. **Ichibtô imnidá.** – Está vinte graus Celsius/centígrados.
영하 5도/-5℃입니다. **Ióm rá odô imnidá.** – Está menos cinco graus centígrados.
영하 2도/-2℃입니다. **Ióm rá idô imnidá.** – Está dois graus abaixo de zero.
비가 올 것 같습니다. **Bigá orcó gassūmnidá.** – Parece que vai chover.
비가 오고 있습니다. **Bigá ogô issūmnidá.** – Está chovendo.
비가 많이 오고 있습니다! **Bigá maní ogô issūmnidá!** – Está caindo um pé d'água!
이슬비가 내리고 있습니다. **Isūr bigá nerigô issūmnidá.** – Está garoando.
꽁꽁 얼어 있습니다! <u>**Cõm cõm** óró issūmnidá.</u> – Está congelante!

DICA CULTURAL 2: PISO COM AQUECIMENTO
문화에 대한 도움말 2: 온돌방
MUNRRÚAÉ DERRÁN DOUMMÁR 2: ONDÔR B<u>Ã</u>M

A maioria das casas e apartamentos da Coreia tem um sistema de aquecimento nos pisos já que o frio do inverno chega a -5 °C ou menos.

Um **ondor**, também chamado **gudeul**, na arquitetura tradicional coreana é um sistema de aquecimento localizado abaixo do piso de alvenaria espesso que utiliza a transferência de calor direto da fumaça produzida pela queima de madeira para gerar o efeito de calefação no piso. Atualmente, o termo refere-se a qualquer tipo de piso radiante, como de um quarto de hotel ou dormitório em estilo coreano (em oposição ao ocidental).

Os principais componentes do ondol tradicional são uma fornalha ou fogão (**agum i;** 아궁이), acessível a partir de um cômodo adjacente (geralmente cozinha ou quarto principal), um piso de alvenaria elevado sobre horizontais que transportam a fumaça e uma chaminé vertical independente no exterior oposto. O chão aquecido é escorado por pilares de pedra ou defletores para distribuir a fumaça, coberto por placas de pedra, argila e uma camada impermeável como papel oleado.

Este elemento arquitetônico coreano é semelhante ao **kang**, cama-fogão encontrado nas proximidades do Nordeste da China, historicamente conhecido como Manchúria, que é utilizado em construção e é semelhante ao **ondor**.

A PREVISÃO DO TEMPO
일기 예보
irguí iebô

오늘/주말의 일기 예보는 어떻습니까? **Onūr/jumarūi irguí iebonūn ótóssūmnicá?** – Qual é a previsão do tempo para hoje/o fim de semana?
하루종일 더울 것입니다. **Rarú jōm ir dóúr cóchimnidá.** – Vai fazer calor o dia todo.
오후에 비가 올 것입니다. **Orrué bigá or cóchimnidá.** – Vai chover à tarde.
맑을 것 같습니다./비가 올 것 같습니다. **Margūr có gassūmnidá./biga or có gassūmnidá.** – Parece que teremos um dia ensolarado/chuvoso.
맑은 주말이 될 것입니다. **Margūn jumarí dercó chimnidá.** – Vai ser um fim de semana ensolarado.
일기 예보에 의하면 맑은 주말이 될 것입니다./비 오는 주말이 될 것입니다. **Irguí ieboé ūirramión margūn jumari der cóchimnidá./bi onūn jumari dercó chimnidá.** – O homem do tempo diz que vai ser um fim de semana ensolarado/chuvoso.
온도가 올라가고 있습니다. **Ondogá orlagagô issūmnidá.** – A temperatura está subindo.
온도가 내려갈 것입니다. **ondogá neriógar cóchimnidá.** – A temperatura vai cair.

SEU TIPO PREFERIDO DE TEMPO
가장 좋아하는 날씨
gajām joarránūn narchí

어떤 날씨를 가장 좋아합니까? **Ótón narchirūr gajām joarramnicá?** – Qual o seu tipo preferido de tempo?
더운 날이 좋습니다. **Dóún narí jossūmnidá.** – Gosto de tempo quente.
맑은 날이 더 좋습니다. **Margūn narí dó jossūmnidá.** – Prefiro dias ensolarados.
비 오는 날은 싫습니다. **Bi onūn narūn chirssūmnidá.** – Não gosto de dias chuvosos.
제일 좋아하는 계절은 무엇입니까? **Jeír joarranūn guejórūn muóchimnicá?** – Qual sua estação do ano preferida?
저는 여름을/겨울을/가을을/봄을 더 좋아합니다. **Jónūn iórūmūr/guióúrūr/gaūrūr/bomūr dó joarramnidá.** – Prefiro o verão/o inverno/o outono/a primavera.
저는 여름을/겨울을 더 좋아합니다. **Jó nūn iórūmūr/guióúrūr dó joarramnidá.** – Prefiro o verão/o inverno.

FALANDO SOBRE O TEMPO NO SEU PAÍS
자기 나라의 날씨에 대해 말하면서
Jaguí naraūi narchié derré mar rámiónsó

사는 곳의 날씨가 어떻습니까? **Sanūn gosūi narchigá ótóssūmnicá?** – Como é o tempo onde você vive/no seu país?
열대 나라에서 삽니다, 그래서 늘 덥습니다. **Iórté naraesó samnidá, gūresó nūr dóbssūmnidá.** – Eu vivo em um país tropical, então geralmente faz calor.
대체로 맑습니다. **Detcherô marssūmnidá.** – Faz sol a maior parte do tempo.
온도가 약...입니다. **Ondogá iác...imnidá.** – A temperatura fica em torno de...
» Veja Dica cultural 2 p. 25
날씨가 따뜻합니다. **Narchigá tatūthamnidá.** – A temperatura é amena.

여기 비가 많이 옵니까? **lóguí bigá maní omnicá?** – Chove muito por aqui?
비가 안 온 지 몇 개월이 되었습니다. **Bigá an on jí mióqueuóri deóssūmnidá.** – Não chove há meses.
이 옷은 여기 날씨에 맞는 옷입니까? **I osūn ióguí narchié mannūn ochimnicá?** – Estas roupas são adequadas para o tempo aqui?
겨울에 아주 춥습니다. **Guióuré ajú tchubssūmnidá.** – Faz muito frio no inverno.
겨울에 눈이 내립니다. **Guióuré nuní nerimnidá.** – Neva no inverno.
여름에 아주 덥습니다. **Iórūmé ajú dóbssūmnidá.** – É bem quente no verão.
겨울에 눈이 내립니까? **Guióuré nuní nerimnicá?** – Neva no inverno?

ESTÁ QUENTE/FRIO DEMAIS PARA...
...기엔 너무 덥습니다/춥습니다.
...guién nómú dóbssūmnidá/tchubssūmnidá.

바다로/수영장으로 갈 정도로 덥습니까? **badaro/suiōm jām ūro gar jómdorô dóbssūmnicá?** – Está quente mesmo para ir à praia/nadar na piscina?
수영하기엔 너무 춥습니다. **Suiōm raguién nómú tchubssūmnidá.** – Está frio demais para nadar.
오늘 나가기엔 너무 춥습니다. **Onūr nagaguién nómú tchubssūmnidá.** – Está frio demais para sair hoje.
지금/오늘 공원에 가기엔 바람이 너무 붑니다. **Jigūm/onūr gōm uóné gaguién baramí nómú bumnidá.** – Está ventando demais para ir ao parque agora/hoje.

O TEMPO: COMO VOCÊ SE SENTE
날씨: 어때요?
Narchí: óteiô?

추워요. **Tchu uó iô.** – Estou com frio.
추워서 죽겠어요. **Tchu uó só juquessóiô.** – Estou morrendo de frio.
더워요. **Dó uó iô.** – Estou com calor.
더워서 죽겠어요. **Dó uó só juquessóiô.** – Estou morrendo de calor.

2. VIAGEM PARA O EXTERIOR (PARTE 1)
해외 여행(1부)
reuê iórrém (ir bú)

2.1 Fazendo reserva em um hotel (Diálogo)
호텔 예약 (대화)
rothér ieiác (derruá)

🔊 **Faixa 4**

(전화가 울린다)
(jónrruagá urlindá)
안내: 안녕하세요, 한국 호텔입니다!
Anné: Anhóm rasseiô, Rangúc rotherimnidá!
김준: 15일부터 17일까지 방을 예약하고 싶습니다.
Guim Jun: Chiboír buthó chibtchirír cají <u>bãm</u> ür ieiácrragô chibssümnidá.
안내: 잠시만요. 예약이 가능한지 확인해 보겠습니다. 네, 가능합니다.
Anne: Jãmchimannho. Ieiaguí ga<u>nūm</u>rranjí ruaguinrré boguessūmnida. Ne, ga<u>nūm</u> rramnidá.
김준: 네. 그럼, 더블 룸 가격은 얼마입니까?
Guim Jun: Ne, gūróm, dóbūr~rúm gaguiógūn órmaimnicá?
안내: 아침 식사를 포함하여 하루에 95달러입니다.
Anne: Atchím sicssarūr phorrámrraió rarué guchib ô tarlóimnidá.
김준: 그럼, 15일부터 17일까지 2박 3일 동안 예약하겠습니다.
Guim Jun: gūróm, chiboírbuthó chibtchirírcají ibác samír <u>tōm</u> án ieiácrraguessūmnidá.
안내: 네, 알겠습니다. 정형 외과 세미나차 여기에 오십니까?
Anne: Ne, arguessūmnidá. <u>Jóm rióm</u> uecuá seminatchá ióguié ochimnicá?
김준: 아니오. 우리 딸이 한국에 삽니다. 그래서 딸을 만나러 갑니다.
Guim Jun: Aniô. Urí tarí ranguguê samnidá. Gūresó tarūr mannaró gamnidá.
안내: 네, 알겠습니다. 예약해 드리겠습니다. 이름이 무엇입니까?
Anne: Ne, arguessūmnidá. Ieiáckhé dūriguessūmnidá. Irūmí muóchimnicá?

김준: 김준입니다.
Guim Jun: Guim Junimnidá.
안내: 그리고...
Anne: gūrigo...
» Veja a tradução desse diálogo na p. 254

2.2 Fazendo reserva em um hotel (Frases-chave)
호텔 예약 (주요 구문)
Rothér ieiác (juiô gumún)

FAZENDO RESERVA EM UM HOTEL (A)
호텔 예약 (A)
Rothér ieiác (A)

...주에 예약 하고 싶습니다. **...juê ieiácrragô chibssūmnidá.** – Gostaria de fazer uma reserva para a semana de...
예약을 3일간 하고 싶습니다. **Ieiágūr sam irgánrragô chibssūmnidá.** – Gostaria de reservar um quarto para três noites.
7월 둘째 주에 예약이 가능합니까? **Tchiruór durjjé jué ieiáguí ganūm ramnicá?** – Você tem quartos disponíveis para a segunda semana de julho?
싱글/더블 룸은 얼마입니까? **Sim gūr/dóbúr ~rumūn órmaimnicá?** – Quanto é a diária para um casal/uma pessoa?
아침 식사가 포함되어있습니까? **Atchím sicssagá phorrámdeóissūmnicá?** – O café da manhã está incluso?
카드를 사용 할 수 있습니까? **khadūrūr saiōm rarssú issūmnicá?** – Vocês aceitam cartão de crédito?
이 근처에 있는 다른 호텔을 추천해 줄 수 있습니까? **I gūntchóe innūn darūn rotherūr tchutchónrré jurssú issūmnicá?** – Você pode recomendar algum outro hotel por perto?
시내에 여관이 있는지 아십니까? **Chineé ióguaní inūnjí achimnicá?** – Você sabe se há um motel na cidade?

FAZENDO RESERVA EM UM HOTEL (B)
호텔 예약 (B)
Rothér ieiác (B)

무엇을 도와드릴까요? **Muóssūr douá dūrircaiô?** – Em que posso ajudar?
죄송합니다, 예약이 다 찼습니다. **Jesōmrramnidá, ieiaguí da tchassūmnidá.** – Desculpe, estamos lotados.
더블/싱글 룸에 대한 일일 요금은... 입니다. **Dóbūr/sim gūr ~rumé derrán irír iogūmūn... imnidá.** – A diária para um casal/uma pessoa é...
이 가격은 아침 식사가 포함 되어있습니다. **I gaguiógūn atchím chicssá phorrámdeóissūmnidá.** – Isso já inclui o café da manhã...
아멕스, 비자와 마스터를 받습니다. **Améx, bijauá massūthórūr bassūmnidá.** – Aceitamos Amex, Visa e Mastercard.

2.3 Fazendo o check-in no aeroporto (Diálogo)

탑승 수속 (대화)
thabsūm susôc (derrúa)

🔊 **Faixa 5**

체크인 요원: 도와 드리겠습니다.
tchekūin iouón: Doua dūriguessūmnidá.
승객: 네, 감사합니다. (체크인 요원에게 여권을 주면서)
sūm guec: ne, gamsarramnidá. (chekhūin iouónegue iócuónūr jumiónsó)
체크인 요원: 창가와 통로 좌석 중에 어떤 자리를 원하십니까?
tchekūin iouón: Tchāmcáua thōmnó juasóc jjum e óthón jarirūr uónrrachimnicá?
승객: 통로 좌석을 원합니다.
sūm guec: thōmnó joasógūr uónrramnidá.
체크인 요원: 네, 통로 좌석으로 해 드리겠습니다.
tchekūin iouón: Ne, thōmnó juasógūro re dūriguessūmnidá.
승객: 그리고 금연석으로 해 줄 수 있습니까?
sūm guec: Gūrigo gūmiónsógūro ré jurssū issūmnicá?
체크인 요원: 네, 걱정하지 마세요. 기내 모든 구역은 금연입니다.
tchekūin iouón: Ne, gócjjómrraji masseiô. Guine modūn gu ióġūn gūmiónimnidá.
승객: 그렇군요!
sūm guec: gūrókhunnhô!
체크인 요원: 네. 여기에 가방을 놓아 주세요.
tchekūin iouón: Ne. ióguie gabam ūr noa juseiô.
승객: 작은 가방 하나뿐입니다. 이것은 손에 들고 가도 될까요?
sūm guec: jagūn gabām ranapunimnidá. Igósūn sone dūrgo gado dercaiô?
체크인 요원: 네. 비행기 위쪽 칸에 넣으시면 됩니다. 여기 승객님의 탑승권이 있습니다. 12 번 출구에서 탑승하시면 됩니다.
tchekūin iouón: Ne. birrem gui uijjoc khane nóūchimión demnida. lógui sūm guecnimūi thabsūmguóni issūmnida. Chibibón tchurgu esó thabssūm rrachimión demnidá.

승객: 감사합니다.
<u>sŭm</u> guec: Gamsarramnidá.
» Veja a tradução desse diálogo na p. 254

2.4 Fazendo o check-in no aeroporto (Frases-chave)
공항에서 체크인 (주요 구문)
<u>gõm rãm</u> esó chekhŭin (juio gumun)

FRASES DO ATENDENTE DE CHECK-IN
체크인 요원에 대한 구문
chekhŭin iouóne derran gumun

» Veja Vocabulário ativo: Viagem aérea p. 46
여권과 항공권을 보여 주시겠습니까? Iócuóngua <u>rãm gõm</u> cuónŭr boió juchiguessŭmnicá?
– Poderia mostrar seu passaporte e passagem, por favor?
가방을 몇 개 가지고 계십니까? Gab<u>ãm</u>ŭr mióque gajigo guechimnicá? – Quantas malas o(a) senhor(a) está levando?
저울에 가방을 올려 주시겠습니까? Jóuré gab<u>ãm</u> ŭr orlió juchiguessŭmnicá? – O(A) senhor(a) pode colocar a mala na balança, por favor?
손가방이 있습니까? Son gab<u>ã</u>m í issŭmnicá? – Você tem bagagem de mão?
죄송하지만 초과 수하물은 따로 지불하셔야 합니다. Jes<u>õ</u>mrramnidá, tchogua surramurŭn taro jiburrrachióia ramnidá. – Sinto muito, mas o(a) senhor(a) terá de pagar pelo excesso de bagagem.
창가나 통로 중에 어느 좌석을 원하십니까? <u>Tchãm</u> caná <u>thõm</u>nó <u>jum</u> e ónŭ jasógŭr uónrrachimnicá? – Você gostaria de sentar do lado da janela ou do corredor?
여기 탑승권이 있습니다, 그리고 탑승 게이트는 12번입니다. Iógui thabs<u>sŭm</u> cuóni issŭmnidá, gŭrigo thabsŭm gueithŭnŭn chibibónimnidá. – Aqui está o seu cartão de embarque, o embarque é no portão 12.
출국은 오전 9시입니다. Tchurgugŭn ojón arrobchiimnidá. – O embarque tem início às 9 horas.
죄송하지만 비행기가 연착되었습니다. jes<u>õm</u>rrajiman bir<u>rem</u> guiga ióntchác deóssŭmnidá. – Sinto muito, mas o voo está atrasado.
죄송하지만 비행기가 취소되었습니다. jes<u>õm</u>rrajiman bir<u>rem</u> guiga tchiso deóssŭmnidá. – Sinto muito, mas o voo foi cancelado.
감사합니다. 좋은 여행 되세요! Gamsarramnida. Jo<u>ŭ</u>n ió<u>rrem</u> deseiô! – Muito obrigado. Tenha um bom voo!

FRASES DO PASSAGEIRO
승객에 대한 구문
<u>sŭm</u>guegue derran gumun

» Veja Vocabulário ativo: Viagem aérea p. 46
창문/통로 좌석에 앉게 해 주실 수 있습니까? <u>Tchãm</u> mun/<u>thõm</u>nó juasógue anque ré juchirsu issŭmnicá? – Você pode me colocar no assento da janela/do corredor?

이 손가방은 들고 갈 수 있습니까? I songabām ūn dūrgo garssu issūmnicá? – Posso levar esta aqui como bagagem de mão?
초과 수화물 요금은 얼마입니까? Tchogua surruamur iogūmūn órmaimnicá? – Quanto é a taxa por excesso de bagagem?
탑승 시각은 언제입니까? Thabssūm chigagūn ónjeimnicá? – Que horas é o embarque?
게이트는 몇번입니까? Gueithūnūn miópónimnicá? – Qual é o portão?
...게이트는 어디입니까? ...Gueithūnūn ódiimnicá? – Onde fica o portão...?
혹시 연착될 예정입니까? Rocchi ióntchac der iejóm imnicá? – Vai haver algum atraso?

2.5 No avião (Diálogo)
비행기에서 (대화)
birrém guiesó (derrúa)

ılıllı Faixa 6

"안녕하세요, 저는 기장입니다. 30분 안에 서울 인천 국제 공항에 도착할 예정입니다.
현지 시간은 오전7시 14분 입니다. 날씨가 맑고 온도는 약20도입니다. 모두 좋은 여행이 되셨기 바랍니다. 코리안 항공사를 이용해 주신 승객 여러분께 다시 한번 감사드립니다."
"Annhōmrrasseiô, jónun guijām imnidá. Samchipún ané sóur intchón gucjé gōmrrām é dotchacrrar iejóm imnidá. Riónji chiganūn ojón irgobchí chibsabunimnidá. Narchigá marcô ondonūn iac ichibtoimnidá. Modú joūn iórrem i dechióqui baramnidá. Khorián rāmgōm sarūr iiōmrre juchin sūm guec iórobunqué dachi ranbón gamsadūrimnidá."

니나: 곧 착륙한다고 하니 기뻐요.
Nina: God tchām nhuc randagô raní guipóiô.
다비: 비행기 타는 것을 무서워하나요?
Dabi: Birremgui thanūn gósūr musóuórranaiô?

33

니나: 음, 좋아하는 편은 아니에요.
Nina: Ūm, joarranūn phiónūn aniieiô.
다비: 어디에서 왔어요?
Dabi: Ódiesó uassóiô?
니나: 대전에서 왔어요. 당신은요?
Nina: Dejónesó uassóiô. Dām chinūnnhô?
다비: 브라질에서 왔어요.
Dabi: Būrajiresó uassóiô.
니나: 정말요? 난 항상 브라질에서 카니발을 구경하고 싶었어요. 그리고 해변이 아주 아름답다고 하지요?
Nina: Jóm mário? Nan rām sām būrajiresó khanibarūr guguiómrrago chiphóssóio. Gūrigo rebióni aju arūmdabtagô rajiiô?
다비:맞아요! 휴가로 가기 아주 좋은 장소예요. 당신은 사업 때문에 서울에 왔나요?
Dabi: Majaio! Riugaro gagui aju joūn jām soeio. Dām chinūn saób temune sóure uassóiô?
니나: 아니요! 동생이 여기에 살아서 만나러 왔어요. 안 본지 꽤 오래 됐거든요.
Nina: Aniio! Dōm sem i ióguie sarasó mannaró uassóiô. An bonji que ore decódūnnhô.
» Veja a tradução desse diálogo na p. 254

2.6 No avião (Frases-chave)
비행기에서 (주요 구문)
birrém guiesó (juio gumun)

FRASES DA TRIPULAÇÃO
승무원의 구문
sūm muuónūi gumun

곧 이륙할 예정입니다. **God iriucrrár iejómimnidá.** – Vamos decolar em breve.
안전 벨트를 매 주시기 바랍니다. **Anjón berthūrūr me juchiguí baramnidá.** – Apertem os cintos, por favor.
핸드폰을 꺼 주시기 바랍니다. **Rendūphonūr có juchiguí baramnidá.** – Por favor, desligue o celular.
가방을 위쪽 칸에 넣어 주실 수 있으세요? **Gabām ūr uijjôc khané nóó juchirsú issūseiô?** – Por favor, você pode colocar sua bagagem no compartimento/armário superior?
앉아 주세요. **Anja juseiô.** – Por favor, permaneçam sentados.
식판을 올려 주시기 바랍니다. **Chicphanūr orlió juchiguí baramnidá.** – Por favor, levantem suas bandejas.
좌석을 제 자리로 올려 주십시오. **Juasógūr je jariro orlió juchibchiô.** – Por favor, voltem os assentos para a posição vertical.
승객 여러분 이륙할 준비를 합시다. **Sūm guéc ióróbún iriucrrár junbirūr rabchidá.** – Tripulação preparar para decolagem.

PEDIDOS DO PASSAGEIRO
승객의 요청
sūm guegūi iotchóm

물 좀 주세요. **Mur jôm jusseiô.** – Um copo d'água, por favor.
물 티슈 좀 주세요. **Mur thichú jom jusseiô.** – Um lenço de papel, por favor.
여기 정말 춥네요. **Iógui jóm már tchumneiô.** – Está frio demais aqui.
에어컨 좀 줄일 수 있나요? **Eókhón jom jurirssú innaiô?** – Você pode diminuir o ar-condicionado?
여기 정말 덥네요. **Ióguí jóm már dóbneiô.** – Está quente demais aqui.
에어컨 온도를 올려 줄 수 있나요? **Eókhón ondorūr orlió jurssú innaiô?** – Você pode aumentar a temperatura do ar-condicionado?
내 이어폰이 작동하지 않네요. **Ne ióphoní jactōmrrají anneiô.** – Meus fones de ouvido não estão funcionando.
베개/담요 한장 더 가져다 주시겠습니까? **Begué/damnhô ranjām dó gajódá juchiguessūmnicá?** – Você pode me trazer mais um cobertor/travesseiro?

SENTINDO-SE ENJOADO
멀미를 하면서
mórmirūr rámiónsó

몸이 좋지 않습니다. **Momí jotchí anssūmnidá.** – Não estou me sentindo muito bem.
머리가 아파요. **Mórigá aphaiô.** – Estou com dor de cabeça.
좀 어지러워요. **Jom ójiróuóiô.** – Estou me sentindo um pouco tonto(a).
약을 좀 가져다 주시겠습니까? **Iágūr jom gajódá juchiguessūmnicá?** – Você pode me trazer algum remédio?
아스피린을 가져다 주시겠습니까? **Asūphirinūr gajódá juchiguessūmnicá?** – Você pode me trazer uma aspirina?
멀미나요. **Mórminaiô.** – Estou com vontade de vomitar.
위생 비닐봉투를 가져다 주시겠습니까? **Uisem binir bomthurūr gajódá juchiguessūmnicá?** – Você pode me trazer um saquinho para enjoo?

HORA DA REFEIÇÃO
식사 시간
sicssá chigan

» Veja No restaurante – Frases-chave: Fazendo o pedido (B) p. 73; Pedindo bebidas p. 73 e Outros pedidos e comentários p. 74

닭고기와 쇠고기 메뉴 중 어느 것을 드시겠습니까? **Dacoguíua sogogui menu jum ónū gósūr dūchiguessūmnicá?** – O senhor gostaria de frango ou carne?
닭고기/쇠고기로 주세요. **Dacoguí/sogoguirô jusseiô.** – Frango/carne, por favor.
무엇을 드시겠습니까? **Muóssūr dūchiguessūmnicá?** – O que o(a) senhor(a) gostaria de beber?
오렌지 주스 주세요. **Orenjí jussū jusseiô.** – Suco de laranja para mim, por favor.
콜라 주세요. **Kholá, jusseiô.** – Coca, por favor.
위스키 주세요. **Uissūkhi jusseiô.** – Eu gostaria de uísque, por favor.
커피 한잔 주세요. **Khóphí ranján jusseiô.** – Café, por favor.

PEDINDO INFORMAÇÕES À AEROMOÇA
여승무원에게 안내 요청하면서
ió sūm muúonegue anne iotchóm rámiónsó

비행 시간이 얼마나 됩니까? **Birrem chigani órmaná demnicá?** – Quanto tempo dura este voo?
서울/대전/등등... 에는 몇시에 도착합니까? **Sóur/dejón/dūm dūm... enūn mióchié dotchácrramnicá?** – Que horas vamos chegar em Seul/Degu /etc.?
지금 서울 날씨는 어떻습니까? **Jigūm sóur narchinūn óthóssūmnicá?** – Como está o tempo em Seul agora?
» Veja Falando sobre o tempo – Frases-chave p. 24
브라질과 한국의 시간 차이는 얼마입니까? **Būrajirgua rangugūi chigán tchainūn órmaimnicá?** – Qual a diferença de fuso horário entre Brasil e Coreia?
몇 시에 착륙합니까? **Mió chie tchām nhucrramnicá?** – A que horas devemos aterrissar?
세관 양식을 작성해야 합니까? **Seguán iāmchigūr jacssóm reiá ramnicá?** – Preciso preencher o formulário de alfândega?
세관을 통과해야 합니까? **Seguánūr thōmguárreiá ramnicá?** – Precisamos passar pela alfândega?

2.7 Passando pela alfândega (Frases-chave)
세관을 통과하면서 (주요 구문)
seguanūr thōm guarrámiónsó (juio gumun)

AS PERGUNTAS DO FUNCIONÁRIO DA ALFÂNDEGA
세관 임원 질문
seguán imuón jirmún

서울/대구/등등... 방문 목적이 무엇입니까? **Sóur/degú/dūm dūm... bām mún mocjjógui muóchimnicá?** – Qual é o motivo da sua visita a Seul/Degu/etc.?
무엇을 하십니까? **Muósūr rachimnicá?** – O que você faz?
직업이 무엇입니까? **Jigóbi muóchimnicá?** – Qual é a sua ocupação?/O que você faz?
서울/대구/등등...에 처음 오셨습니까? **Sóur/degú/dūm dūm... e tchóum ochióssūmnicá?** – Esta é sua primeira vez em Seul/Degu/etc.?
여권과 항공권을 좀 볼 수 있습니까? **Iócuónguá rām gōm cuónūr jom borssú issūmnicá?** – Posso ver seu passaporte e passagem aérea, por favor?
혼자 여행하시는 중입니까? **Ronjá iórrém rachinūn jum imnicá?** – O(A) senhor(a) está viajando sozinho(a)?
얼마나 계실 예정입니까? **Órmaná guechír iejóm imnicá?** – Quanto tempo pretende ficar?
어디에 머무르실 겁니까? **Ódié mómurūchir cómnicá?** – Onde o(a) senhor(a) vai ficar?
감사합니다. 즐거운 시간 보내세요. **Gamsarramnidá. Jūrgóun chigan boneseiô.** – Obrigado. Tenha uma boa estadia!

AS RESPOSTAS DO VISITANTE
방문자의 답변
bām munjaūi dab pión

사업 때문에 왔습니다. **Saób temuné uassūmnidá.** – Estou aqui a trabalho.

세미나 때문에 왔어요.. **Seminá temuné uassóiô.** – Estou aqui para um(a) congresso/palestra.
회의에/프레젠 테이션에 참석하기 위해 왔습니다. **Rueie/phürején theichóne tchamsócrraguí uirré uassūmnidá.** – Eu vim para participar de uma reunião/apresentação.
전 의사/엔지니어/변호사/학생 등등...입니다. **Jón ūisá/engenió/biónosá/racssém dūm dūm... imnidá.** – Eu sou médico(a)/engenheiro(a)/advogado(a)/estudante/etc.
» Veja Vocabulário 1: Ocupações p. 163
휴가 중 입니다. **Riugá jum imnidá.** – Estou aqui de férias.
공부하러 왔습니다. **Gom burraró uassūmnidá.** – Vim aqui para estudar.
친구를 방문하러 왔습니다. **Tchingurūr bām munrraró uassūmnidá.** – Vim visitar um(a) amigo(a).
친척을 방문하러 왔습니다. **Tchintchógūr bām munrraró uassūmnidá.** – Vim visitar um parente.
» Veja Vocabulário 5: Relações familiares p. 171
2주/열흘 동안 있을 겁니다. **Ijú/iórūr dōm án issūrcómnidá.** – Vou ficar duas semanas/dez dias.
내...과/와 여행 중입니다. **Ne...gua/ua iórrém jum imnidá.** – Estou viajando com meu/minha...
» Veja Vocabulário 5: Relações familiares p. 171
(이름) 호텔에 있을 겁니다. **(irūm) rotheré issūrcómnidá.** – Vou ficar no (nome do hotel).

2.8 Pegando um táxi do aeroporto para o hotel (Diálogo)
공항에서 호텔로 택시를 타면서(대화)
gōm rām esó rothelô thecchirūr thamiónsó (derrúa)

🔊 **Faixa 7**

다빈: 택시!
Dabin: Thecchí!
택시 운전사: 안녕하세요! 트렁크에 짐을 실어 드리겠습니다.
thecchi unjónsa: Annhóm rasseiô! Thūróm khüe jimūr chiró dūriguessūmnidá.
택시 운전사: 어디로 가십니까?
thecchi unjónsa: Ódirô gachimnicá?
다빈: 서울 호텔로 가 주세요.

37

Dabin: Sóúr rothelô ga juseiô.
택시 운전사: 네, 알겠습니다.
thecchi unjónsa: Ne, arguessümnidá.
다빈: 얼마나 걸립니까?
Dabin: Órmaná gólimnicá?
택시 운전사: 교통이 좋으면 한 40분 걸립니다. 서울에는 무슨 일로 오셨습니까?
thecchi unjónsa: Guiothōm í joūmión ran sachibpún gólimnidá. Sóurenūn musūn irlo ochióssūmnicá?
다빈: 네. 회의 때문에 왔지만 여가 시간도 즐길 계획입니다.
Dabin: Ne, ruei temuné uajjimán ióga chigandô jūrguir guerruéc imnidá.
택시 운전사: 네, 여기는 구경하실 데가 많습니다.
thecchi unjónsa: ne, ióguinūn guguióm rachir tega manssūmnidá.
다빈: 얼마입니까?
Dabin: Órmaimnicá?
택시 운전사: 2만 9천원입니다.
thecchi unjónsa: iman gutchónuón imnidá
다빈: 네. 여기 있습니다. 거스름 돈은 괜찮습니다.
Dabin: Ne, iógui issūmnidá. Gósürum donūn guentchanssūmnidá.
택시 운전사: 감사합니다. 짐을 내려 드리겠습니다. 여기 있습니다. 즐거운 시간 보내세요.
thecchi unjónsa: Gamsarrramnidá. Jimūr nerió dūriguessūmnidá. Iógui issūmnida. Jūrgóun chigan bonesseiô.
다빈: 감사합니다. 안녕히 가세요.
Dabin: Gamsarramnidá. Annhóm rí gaseiô.

» Won: Veja Dica cultural 14: Cédulas e moedas na p. 120.
» Veja a tradução do diálogo na p. 255

DICA CULTURAL 3: SEUL
문화에 대한 도움말 3: 서울
MUNRRÚAE DERRAN DOUMMAR 3: SÓUR

Seul é a capital da Coreia do Sul e está situada às margens do rio Han, no nordeste do país. A cidade se encontra a cerca de 50 km ao sul da fronteira norte-coreana, região conhecida também como área desmilitarizada (DMZ). Seul é uma cidade muito antiga e foi a capital histórica durante as dinastias Baekje (18 a.C. - 660 d.C.) e Joseon (1392-1910). A cidade se tornou a capital da Coreia do Sul quando da constituição do governo sul-coreano, em 1948.

Com mais de 10 milhões de habitantes, Seul é a maior cidade da Coreia do Sul. Cobrindo uma área de apenas 605 km², menor que Londres ou Nova Iorque, é uma cidade com uma das maiores densidades demográficas do mundo. Seul é também uma das cidades mais conectadas à Internet, com um número de usuários superior a muitos outros países. A cidade é também mundialmente considerada uma das melhores 20 cidades para se viver.

2.9 Pegando um táxi (Frases-chave)
택시를 타면서 (주요 구문)
thecchirŭr thamiónsó (juio gumun)

...길에 데려다 주세요. **...guiré deriódá jusseiô.** – Você pode me levar à Rua...?
여기에서...까지 얼마나 걸립니까? **lóguiessó ...cají órmaná górlimnicá?** – Quanto tempo leva para chegar daqui até...?
...까지 거리가 얼마나 됩니까? **...caji górigá órmaná demnicá?** – Qual a distância até...?
...까지 얼마입니까? **...cají órmaimnicá?** – Quanto é uma corrida até...?
이 시간에 교통이 좋지 않습니까? **I chigané guiothõm í jotchí anssŭmnicá?** – O trânsito é ruim neste horário?
여기에서 세워 줄/기다릴 수 있습니까? **lóguiessó seuó jur/guidarir sú issŭmnicá?** – Você pode, por favor, parar/esperar aqui?
거스름 돈은 괜찮습니다. **Gósŭrŭm donŭn guentchanssŭmnida.** – Fique com o troco.

2.10 Vocabulário ativo: Pegando um táxi
어휘 활용: 택시를 타면서
órrúi rúar iõm: thecchirŭr thamiónsó

택시 (TECCHI): TÁXI
시내까지 택시를 타고 갑시다.
Chinecaji thecchirŭr thagô gabchidá.
Vamos pegar um **táxi** até o centro.

신호등 (CHINODŬM): SEMÁFORO
이 도시에는 신호등이 많습니다!
I dochienŭn chinodŭm i manssŭmnidá!
Esta cidade tem **semáforos** demais!

출, 퇴근 시간 (TCHUR, THEGŬN CHIGÁN): HORA DO RUSH
출, 퇴근 시간을 피해 일찍 나가는 게 좋겠습니다.
tchur, thegŭn chiganŭr phirré irjjic naganŭn gué jokhessŭmnida.
É melhor sairmos mais cedo e evitar a **hora do rush**.

교통 체증 (GUIOTHÕM TCHEJŬM): CONGESTIONAMENTO, ENGARRAFAMENTO
난 오늘 아침에 교통 체증으로 거의 한시간 동안 차 안에 갇혀 있었어요.
Nan onŭr atchimé guiothõm tchejŭm ŭro góí ranchigán tõm an tchaané gatchó issóssóiô.
Fiquei preso em um **congestionamento** por quase uma hora esta manhã.

접촉 사고 (JÓBTCHÔC SAGÔ): PEQUENA BATIDA, UM ARRANHÃO
오늘 아침 접촉 사고 때문에 교통이 혼잡했다.
Atchím **jóbtchôc sagô** temuné guio<u>thõ</u>m i ronjaphetá.
Uma **batidinha** fez o trânsito empacar esta manhã.

2.11 Fazendo o check-in no hotel (Diálogo)
호텔에서 체크인을 하면서 (대화)
rotheresó chekhüinür rámiónsó (derrúa)

🔊 Faixa 8

접수인: 무엇을 도와 드릴까요?
jóbsuin: Muóssūr douá dūrircaiô?

박씨: 예약 확인을 하려구요. 박 민으로 예약을 했습니다.
bacchi: ieiác ruaguinūr rariogu iô. bacminūrô ieiagūr ressūmnidá.

접수인: 잠시만 기다리세요. 네, 박민 이름이 여기 있네요. 6일 간 예약하셨지요?
jóbsuin: Jamchimán guidarisseiô. Ne, bacmin irūmi ióguí inneiô. luguirgan ieiacrráchiódjiiô?

박씨: 네, 맞습니다.
bacchi: Ne, massūmnidá.

접수인: 이 양식을 작성해 주세요.
jóbsuin: I i<u>ã</u>m chigūr jac<u>ssó</u>m rré jusseiô.

박씨: 네.
bacchi: Ne.

접수인: 201호 룸을 쓰실겁니다. 짐은 가져다 드리겠습니다.
jóbsuin: Ibéc ir rrô ~rumur ssūchircómnidá. Jimūr gajódá dūri guessūmnidá.

박씨: 감사합니다. 그리고 모닝콜 서비스가 있습니까?
bacchi: Gamsarramnidá. Gūrigô, mo<u>nim</u>khôr sóbissūgá issūmnicá?

접수인: 네. 몇 시에 일어나시기 원하십니까?
jóbsuin: Ne, mióchié irónachiguí uónrrachimnicá?

박씨: 7시30분이 좋습니다. 그리고 체크 아웃은 몇 시입니까?

40

bacchi: Irgobchí samchibpuní jossŭmnidá. Gūrigo tchekhū ausūn mióchi imnicá?
접수인: 오전 12시입니다.
jóbsuin: Ojón iórtuchi imnidá.
박씨: 네, 감사합니다.
bacchi: Ne, gamsarramnidá.
접수인: 별 말씀을요.
jóbsuin: Biór marssūmuriô.
» Veja a tradução desse diálogo na p. 255

2.12 No hotel (Frases-chave)
호텔에서 (주요 구문)
rotheresó (juio gumun)

CONHECENDO O HOTEL
호텔을 알아가면서
rotherūr aragamiónsó

어떤 종류의 숙박 시설입니까? **Ótón jōm nhuūi sucpac sisór imnicá?** – Qual é o tipo de acomodação?
수영장이/사우나가/피트니스 센터가/헬스장이 있나요? **Suióm jām i/saunágá/phithūnisū senthógá/rerssūjām i innaiô?** – Vocês têm piscina/sauna/sala de ginástica/academia?
수영장은/사우나는/등등...은 어디에 있습니까? **Suióm jām ūn/saunánūn/dūm dūm...ūn ódié issūmnicá?** – Onde fica a piscina/sauna/etc.?
15층에 있습니다. **Chibotchūm é issūmnidá.** – Fica no décimo quinto andar.
방에 냉장고가 있나요? **Bām é nem jām gogá innaiô?** – Tem frigobar no quarto?
방에 케이블 TV가 있습니까? **Bām é kheibūr thibigá issūmnicá?** – Os quartos têm TV a cabo?
방에 금고가 있습니까? **Bām é gūmgogá issūmnicá?** – Tem cofre no quarto?
방에 다리미가 있습니까? **Bām é darimigá issūmnicá?** – Tem ferro de passar no quarto?
킹 사이즈 침대가 있는 방이 있습니까? **Khim saijū tchimdegá innūn bām í issūmnicá?** – Você tem algum quarto com cama king-size?
체크 아웃은 몇 시입니까? **Tchekhū ausūn mióchí imnicá?** – A que horas é o check-out?

SERVIÇO DE QUARTO
룸 서비스
~rum sóbisū

베개/수건/이불/비누 여분이 필요합니다. **Begué/sugón/ibúr/binú ióbuní phiriórramnidá.** – Preciso de um travesseiro/toalha/cobertor/sabonete extra.
옷걸이가 더 필요합니다. **Ocórigá dó phiriorramnidá.** – Preciso de mais cabides.
세탁 서비스가 있나요? **Sethác sóbissūgá innaiô?** – Vocês têm serviço de lavanderia?
드라이 클리닝 서비스가 있나요? **Dūrai khūlinim sóbissūgá innaiô?** – Vocês têm serviço de lavagem a seco?
TV가 잘 나오지 않습니다. **Thibigá jar naojí anssūmnidá.** – A TV não está funcionando direito.

41

리모컨에 문제가 생긴 것 같습니다. ~rimokhóné munjegá sem guingód gassümnidá. – Parece haver algum problema com o controle remoto.
에어컨이/보일러가 잘 작동하지 않습니다. Eókhóni/boirlógá jar jactōm rají anssümnidá. – O ar-condicionado/aquecimento não está funcionando bem.
헤어 드라이기가 작동하지 않습니다. Reó dūraiguigá jactōm rají anssümnidá. – O secador de cabelos não está funcionando.
화장실에 휴지가 없습니다. Ruajām chiré riujigá óbssümnidá. – Não há papel higiênico no banheiro.
변기 물이 내려 가지 않습니다. Biónguí murí nerió gají anssümnidá. – A descarga não está funcionando.
싱크대가 막혔어요. Chim khūdegá makhióssóiô. – A pia está entupida.
욕실 배수구가 막혔어요. Iocchír besugugá makhióssóiô. – O ralo do banheiro está entupido.
방을 바꿀 수 있을까요? Bām ūr bacurssú irssūrcaiô? – Eu poderia trocar de quarto?

PEDIDOS E NECESSIDADES
필요한 것 요청하기
phiriorrán gód iotchómrragui

모닝 콜 서비스가 있습니까? Monim khôr sóbissūgá issümnicá? – Vocês têm serviço de despertar?
오전 7시에 깨워 줄 수 있나요? Ojón irgobchié queuó jurssú innaiô? – Você pode me acordar às 7 horas, por favor?
여기 주위에 조깅 할 수 있는 공원이 있나요? Ióguí juuié joguím rarssū innūn gōm uóni innaiô? – Tem algum parque aqui perto onde eu possa correr?
여기 근처에 환전 할 수 있는 장소가 있나요? Iógui gūntchóé ruánjón rarssū innūn jāmsogá innaiô? – Tem algum lugar aqui perto onde eu possa trocar dinheiro?
원 환율은 얼마입니까? Uón ruaniurūn órmaimnicá? – Qual é a taxa de câmbio para o won?
간식을 주문하고 싶습니다. Ganchigūr jumún rago chibssümnidá. – Gostaria de pedir um lanche.
한국으로 전화를 걸고 싶어요. Rangugūrô jónruarūr górgô chiphóiô. – Gostaria de fazer uma ligação telefônica para a Coreia.
어떻게 브라질로 전화합니까? Óthókhé būrajirlô jónrruarramnicá? – Como ligo para o Brasil?
택시를 불러 줄 수 있습니까? Thecchirūr burló jurssú issümnicá? – Você pode me chamar um táxi?
여기 근처 어디에서 차를 빌릴 수 있습니까? Iógui gūntchó ódiesó tcharūr birlirssú issümnicá? – Onde posso alugar um carro aqui perto?
컴퓨터를 쓸 수 있는 장소가 있나요? Khómphiuthórūr sūrssú innūn jāmsogá innaiô? – Você tem algum lugar onde eu possa usar um computador?
수신자 부담 전화를 걸고 싶어요. Suchinjá budám jónruarūr górgô chiphóiô. – Gostaria de fazer uma ligação a cobrar.
...룸에 메시지가 있는지 확인해 주실 수 있나요? ...~rumé messijigá innūnji ruaguinrré juchirssú innaiô? – Você pode, por favor, checar se há algum recado para o quarto...?

CONHECENDO AS ATRAÇÕES
명소 관광
miómso guanguãm

이 근처에 관광할 수 있는 곳이 있나요? **I gūntchóé guanguãm rarssú innūn gochi innaiô?** – Que lugares turísticos aqui perto há para se visitar?
이 주위에 볼만한 것이 있나요? **I juuié bormanrrán góchí innaiô?** – O que há para se ver aqui perto?
해변까지/시내까지 얼마나 걸리나요? **Rebióncaji/Chinecají órmaná górlinaiô?** – A que distância está a praia/o centro da cidade?
걸어가기에 안전한가요? **Górógaguié anjónrrangaiô?** – É seguro ir a pé?
...까지 어떻게 가나요? **...cají óthókhé ganaiô?** – Como posso chegar a...
...로 가는 버스가 있나요? **...~ro ganūn póssūgá innaiô?** – Tem ônibus para...
거기까지 지하철로/버스로 갈 수 있나요? **Góguicají jirratchórlo/bóssūrô garssú innaiô?** – Podemos chegar lá de metrô/ônibus?
택시를 불러 줄 수 있나요? **Thecchirūr burló jurssú innaiô?** – Você pode chamar um táxi para mim/nós, por favor?
...까지 얼마입니까? **...cají órmaimnicá?** – Quanto custa uma corrida até...?

REFEIÇÕES
식사
sicssa

몇시에 아침/점심/저녁 식사를 제공합니까? **Mióchié atchím/jómchím/jónhóc chicssarūr jegōm ramnicá?** – A que horas o café da manhã/o almoço/o jantar é servido?
여기 근처에 식당이 있습니까? **lógui gūntchóé chict<u>ām</u> í issūmnicá?** – Tem um restaurante aqui perto?
여기 근처에 빵집이 있나요? **lógui gūntchóé p<u>ām</u>jjibi innaiô?** – Tem uma lanchonete aqui perto?
여기 근처에 패스트 푸드점이 있나요? **lógui gūntchóé phessūthū phudūjómí innaiô?** – Tem um restaurante fast-food aqui perto?
여기 근처 어디에서 음식을 살 수 있나요? **lógui gūntchó ódiesó ūmchigūr sarssú innaiô?** – Onde posso comprar comida aqui perto?
여기 근처에 식품점이 있나요? **lógui gūntchó e chicphumjómí innaiô?** – Tem um mercadinho aqui perto?
제일 가까운 슈퍼는 어디에 있나요? **Jeír gacaún chuphónūn ódié innaiô?** – Onde fica o supermercado mais próximo?

DICA CULTURAL 4: CAFÉ DA MANHÃ
문화에 대한 도움말 4: 아침 식사
MUNRRÚAE DERRAN DOUMMAR 4: ATCHIM SICSSA

아침 식사 atchim sicssa (café da manhã) é considerado uma refeição muito importante na Coreia e costuma ser uma refeição igual ao almoço e o jantar, incluindo também arroz, sopa, verduras, o "guimtchi" (acelga em conserva apimentada) que é imprescindível em qualquer refeição coreana, até no café da manhã, e um tipo de carne. Esse seria um café da manhã tradicional que a maioria dos coreanos segue, mas hoje em dia os coreanos, principalmente os jovens, estão mudando os seus hábitos alimentares e substituindo a refeição da manhã por torrada com manteiga ou geléia e café com leite, por influência dos costumes ocidentais.

3. VIAGEM PARA O EXTERIOR (PARTE 2)
해외 여행 (2부)
reuê ió<u>rrém</u> (i bu)

3.1 Viagem para o exterior (Diálogo)
해외 여행 (대화)
reuê ió<u>rrém</u> (derruá)

⊪⊪ Faixa 9

바다: 여행 많이 다녀 보셨지요? 당신은 지금까지 몇 개 국가를 방문하셨습니까?
Bada: Ió<u>rrém</u> mani danhóbochió<u>jji</u>iô? <u>Dăm</u>chinūn jigūmcaji mió que gucarūr <u>băm</u>munrrachióssūmnicá?
민호: 약 열일곱 나라 정도됩니다. 하지만 아직 한국은 못 가 봤습니다.
Minrro: Iac iór irgob nara jómdodemnidá. rajiman ajic rangugūn mo ca boassūmnidá.
바다: 다른 나라를 방문할 때 주로 무엇을 하십니까?
Bada: Darūn nararūr <u>băm</u> mun rar te juro muóssūr rachimnicá?
민호: 관광 명소를 방문합니다. 그리고 현지 음식을 맛봅니다.
Minrro: Guan<u>guăm</u> mióm<u>s</u>orūr <u>băm</u>munrramnida. Gūrigo riónji ūmchigūr madbomnidá.
바다: 재미있겠군요!
Bada: Jemiiquecunnhô!
» Veja a tradução desse diálogo na p. 256

3.2 Vocabulário ativo: Viagem aérea
어휘 활용: 항공 여행
órrui ruari<u>ōm</u>: r<u>ã</u>m g<u>õ</u>m ió<u>rr</u>em

승무원 (S<u>Ū</u>M MUUÓN): COMISSÁRIO(A) DE BORDO
서울로 가는 비행기에 여덟 명의 <u>승무원</u>이 있었습니다.
Sóulo ganŭn bi<u>rr</u>emguie iódór mióm ūi **sūm muuón**i issóssūmnidá.
Havia oito **comissários de bordo** no nosso voo para Seul.

스튜어디스 (S<u>Ū</u>THUDIÓSS<u>Ū</u>): AEROMOÇA
미나는 Korean Airlines 의 <u>스튜어디스</u>입니다.
Minanūn khorean airlaines ūi **sūthudióssū**imnidá.
Mina é **aeromoça** na Korean Airlines.

출발 TCHURBAR/이륙 (IRIUC): PARTIR/DECOLAR
우리 비행기가 정시에 <u>출발/이륙</u>했습니다.
Uri bi<u>rr</u>emguiga jómchie **tchurbar/iriuc**<u>rr</u>essūmnidá.
Nosso avião **partiu/decolou** no horário previsto.

도착 DOTCHAC/착륙 (TCH<u>Ă</u>M NHUC): CHEGAR/ATERRISSAR
항공 9601편이 이미 <u>도착/착륙</u>했는지 확인해 줄 수 있습니까?
<u>Rãmgōm</u> gutchón iucpec irphióni imi **dotchac/tchăm nhuc**<u>rr</u>ennūnji ruaguinrre jurssu issūmnicá?
Você pode confirmar se o voo 9601 já **chegou/aterrissou**?

면세점 (MIÓNSEJÓM): LOJAS EM AEROPORTOS QUE VENDEM PRODUTOS MAIS BARATOS PORQUE SÃO ISENTAS DE IMPOSTOS, FREE SHOP
난 항상 해외 여행 할 때 스위스 초콜릿을 사려고 <u>면세점</u>에 갑니다.
Nan <u>rãmsām</u> **reué** ió<u>rr</u>em rár te sūuisu tchokhorlisūr sariógo **miónsejóm**e gamnidá.
Sempre vou ao **free shop** comprar chocolate suíço quando viajo para o exterior.

세관 (SEGUAN): ALFÂNDEGA
지금 <u>세관</u>을 통과하겠습니다. 신고 할 것이 있습니까?
Jigūm **seguan**ūr <u>thōm</u>gua ráguessūmnidá. Chingo rar cóchi issūmnicá?
Vamos passar pela **alfândega** agora. Você tem algo a declarar?

초과 수하물 요금 (TCHOGUA SURRUAMUR IOG<u>Ū</u>M): TAXA POR EXCESSO DE BAGAGEM
초과 수하물 요금은 얼마입니까?
Tchogua surruamur iogūmun ó<u>rr</u>mmanimnicá?
Quanto é a **taxa por excesso de bagagem**?

지연 (JIIÓN): ATRASO
죄송합니다, 비행이 지연되었습니다.
Juessõmrramnida, birrem i jiióndeóssümnidá.
Sinto muito senhor, mas temos um atraso

비자 (BIJA): VISTO
한국에 가는 데 비자가 필요합니까?
Rangugue ganün de bijaga phirioramnicá?
Preciso de visto para ir para a Coreia?

비행기를 놓치다 (BIRREMGUIRŪR NOTCHIDA): PERDER UM VOO
죄송하지만 비행기를 놓치셨습니다. 벌써 이륙했습니다.
Jesõmrrajiman birremguirūr notchichióssümnidá. Bórssó iriucrressümnidá.
Sinto informar que o senhor perdeu o voo. O seu avião já decolou.

3.3 Há uma agência do correio aqui perto? (Diálogo)
여기 근처에 우체국이 있나요? (대화)
iógui güntchóe utchegugui innaiô? (derruá)

🔊 Faixa 10
관광객: 실례합니다, 여기 근처에 우체국이 있나요?
guangãmguec: Chirlerramnida, iógui güntchoe utchegugui innaiô?
통행인1: 죄송합니다만 잘 모르겠습니다. 저 사람에게 물어보시겠어요?
thõm rem in ir: Jesõmrramnidamán, jar morüguessümnidá. Jó saramegue muróbochiguessóiô?
관광객: 감사합니다.
guangãmguec: Gamsarramnidá.
관광객: 실례합니다, 여기 근처에 우체국이 있나요?
guangãmguec: Chirlerramnidá, iógui güntchoe utchegugui innaiô?

47

통행인 2: 네, 다음 블럭에 있어요. 직진하시면 왼쪽에 있어요.
thõm rem in i: Ne, daūm būrlógue issóio. Jicjjin rachimión uenjjogue issóiô.
관광객: 감사합니다! 은행도 가야 하는데 여기 근처에 있나요?
guangãmguec: Gamsarramnida! Ūnrremdo gaia ranūnde iógui gūntchoe innaiô?
통행인 2: 제일 가까운 곳은 다음 블럭에서 오른쪽으로 돌아서 한 블럭을 더 걸어가면 됩니다.
thõm rem in i: Jeir gacaun gosūn daūm būrlóguesó orūnjjogūro dorasó ran būrlógūr dó górógamión demnidá.
관광객: 정말 감사합니다.
guangãmguec: Jóm mar gamsarramnidá.
통행인 2: 천만에요.
thõm rem in i: Tchónmaneiô.
» Veja a tradução desse diálogo na p. 256

3.4 Há uma agência do correio aqui perto? (Frases-chave)
여기 근처에 우체국이 있나요? (주요 구문)
iógui gūntchóe utchegugui innaiô? (juio gumun)

여기 근처에 우체국이 있나요? iógui gūntchóe utchegugui innaiô? – Tem uma agência do correio aqui perto?
어디에서 우표와 봉투를 구입할 수 있습니까? Ódiesó uphioua bõmthurūr gu ibrrarssū issūmnicá? – Onde posso comprar selos e envelopes?
가장 가까운 우체통은 어디에 있습니까? Gajãm gacaun utchethõm ūn ódie issūmnicá? – Onde fica a caixa de correio mais próxima?
보통 우표 값이 얼마입니까? bothõm uphio cabchi órmaimnicá? – Qual é o preço do selo comum?
우체국은 몇 시에 엽니까? Utchegugūn miódchie iómnicá? – Que horas o correio abre?
나는 브라질에/미국에/등등에 이 소포를 보내야 합니다. Nanūn būrajire/migugue/dūm dūm e i sophorūr boneia ramnidá. – Eu preciso enviar este pacote para o Brasil/os Estados Unidos/etc.
빠른 우편 비용이 얼마입니까? Parūn uphión biiõm i órmaimnicá? – Quanto custa a entrega rápida?
나는 이 소포를 보험에 들고 싶습니다. Nanūn i sophorūr borróme dūrgo chibssūmnidá. – Eu gostaria de enviar esse pacote com seguro.
이 편지가/소포가 브라질에/한국에 도착하려면 며칠이 걸립니까? I phiónjiga/sophoga būrajire/rangugue dotchacrrariómión miótchiri górlimnicá? – Quantos dias esta carta/pacote leva para chegar ao Brasil/a Coreia?
이 곳의 우편 번호를 모르겠습니다. I gosūi uphión bónrrorūr morūguessūmnidá. – Não sei o CEP desse lugar.
엽서가 있습니까? Ióbsóga issūmnicá? – Vocês têm cartões-postais?

PEDINDO INDICAÇÃO DO CAMINHO
방향에 대한 질문
bām riām e derran jirmun

여기 근처에 은행이/약국이 있습니까? **Iógui gūntchóé ūnrrém i/iacugui issūmnicá?** – Tem um banco/uma farmácia aqui perto?
» Veja Dica cultural 14 p. 120 e Vocabulário 15: Artigos de drogaria p. 186
편의점이 이 근처에 있습니까? **Phiónijómi i gūntchóé issūmnicá?** – Você sabe se tem uma loja de conveniência aqui perto?
어떻게 여기에서 ...까지 갈 수 있습니까? **Óthókhé ióguiesó ...caji garssu issūmnicá?** – Como posso chegar até... daqui?
걷기엔 너무 먼가요? **Góquien nómu móngaiô?** – É muito longe para ir a pé?
걸어서 갈 수 있나요? **Górósó garssu innaiô?** – Dá para ir a pé?
거리가 얼마나 되나요? **Góriga órmana denaiô?** – Qual é a distância?
여기에서 몇 블럭입니까? **Ióguiesó miód būrlóc imnicá?** – Quantos quarteirões daqui?
거기에 지하철을 타고 갈 수 있나요? **Góguie jirratchórūr thago garssu innaiô?** – Dá para chegar lá de metrô?
여기에서 버스를 타고 갈 수 있나요? **Ióguiesó bósūrūr thago garssu innaiô?** – Dá para ir de ônibus daqui?
이 근처에 지하철역이 있나요? **I gūntchóe Jirratchór iógui innaiô?** – Há uma estação de metrô perto daqui?
가장 가까운 정류장이 어디입니까? **Gajām gacaun jóm nhujām i ódi imnicá?** – Onde é o ponto de ônibus mais próximo?

INDICANDO O CAMINHO
길 안내하기
guir annerraguí

두 번째 큰 길까지 직진하세요. **Du bónjje khūn guiresó jicjjinrraseiô.** – Continue reto até a Segunda Avenida.
다음 거리에서 오른쪽으로 가세요. **Daūm góriesó orūnjjogūro gaseiô.** – Você tem que virar à direita na próxima rua.
한 블럭을 걷고 왼쪽으로 가세요. **Ran būrlógūr góco uenjjogūro gaseiô.** – Ande um quarteirão e vire à esquerda.
저 모퉁이를 돌면 있어요. **Jó mothum irūr dormión issóiô.** – Fica logo ali na esquina.
걸어서 갈 수 있어요. **Górósó garssu issóiô.** – Dá para ir a pé.
걸어 가도 됩니다. **Góró gado demnida.** – Você pode ir a pé.
택시를/지하철을 타면 더 쉬워요. **thecchirūr/jirratchórūr thamión dó chiuóiô.** – É mais fácil se você pegar o metrô/um táxi.
» Veja Pegando um táxi – Frases-chave p. 39 e Vocabulário ativo: Pegando um táxi p. 39
나라면 버스를 타고 갈 거예요. **Naramión póssūrūr thago garcóieiô.** – Se eu fosse você, pegaria o ônibus.
이 근처에 지하철역이 있어요. **I gūntchóe jirratchór iógui issóiô.** – Há uma estação de metrô aqui perto.

이 근처에 정류장이 있어요. **I güntchóe jóm nhujām i issóiô.** – Tem um ponto de ônibus aqui perto.
당신은 ...에서 지하철을 탈 수 있어요. **Dãmchinūn ...esó jirratchórūr tharssu issóiô.** – Você pode pegar o metrô na(o)...
당신은 버스를 타고 ...에서 내릴 수 있어요. **Dãmchinūn bóssūrūr thago ...esó nerirssu issóiô.** – Você pode pegar o ônibus e descer na(o)...
거기까지 지하철 타고 갈 수 있어요. **Góguicaji jirratchór thago garssu issóiô.** – Você pode chegar lá de metrô.

3.5 Alugando um carro (Diálogo)
차 렌트하기 (대화)
tcha ~renthū ragui (derruá)

🔊 **Faixa 11**

렌터카 직원: 안녕하세요! 무엇을 도와드릴까요?
~renthókhá jiguón: Annhóm rasseiô! Muóssūr douadūrircaiô?
관광객: 일주일 동안 차를 렌트하고 싶어요.
guanguāmguec: Irjjuir tōm an tcharūr ~renthūrrago chiphóiô.
렌터카 직원: 네, 어느 나라에서 오셨습니까?
~renthókhá jiguón: ne, ónū naraesó ochóssūmnicá?
관광객: 브라질에서 왔습니다.
guanguāmguec: būrajiresó uassūmnidá.
렌터카 직원: 운전 면허증을 볼 수 있을까요?
~renthókhá jiguón: Unjón miónrrójūm ūr borssu issūrcaiô?
관광객: 네, 여기 있어요.
guanguāmguec: Ne, ióguí issóiô.
렌터카 직원: 어떤 종류의 차를 원하십니까?
~renthókhá jiguón: otón jōmnhuūi tcharūr uónrrachimnicá?

관광객: 작은 차를 원합니다. 나와 아내뿐이라 큰 차가 필요 없습니다. 그런데 보험도 포함되어 있나요?
guanguămguec: Jagūn tcharŭr uónrramnida. Naua anepunira khūn tchaga phirio óbssūmnida. Gŭrónde borrómdo phorramdeó innaiô?
렌터카 직원: 네, 보험도 포함되어 있습니다.
~renthókhá jiguón: Ne, borrómdo phorramdeó issūmnidá.
» Veja a tradução desse diálogo na p. 256

DICA CULTURAL 5: ILHA DE 'JEJU'
문화에 대한 도움말 5: 제주도
MUNRRUAE DERRAN DOUMMAR 5: JEJU-DO

Um dos pontos turísticos mais conhecidos na Coreia é a ilha de 'Jeju' (제주도 **Jeju-do**), que é a menor **província** e a maior **ilha** do país. De origem **vulcânica**, é considerada uma província especial autônoma e está localizada no **Estreito da Coreia**, ao sul da **Península da Coreia**. Jeju tem uma área de 1845,55 km² e uma população de 607,006 habitantes (atualizado em 31 de março de 2014.) A capital é a cidade de **Jeju** (제주시; **Jeju-si**).

3.6 Alugando um carro (Frases-chave)
차 렌트하기 (주요 구문)
tcha ~renthŭrragui (juio gumun)

우리는 트렁크가 큰 자동차가 필요합니다. **Urinŭn thŭrómkhŭga khūn jadōmtchaga phiriorramnidá.** – Precisamos de um carro com porta-malas grande.
» Veja Vocabulário 6: O automóvel p. 172
우리는 소형 차를 원합니다. **Urinŭn sorrióm tcharŭr uónrramnidá.** – Gostaríamos de um carro econômico (pequeno).
제 운전 면허증을 여기에서 쓸 수 있나요? **Jê unjón miónrrójūm ŭr ióguiesó sŭrssu innaiô?** – A minha carteira de motorista é válida aqui?
어떤 종류의 보험입니까? **Ótón jōmnhu ŭi borrómimnicá?** – Que tipo de seguro é esse?
보험 범위는 어디까지 입니까? **Borróm bóminŭn ódicaji imnicá?** – O que o seguro cobre?
우리는 종합 보험이 커버되는 것을 원합니다. **Urinŭn jomrrab borrómi khóbódenŭn gósŭr uónrramnidá.** – Gostaríamos de cobertura total.
연료는 가득 찼습니까? **Iólionŭn gadŭc tchassŭmnicá?** – O tanque está cheio?
우리에게 관광지도와 네비게이션(GPS)을 줄 수 있습니까? **Uriegue guanguām jidoua nebigueichiónŭr jurssu issŭmnicá?** – Você pode nos dar um mapa turístico e GPS?
차를 서울에서/대구에서/등등에서 반납해도 되겠습니까? **Tcharŭr sóuresó/deguesó/dūmdūm esó bannabrredo deguessŭmnicá?** – Podemos devolver o carro em Seul/Degu/etc.?
이 도로의 제한 속도는 어느 정도입니까? **I doroŭi jerran socdonŭn ónŭ jóm doimnicá?** – Qual é o limite de velocidade nesta estrada?

» Veja Dica cultural 8 p. 73
여기는 유료도로입니까? Ióguinūn iuriodoroimnicá? – Esta estrada tem pedágio?
차가 고장 나면 어떻게 됩니까? Tchaga gojām namión óthókhe demnicá? – O que acontece se o carro quebrar?
» Veja Problemas com o carro – Frases-chave p. 53
차가 도난 당하면 어떻게 됩니까? Tchaga donan dāmrramión óthókhe demnicá? – O que acontece se o carro for roubado?
차가 손상된 경우 어떻게 됩니까? Tchaga sonsāmden guióm u óthókhe demnicá? – O que acontece se o carro for danificado?
우리가 속도 위반 티켓을 받으면 어떻게 됩니까? Uriga socdo uiban thikhesūr badūmión óthókhe demnicá? – O que acontece se formos multados por excesso de velocidade?

3.7 Problemas com o carro (Diálogo)
차 문제에 관하여 (대화)
tcha munjee guanrraió (derruá)

ıı|ı|ı Faixa 12

병주: 무슨 문제가 있습니까?
Byóm Ju: Musūn munjega issūmnicá?
종우: 뭔지 모르겠습니다. 시동이 걸리지 않습니다.
Jōm u: Muónji morūguessūmnida. chidōm i górliji anssūmnidá.
병주: 제가 한번 봐도 되겠습니까?
Byóm Ju: Jega ranbón boado deguessūmnicá?
종우: 물론입니다.
Jōm u: Murlónimnidá.
병주: 연료 분사에 문제가 있는 것 같습니다. 최근 그걸로 문제가 있었습니까?
Byóm Ju: Iólio bunsae munjega innūn gód gassūmnida. Tchegūn gūgórlo munjega issóssūmnicá?
종우: 아니요. 지금까지 잘 작동했습니다.

Jōm u: Aniio. Jigūmcaji jar jac<u>tōm</u> ressūmnidá.
병주: 음, 그럼 정비사를 부르는 게 좋겠습니다.
Byóm Ju: Ūm, gūróm <u>jóm</u> bisarūr burūnūn gue jokhessūmnidá.
» Veja a tradução desse diálogo na p. 256

3.8 Problemas com o carro (Frases-chave)
차 문제에 관하여 (주요 구문)
tcha munjee guanrraió (juio gumun)

PROBLEMAS COM O CARRO (A)
차 문제에 관하여 (A)
tcha munjee guanrraió (A)

타이어에 구멍이 난 것 같아요. **Thaióé gu<u>móm</u> i nan gó gathaiô.** – Parece que o pneu está furado.
젝크로 차를 올립시다. **Jekhūro tcharūr orlibchidá.** – Vamos pegar o macaco e levantar o carro.
스페어 타이어를 가지고 오세요. **Sūpheó thaiórūr gajigo oseiô.** – Vamos pegar o estepe (pneu sobressalente).
차가 고장났어요. **Tchaga go<u>jām</u> nassóiô.** – O carro quebrou.
뭐가 잘못된 것 같아요. **Muóga jarmod den gód gathaiô.** – Parece haver algo errado.
» Veja Vocabulário 6: O automóvel p. 172
견인차를 부릅시다. **Guiónintcharūr burūbchidá.** – Vamos chamar um guincho.
가장 가까운 차량 정비소로 견인해야 합니다. **Ga<u>jām</u> gacaun tcha<u>riām</u> <u>jóm</u>bisoro guióninrreia ramnidá.** – O carro vai ter que ser guinchado para a oficina mais próxima.
열쇠를 차 안에 두고 문을 닫았습니다. **Iórsserūr tcha ane dugo munūr dadassūmnidá.** – Tranquei o carro com as chaves dentro.

PROBLEMAS COM O CARRO (B)
차 문제에 관하여 (B)
tcha munjee guanrraió (B)

우리 차량이 손상되었습니다. **Uri tcha<u>riām</u> i son<u>sām</u>deóssūmnidá.** – Nosso veículo foi danificado.
차 충돌이 있었습니다. **Tcha <u>tchum</u> dori issóssūmnidá.** – Nós batemos o carro.
시동이 걸리지 않습니다. **Chi<u>dōm</u> i górliji anssūmnidá.** – Não está pegando.
시동이 꺼집니다. **Chi<u>dōm</u> i cójimnidá.** – Está morrendo.
뜨거워지고 있습니다. **Tūgóuójigo issūmnidá.** – Está esquentando.
브레이크가 잘 작동하지 않고 있는 것 같습니다. **Būreikhūga jar jac<u>tōm</u>rraji ankho innūn gód gassūmnidá.** – Parece que o freio não está funcionando direito.
배터리는 재충전 되어야 합니다. **Bethórinūn je <u>tchum</u> jón deóia ramnidá.** – A bateria precisa ser recarregada.
기어 박스에 문제가 있는 것 같습니다. **Guió pacssūe munjega innūn gód gassūmnidá.** – Parece haver um problema com a caixa de câmbio.
» Veja Vocabulário 6: O automóvel p. 172
기름이 세고 있어요. **Guirūmi sego issóiô.** – Está vazando óleo.

근처에 차량 정비소가 있나요? **Gūntchóe tchariām jómbisoga innaiô?** – Tem alguma oficina aqui perto?

고치려면 얼마나 걸릴까요? **Gotchiriómión órmana górlircaiô?** – Quanto tempo vai levar para consertar?

3.9 No posto de gasolina (Frases-chave)
주유소에서 (주요 구문)
juiuso e só (juio gumun)

시동을 꺼 주세요. **Chidōm ūr có juseiô.** – Desligue o motor, por favor.
기름이 거의 없어요. **Guirūmi góí óbssóiô.** – Estamos ficando sem gasolina.
주유소에 세웁시다. **Juiusoe seubchidá.** – Vamos parar em um posto de gasolina.
기름 넣어 주세요. **Guirūm nóó juseiô.** – Pode completar, por favor?
오만원 어치 넣어주세요. **Omanuón ótchi nóójuseiô.** – Cinquenta mil won, por favor.
» Veja Dica cultural 9 p. 74
기름을 확인해 주시겠습니까? **Guirūmūr ruaguinrre juchiguessūmnicá?** – Você pode checar o óleo, por favor?
타이어를 확인해 주시겠습니까? **Thaiórūr ruaguinrre juchiguessūmnicá?** – Você pode checar os pneus, por favor?
» Veja Vocabulário 6: O automóvel p. 172
유리를 닦아 주시겠습니까? **Iurirūr daca juchiguessūmnicá?** – Você pode lavar o para-brisa, por favor?
얼마를 주어야 하나요? **Órmarūr juóia ranaiô?** – Quanto lhe devo?

3.10 Hora do rush (Diálogo)
혼잡한 시간/러시아워 (대화)
Ronjaphán chigan/~róchiauó (derruá)

54

▶ Faixa 13

우진: 이렇게 차가 밀릴 때 운전하는 건 정말 싫어.
Ujin: Irókhe tchaga mirlirte unjónrranūn gón jóm mar chiró.
민우: 나도 그래. 퇴근 시간에는 항상 그래.
Minu: Nado gūre. Thegūn chiganenūn rām sām gūre.
우진: 뒷길로 가면 어떨까? 덜 밀릴 수도 있어.
Ujin: Duidguirlo gamión ótórca? Dór mirlir sudo issó.
민우: 그래. 가보자. 지름길을 아니?
Minu: Gūre. Gaboja. Jirūmguirūr aní?
우진: 응, 알 것 같아. 저 다음 코너에서 우회전해서 돌면 돼.
Ujin: Ūm, ar gód gatha. Jó daūm khonóesó urrejónrresó dormión dé.
» Veja a tradução desse diálogo na p. 257

3.11 Hora do rush (Frases-chave)
혼잡한 시간 (주요 구문)
Ronjaphán chigan (juio gumun)

» Veja Vocabulário ativo: Pegando um táxi p. 39
공항 가는 길에 차가 많이 막힙니다. **gõm rām** ganūn guire tchaga mani makhimnidá. – O trânsito para o aeroporto está muito congestionado.
차가 많이 막힙니다. **Tchaga mani makhimnidá.** – Há um enorme congestionamento.
출/퇴근 시간에는 항상 차가 막힙니다. **Tchur/thegūn chiganenūn rāmsām** tchaga makhimnidá. – O trânsito é sempre ruim assim no horário do rush.
죄송합니다, 차가 너무 막혀서 늦었습니다. **Jesõmrramnida, tchaga nómu makhiósó nūjóssūmnidá.** – Desculpe o atraso, fiquei preso no trânsito.
퇴근 시간을 피해 일찍 나갑시다. **Thegūn chiganūr phirre irjjic nagabchidá.** – Vamos sair mais cedo e evitar a hora do rush.
당신은 지름길을 알아요? **Dãmchinūn jirūmguirūr araiô?** – Você conhece algum atalho?
접촉 사고 때문에 오늘 아침 차가 막혔습니다. **Jóbtchoc sago temune onūr atchim tchaga makhióssūmnidá.** – Uma batidinha fez o trânsito parar esta manhã.
교통 체증이 발생했습니다. **Guiothõm tchejūm i barssem ressūmnidá.** – Houve um engarrafamento.

3.12 Comprando roupas (Diálogo)
옷을 사면서 (대화)
o sür samión só (derruá)

🔊 **Faixa 14**

점원: 무엇을 도와 드릴까요?
jómuóm: Muósür doua dürircaió?
김씨: 네, 티셔츠를 사려고 해요.
guimchi: Ne, thichiótchürür sariógo reió.
점원: 이쪽으로 오세요. 이건 어떠세요?
jómuóm: Ijjogüro oseio. Igón otóseió?
김씨: 이거 말고 폴로 셔츠는 없나요?
guimchi: Igó margo pholo chiótchünün óbnaió?
점원: 네, 있어요. 보여드리겠습니다. 어떤 색을 원하십니까?
jómuóm: Ne, issóio. Boiódüriguessümnida. Ótón segür uónrrachimnicá?
김씨: 초록색 아니면 파란색? 잘 모르겠습니다.
guimchi: Tchorocsec animión pharansec? jar morüguessümnidá.
점원: 이 하늘색은 어떤가요?
jómuóm: I ranürsegün ótóngaió?
김씨: 예쁘네요. 입어 봐도 되겠습니까?
guimchi: Iepüneio. Ibóboado deguessümnicá?
점원: 네. 어떤 사이즈로 드릴까요?
jómuóm: Ne, otón saijüro dürircaió?
김씨: 중간 사이즈로 주세요
guimchi: <u>Jum</u> gan saijüro juseió.
점원: 네. 여기 있습니다. 저기 피팅룸이 있습니다.
jómuóm: Ne, iógui issümnidá. Jógui phi<u>thim</u>rumi issümnidá.
김씨: 감사합니다.
guimchi: Gamsarramnidá.

(몇 초 후에...)
miód tcho rue...
점원: 어떻습니까?
jómuóm: Ótóssŭmnicá?
김씨: 조금 작은 것 같습니다. 더 큰 사이즈가 있습니까?
guimchi: Jogŭm jagŭn jód gassŭmnida. Dó khŭn saijŭga issŭmnicá?
점원: 네, 있습니다.
jómuóm: Ne, issŭmnidá.
김씨: 감사합니다.
guimchi: Gamsarramnidá.
(고객은 다시 피팅룸에 갑니다. 그리고 몇 초 후에...)
goguegŭn dachi phi<u>thim</u> ~rume gamnida. gŭrigo miód tcho rrue...
김씨: 이것은 괜찮습니다. 얼마입니까?
guimchi: Igósŭn guentchanssŭmnida. Órmaimnicá?
점원:. 지금은 세일 기간입니다. 20% 할인되어 3만원입니다.
jómuóm: Jigŭmŭn seir guiganimnida. Ichib phŭro rarin deó sammanuón imnidá.
김씨: 좋아요. 포장해 주세요.
guimchi: Joaio. Phoj<u>ã</u>mrre juseiô.
점원: 네, 더 필요한 것 없으세요?
jómuóm: Ne, dó phiriorran gód óbssŭseiô?
김씨: 아니요. 카드도 됩니까?
guimchi: Aniio. Khadŭdo demnicá?
점원: 물론입니다.
jómuóm: Murlonimnidá.
» Veja a tradução desse diálogo na p. 257

3.13 Comprando roupas (Frases-chave)
옷을 사면서 (주요 구문)
o sŭr samión só (juio gumun)

FRASES DO ATENDENTE
점원이 하는 말
jómuóni ranŭn mar

» Veja Vocabulário 7: Roupas e calçados p. 173
무엇을 도와드릴까요? **Muósŭr Douadŭrircaiô?** – Em que posso ajudar?
사이즈가 어떻게 되십니까? **Saijŭga ótókhé dechimnicá?** – Que tamanho você usa?
입어 보시겠습니까? **Ibó bochiguessŭmnicá?** – Você gostaria de experimentar?
» Veja Vocabulário 7: Roupas e calçados p. 173 e Vocabulário ativo: Roupas e calçados p. 60
...가 더 없습니다.**...ga dó óbssŭmnidá.** – Estamos sem/Não temos mais...
...을/를 다 팔아서 더 없습니다. **...ŭr/rŭr da pharasó dó óbssŭmnidá.** – Vendemos todos(as)/Os(as)... acabaram.

57

...를 팔지 않습니다. ...rūr pharji anssūmnidá. – Não trabalhamos com...
여성 신발이 세일중입니다. Ió<u>sóm</u> chinbari seir<u>ju</u>mimnidá. – Os sapatos femininos estão em promoção.
잠시만요, 가져다 드리겠습니다. jamchimannhô, gajióda dūriguessūmnidá. – Só um momento, vou pegar para você.
피팅룸은 저기입니다. phithimrumūn jógui imnidá. – O provador fica ali.
티셔츠는 잘 맞나요? Thichiótchūnūn jar mannaiô? – A camisa serviu?
더 필요한 건 없으십니까? Dó phiriorran gón óbssūchimnicá? – Precisa de mais alguma coisa?
선물용 포장해 드릴까요? Sónmurli<u>ōm</u> phoj<u>ām</u> re dūrircaiô? – Quer que embrulhe para presente?
현금으로 계산 하시겠습니까? 아니면 카드로 계산 하시겠습니까? Rióngūmūro guesan rachiguessūmnicá animión khadūro guesan rachiguessūmnicá? – Como gostaria de pagar? Dinheiro ou cartão?
» Veja Dica cultural 13 p. 119 e Dica cultural 14 p. 120

PERGUNTAS DO CLIENTE
고객의 질문
goguec üi jirmun

스포츠 의류를/정장을/넥타이를/등등을 찾고 있습니다. Sūphotchū ūriurūr/jómjām ūr/necthairūr/<u>dūmdūm</u> ūr tchaco issūmnida. – Estou procurando roupas esportivas/um terno/gravatas/etc.
» Veja Vocabulário 7: Roupas e calçados p. 173 e Vocabulário ativo: Roupas e calçados p. 60
셔츠를/바지를/등등을 보여 줄 수 있습니까? chiótchūrūr /bajirūr /<u>dūmdūm</u> ūr boió jurssu issūmnidá. – Você pode me mostrar as camisas/calças/etc.?
» Veja Vocabulário 7: Roupas e calçados p. 173 e Vocabulário ativo: Roupas e calçados p. 60
이 드레스를 보여 줄 수 있습니까? I dūresūrūr boió jurssu issūmnicá? – Você pode me mostrar este vestido?
입어 봐도 되겠습니까? Ibó boado deguessūmnicá? – Posso experimentar?
더 큰 사이즈를 입어봐도 되겠습니까? Dó khūn saijūrūr ibóboado deguessūmnicá? – Posso experimentar um tamanho maior/menor?
더 작은 사이즈가 있나요? Dó jagūn saijūga innaiô? – Você tem um tamanho menor/maior?
파란/초록/등등 색이 있나요.? pharan/tchoroc/<u>dūmdūm</u> segui innaiô? – Você tem essa peça em azul/verde/etc.?
이 드레스는 빨간색이 있나요? I dūresūnūn pargansegui innaiô? – Você tem aquele vestido em vermelho?
피팅룸은 어디입니까? phithimrumūn ódiimnicá? – Onde é o provador?
거울이 있나요? Góuri innaiô? – Tem espelho?
이 셔츠는/드레스는/등등...은 얼마입니까? I chiótchūnūn/dūresūnūn/<u>dūmdūm</u>..ūn órmaimnicá? – Quanto é esta camisa/vestido/etc.?
» Veja Dica cultural 14 p. 120
선물로 포장해 줄 수 있습니까? Sónmurlo phoj<u>ām</u>rre jurssu issūmnicá? – Pode embrulhar para presente?
짧은 소매 셔츠가 있나요? Jjarbūn some chiótchūga innaiô? – Você tem camisas de manga curta?
몇 시에 문을 닫습니까? Miód chie munūr dassūmnicá? – Que horas vocês fecham?

일요일에 문을 엽니까? **Iriòire munūr ióbnicá?** – Vocês abrem no domingo?
현금으로 사면 할인이 됩니까? **Rióngūmūro samión rarini demnicá?** – Vocês dão descontos para pagamento à vista?
» Veja Dica cultural 14 p. 120
영수증을 줄 수 있나요? **Ióm sujūm ūr jurssu innaiô?** – Você pode me dar um recibo, por favor?

COMENTÁRIOS DO CLIENTE
고객의 댓글
goguec ūi dedgūr

그냥 구경하고 있습니다. 감사합니다. **Gūnhām guguióm rago issūmnidá.** – Só estou olhando. Obrigado.
너무 큽니다/작습니다. **Nómu khūmnidá/jacssūmnidá.** – Está pequen(o)a/grande demais.
안 맞습니다. **An massūmnidá.** – Não serve.
이 신발은 작습니다. **I chinbarūn jacssūmnidá.** – Estes sapatos estão apertados.
이 셔츠는 큽니다/작습니다. **I chiótchūnūn khūmnida/jacssūmnidá.** – Esta camisa está folgada/apertada.
보통 작은/중간/큰 사이즈를 입습니다. **Bothōm jagūn/jum gan/khūn saijūrūr ibssūmnidá.** – Eu normalmente uso tamanho pequeno/médio/grande.

3.14 Uma grande liquidação (Diálogo)
바겐 세일 (대화)
baguen seir (derruá)

🔊 **Faixa 15**
주리: 이번 주는 '롯데 백화점'의 세일기간이야. 전부 최소 20% 할인이야.
Juri: Ibón junūn '~rote becrruajóm' ūi seir guiganiia. Jónbu tcheso ichib phūro rariniiá.
진아: 정말? 그럼 놓치면 안되지!
Jina: Jóm mar? gūróm notchimión andejí!
주리: 난 목요일 오후에 가려고 하는데 넌 어떠니?
Juri: Nan moguioir orrue gariógo ranūnde nón ótóní?

진아: 좋아! 목요일 오후에 특별한 일이 없어. 오후 4시에 데리러 갈까?
Jina: Joá! Moguioir orrue thūcbiór ran iri óbssó. orru nechie deriró garcá?
주리: 좋아. 다만 너무 흥분하지 말고 필요한 것만 사자.
Juri: Joa. Daman nómu rūm bunrraji margo phiriorran góman sajá.
진아: 응, 가서 보자...
Jina: ūm, gasó bojá...
» Veja a tradução desse diálogo na p. 257

3.15 Uma grande liquidação (Frases-chave)
바겐 세일 (주요 구문)
baguen seir (juio gumun)

할인 품목이 있나요? **rarin phummogui innaiô?** – Você tem alguma coisa em liquidação?
힐인하는 바지가/셔츠가 있나요? **rarin ranūn bajiga/chiótchūga innaiô?** – Você tem calças/camisas em liquidação?
» Veja Vocabulário 7: Roupas e calçados p. 173 e Vocabulário ativo: Roupas e calçados nesta página
또 무엇을 할인하나요? **To muósūr ruarin ranaiô?** – O que mais está em liquidação?
이 운동화의 정가는 얼마입니까? **I undōmrruaūi jómcanūn órmaimnicá?** – Qual é o preço normal destes tênis?
이 드레스와 똑같은 옷은 어디에 있나요? **I dūresūua tocathūn osūn ódie innaio?** – Onde encontro mais vestidos como este?
이 스웨터는 제 사이즈가 있나요? **I sūuethónūn jê saijūga innaio?** – Você tem este suéter no meu tamanho?
모두 20% 할인입니다. **modu ichib phūro rarinimnida.** – Está tudo com 20% de desconto.

3.16 Vocabulário ativo: Roupas e calçados
어휘 활용: 옷과 신발
órrui ruariōm: od cua chinbár

백화점 (BECRRUAJÓM): LOJA DE DEPARTAMENTOS
롯데는 서울에서 유명한 백화점입니다. 필요한 것은 모두 찾을 수 있습니다.
Lotenūn sóuresó iumióm ran **becrruajóm**imnida. Phiriorran gósūn modu tchajūrssu issūmnidá.
Lotte's é uma **loja de departamentos** muito conhecida em Seul. Você encontra de tudo lá.

셔츠 (CHIÓTCHŪ): CAMISA
새 셔츠를 사려고 합니다. 제가 가지고 있는 것은 다 낡았습니다.
Se **tchiótchū**rūr sariógo ramnida. jega gajigo innūn gósūn da nargassūmnidá.
Preciso comprar **camisas** novas. As que eu tenho estão velhas.

바지 (BAJI): CALÇA
어제 백화점에서 바지를 샀습니다.
Óje becrruajómesó **baji**rūr sassūmnidá.
Comprei uma **calça** no shopping ontem.

드레스 (DŪRESŪ): VESTIDO
드레스가 너무 예쁩니다. 어디에서 샀습니까?
Dūresūga nómu iepumnida. Ódiesó sassūmnicá?
Este **vestido** é muito bonito. Onde você o comprou?

청바지 (TCHÓM BAJI): JEANS
주호는 청바지를 좋아합니다.
Jurronūn **tchóm baji**rūr joarramnidá.
Jurro gosta de **jeans**.

정장 (JÓMJĂM): TERNO
일하러 갈 때 항상 정장을 입나요?
Ir raró gar te rām sām **jómjăm** ūr ibnaiô?
Você sempre usa **terno** para ir trabalhar?

넥타이 (NECTHAI): GRAVATA
비호는 집에 도착하자마자 넥타이를 풉니다.
Birronūn jibe dotchacrrajamaja **necthai**rūr phumnidá.
Biho tira a **gravata** assim que chega em casa do trabalho.

가죽 잠바 (GAJUC JAM BA): JAQUETA DE COURO
저 가죽 잠바가 참 맘에 든다. 사고 싶다.
Jó **gajuc jam ba**ga tcham mame dūndá. Sago chibtá.
Aquela **jaqueta de couro** é legal mesmo. Quero comprá-la.

신발 (CHINBAR): SAPATOS
저 신발은 참 편한 것 같아. 한번 신어 볼래?
Jó **chinbar**ūn tcham phiónrran gód gatha. ranbón chinó borlé?
Aqueles **sapatos** parecem bastante confortáveis. Experimenta?

슬리퍼 (SŪRLIPHÓ): CHINELOS
너 내 슬리퍼 봤니?
Nó ne **sūrliphó** boanni?
Você viu meus **chinelos** por aí?

부츠 **(BUTCHŪ): BOTAS**
이 부츠는 더러워. 집 안에 신고 들어 가지마.
I **butchū**nūn dóróuó. Jib ane chinco dūrógajimá.
Essas **botas** estão sujas. Não vá para dentro de casa com elas.

샌들 **(SENDŪR): SANDÁLIAS**
샌들 신는 것을 좋아해. 참 편하잖아.
Sendūr chinnūn gósūr joarre. Tcham phiónrrajaná.
Gosto de usar **sandálias**. Elas são tão confortáveis.

운동화 **(UNDŌMRRUA): TÊNIS**
조깅할 때 신을 운동화를 사야 해.
Joguim rarte chinūr **undōmrrua**rūr saia ré.
Preciso comprar um novo par de **tênis** para corrida.

축구화 **(TCHUCURRUA): CHUTEIRA**
이 축구화 좋네. 얼마 주고 샀니?
I **tchucurrua** jonne. Órma jugo sanni?
Essas **chuteiras** são legais mesmo. Quanto você pagou por elas?

4. ENTRETENIMENTO E DIVERSÃO
엔터테인먼트 및 오락
enthótheimónthū mid orac

4.1 Saindo para se divertir (Diálogo)
여가를 즐기기 위해 나가면서 (대화)
iógarūr jūrguigui uirre nagamiónsó (derruá)

🔊 **Faixa 16**

민호: 오늘 밤 뭐 하고 싶어?
Minro: Onūr bam muó rago chiphó?

리나: 글쎄. 우리 연극 보러 갈까?
Lina: Gūrsse. Uri ióngūc boró garcá?

민호: 좋아. 신문 좀 보자. 국립 극장에서 새로운 연극을 하고 있어. 제목은 미녀와 야수야.
Minro: Joa. Chinmun jom boja. gucnib gūcjām esó seroun ióngūgūr rago issó. jemogūn minhóua iasuiá.

리나: 드라마인것 같아. 난 드라마는 별로야. 다른 것 없어?
Lina: Dūramaingód gatha. Nan dūramanūn biórloiá. Darūngó óbssó?

민호: 뮤지컬은 어때? 재미있을 것 같은데...
Minro: Miujikhórūn óté? Jemiissūrkhó gathūndê...

리나: 몇 시에 하는데?
Lina: Mióchie ranūndê?

민호: 보자... 오후 6시 아니면 밤 9시야.
Minro: Boja... orru iósóchi animión bam arrobchiiá.

리나: 미나와 비호도 초대하자.
Lina: Minaua birrodo tchoderrajá.

민호: 좋은 생각이야. 미나와 비호에게 오늘 뭐 하는지 연락해 봐.
Minro: Joūn semgaguiia. Minaua birroegue onūr muó ranūnji iórlackhé boá.

리나: 알았어!
Lina: arassó!
» Veja a tradução desse diálogo na p. 258

4.2 Saindo para se divertir (Frases-chave)
여가를 즐기기 위해 나가면서 (주요 구문)
iógarūr jūrguigui uirre nagamiónsó (juio gumun)

COISAS QUE AS PESSOAS FAZEM PARA SE DIVERTIR (A)
사람들이 여가 시간에 하는 일 (A)
Saramdūri ióga chigane ranūn ir (A)

즐기기 위해 무엇을 해요? **Jūrguigui uirre muóssūr reiô?** – O que você gosta de fazer para se divertir?
자유 시간에 무엇을 해요? **Jaiu chigane muóssūr reiô?** – O que você gosta de fazer no tempo livre?
오늘/오늘 밤/주말에 무엇을 하고 싶어요? **Onūr/onūr bam/jumare muóssūr rago chiphóiô?** – O que você gostaria de fazer hoje/hoje à noite/este fim de semana?
나하고 영화 보러 갈래요? **Narrago iómrrua boró garleiô?** – Você gostaria de ir ao cinema comigo?
» Veja Convidando alguém para fazer algo — Frases-chave p. 129
주말에 바닷가에 갈래요? **Jumare badacae garleiô?** – Que tal ir à praia este fim de semana?
어제 밤 파티 재미있었어요? **Óje bam phathi jemiissóssóiô?** – Você se divertiu na festa ontem à noite?
어떤 노래를 좋아해요? **Ótón norerūr joarreiô?** – Que tipo de música você gosta?
어떤 운동을 좋아해요? **Ótón un<u>dom</u> ūr joarreiô?** – Qual é o seu esporte favorito?
» Veja Vocabulário 8: Esportes p. 174
취미가 뭐예요? **Tchimiga muóieiô?** – Qual é o seu hobby?

COISAS QUE AS PESSOAS FAZEM PARA SE DIVERTIR (B)
사람들이 여가 시간에 하는 일(B)
saramdūri ióga chigane ranūn ir (B)

극장에 가는 것을 좋아해요. **Gūcj<u>jām</u> e ganūn gósūr joarreiô.** – Gosto de ir ao cinema.
» Veja Tipos de filmes — Frases-chave (A) e (B) p. 68
독서를 좋아해요. **docssórūr joarreiô.** – Gosto de ler.
우표를/동전을/맥주 캔을/열쇠 고리를/등등... 을 수집해요. **uphiorūr/<u>dōm</u> jónūr/mecju khenūr/iór sse gorirūr/<u>dūm dūm</u> ...ūr sujibrreiô.** – Eu coleciono selos/moedas antigas/latas de cerveja/chaveiros/etc.
음악을 듣는 것을 좋아해요.* **ūmagūr dūnnūn gósūr joarreiô.** – Gosto de ouvir música.
카드놀이를 좋아해요. **Khadū norirūr joarreiô.** – Gosto de jogar cartas.
운동하는 것을 좋아해요. **Undōmrranūn gósūr joarreiô.** – Gosto de praticar esportes.
» Veja Vocabulário 8: Esportes p. 174
보통 집에서 쉬는 것을 좋아해요. **Bot<u>hōm</u> jibesó chinūn gósūr joarreiô.** – Geralmente prefiro ficar em casa e relaxar.
» Veja Vocabulário ativo: Férias p. 79
자전거 타는 것을 좋아해요. **Jajóngó thanūn gósūr joarreio.** – Gosto de andar de bicicleta.

달리기를 좋아해요. **Darliguirūr joarreiô.** – Gosto de correr.
영화 보는 것을 좋아해요. **Ióm rrua bonūn gósūr joarreiô.** – Gosto de assistir a filmes.
체스하는 것을 좋아해요. **Tchesūrranūn gósūr joarreiô.** – Gosto de jogar xadrez/damas.
춤을 추는 것을 좋아해요. **Tchumur tchunūn gósūr joarreiô.** – Gosto de dançar.
캠핑하는/낚시하는 것을 좋아해요. **Khem phim ranūn/nacchi ranūn gósūr joarreiô.** – Gosto de acampar/pescar.
» Veja Vocabulário ativo: Férias p. 79
산책하는 것을 좋아해요. **Santchec ranūn gósūr joarreiô.** – Gosto de fazer caminhada/trilha.
해변으로/지방으로 여행을 가고 싶어요. **rebiónūro/jibām ūro iórrem ūr gago chiphóiô.** – Tenho vontade de ir à praia/viajar para o interior.
» Veja Vocabulário ativo: Férias p. 79

***

* TIPOS DE MÚSICA
음악의 종류
ŪMAC ŪI JÕM NHU

Baladas: 발라드 **baladū**
Dance: 댄스곡 **densūgoc**
R&B: 알엔비 **arlenbi**
Popular: 대중 가요 **dejum gaiô**
típico coreano: 트로트 **thūrothū**
Pop: 팝(가요) **Phab (gaiô)**
Hip Hop: 힙합 **ribphab**

***

FALANDO SOBRE ESPORTES
스포츠 이야기
sūphotchū iiagui

누가 경기하고 있어요? **Nuga guiómguirrago issóiô?** – Quem está jogando?
경기가 몇대 몇이에요? **Guiómguiga mióte miótchieio?** – Quanto está o jogo?/Como está o placar?
누가 이기고/지고 있어요? **Nuga iguigô/jigo issóiô?** – Quem está ganhando/perdendo?
비기고 있어요. **Biguigo issóiô.** – Está empatado.
2대 1이에요. **I de irieiô.** – Está 2 a 1.
방금전에 골 넣었어요. **bāmgūm jóne gol nóóssóio.** – Acabaram de fazer um gol.
이겼어요/졌어요. **iguióssóiô/jóssóiô.** – Eles ganharam/perderam.
연장전을 하고 있어요. **Iónjāmjónūr rago issóiô.** – Teve prorrogação.
그들은 패널티에서 이겼어요. **Gūdūrūn phenórthiesó iguióssóiô.** – Eles ganharam nos pênaltis.
어느 팀을 응원하나요? **Ónū thimūr ūm uónrranaiô?** – Para qual time você torce?
나는 …팀을 응원해요. **Nanūn …thimūr ūm uónrreiô.** – Eu torço pelo…
무슨 운동을 하나요? **Musūn undōm ur rranaiô?** – Você joga alguma coisa?
» Veja Vocabulário 8: Esportes p. 174
운동할래요? **Undōm rraleiô?** – Quer jogar?
죄송합니다, 다쳐서 못합니다. **Jesōmrrramnidá, datchósó mod rramnidá.** – Desculpe, não posso. Estou machucado.

DIZENDO QUE VOCÊ SE DIVERTIU
즐거웠다고 말하면서
jŭrgóuódtago mar ramiónsó

그 코미디, 재미있었어요. **Gū comedi, jemi issóssóio.** – Eu me diverti assistindo àquela comédia.
너무 재미있었어요. **Nómu jemi issóssóiô.** – Eu me diverti bastante.
오래간만에 재미있었어요. **Oreganmane jemi issóssóiô.** – Não me divirto assim há anos.
그 영화/책/등등... 참 재미있었어요. **Gū ióm rrua/tchec/dūm dūm... tcham jemi issóssóiô.** – Achei aquele filme/livro/etc. superlegal.

4.3 Um ótimo fim de semana (Diálogo)
좋은 주말 (대화)
joūn jumar (derruá)

🔊 **Faixa 17**

재석: 주말에 어떻게 지냈어요?
Jesóc: jumare otókhê jinessóiô?
강수: 너무 재미있었어요!
Gāmsu: Nómu jemiissóssóiô!
재석: 오, 그래요? 뭐 했는데요?
Jesóc: O, gūreiô? Muó rrennündeiô?
강수: 금요일 밤에 코미디 프로를 봤는데 쉴새없이 웃었어요.
Gāmsu: Gūmioir bame comidi phūrorūr boanūnde chirsseóbchi usóssóiô.
재석: 무슨 프로그램이었어요?
Jesóc: Mussūn phūrogūrem ióssóiô?
강수: '웃찾사'를 보았어요.
Gāmsu: 'utchassa'rūr boassóiô.
재석: 재미있었겠네요! 또 뭐 했어요?
Jesóc: Jemi issóquenneio! To muó ressóiô?

강수:일요일 아침에 테니스장에 가서 테니스를 치고, 오후에는 친구 집에 갔어요.
Gâmsu: Irioir atchime thenissūjām e gasó thenissūrūr tchigo, orruenūn tchingu jibe gassóiô.
» Veja a tradução desse diálogo na p. 258

4.4 Um ótimo fim de semana (Frases-chave)
좋은 주말 (주요 구문)
joūn jumar (juio gumun)

O QUE VOCÊ FEZ NO FIM DE SEMANA PASSADO?
지난 주말에 무엇을 했나요?
Jinan jumare muósūr rennaiô?

나는 영화를 봤어요. **Nanūn ióm rruarūr boassóiô.** – Eu vi um filme.
» Veja Tipos de filmes – Frases-chave: A e B p. 68
우리는 백화점에 가서 옷을 몇 벌 샀어요. **Urinūn becrruajóme gasó osūr miód bór sassóiô.** – Fomos ao shopping e compramos algumas roupas.
나는 해변으로 여행을 갔어요. **Nanūn rebiónūro iórrem ūr gassóiô.** – Viajei para a praia.
집에서 쉬었어요. **Jibesó chióssóiô.** – Ficamos em casa e descansamos.
나는 시댁에 갔어요. **Nanūn chidegue gassóiô.** – Visitei meus sogros.
특별한 일 없었어요. **Thūc biórran ir óbssóssóiô.** – Não fizemos nada especial.
나는 지방에 갔어요. **Nanūn jibām e gassóiô.** – Fui para o interior.
우리는 테니스를, 배구를, 농구를/등등을... 했어요. **Urinūn thenissūrūr, begurūr, nōmgurūr/dūm dūm ūr... ressóiô.** – Jogamos tênis/vôlei/basquete/etc.
» Veja Vocabulário 8: Esportes p. 174

4.5 Indo ao cinema (Diálogo)
영화를 보러 가면서(대화)
ióm ruarūr boró gamiónsó (derruá)

ⅲ||ⅲ Faixa 18

은지: 새로 나온 제임스 본드 영화를 봤니?
Ūnji: Sero naon jeimssū bondū iómrruarūr boanní?
미지: 아니, 아직 못 봤어. 너는?
Miji: Ani, ajic mod boassó. nónūn?
은지: 나도 아직 못 봤어. 오늘 보러 갈래? 서울 극장에서 상영되고 있을 거야.
Ūnji: nado ajic mod boassó. Onūr boró garle? Sóur gūcjjām esó sām ióm dego issūrcóiá.
미지: 그래, 좋아. 나는 액션 영화를 매우 좋아해. 인터넷으로 티켓을 구입하자.
Miji: Gūre, joá. Nanūn ecchión ióm rruarūr meú joarré. Inthónessūro thikhessūr gu ibrrajá.
은지: 좋은 생각이야! 그렇게 하자.
Ūnji: Joūn sem gagui iá! gūrókhe rajá.

» Veja a tradução desse diálogo na p. 258

4.6 Tipos de filmes (Frases-chave)
영화 종류 (주요 구문)
ióm rua jōmnhu (juio gumun)

TIPOS DE FILMES (A)
영화 종류 (A)
ióm rua jōmnhu (A)

어떤 종류의 영화를 좋아해요? **Otón jōm nhuūi ióm rruarur joarreiô?** – Que tipo de filme você prefere?
드라마를/공상과학 영화를/등등을 좋아해요? **dūrama/dūramarūr /gōm sām guarrac ióm rruarūr /dūm dūm ūr... joarreiô?** – Você gosta de filmes românticos/filmes de ficção científica/etc.?

TIPOS DE FILMES (B)
영화 종류 (B)
ióm rua jōmnhu (B)

나는 코미디를 좋아해요. **Nanūn comidirūr joarreiô.** – Gosto de comédias.
나는 드라마를 더 좋아해요. **Nanūn dūramarūr dó joarreiô.** – Prefiro filmes românticos.
나는 액션 영화를 좋아해요. **Nanūn ecchión ióm rruarur joarreiô.** – Gosto de filmes de ação.
나는 스릴러를 너무 좋아해요. **Nanūn sūrirlórūr nómu joarreiô.** – Adoro suspenses.
나는 드라마를/전쟁 영화를 너무 싫어해요. **Nanūn dūramarūr/jónjem ióm rruarur nómu chirórreiô.** – Odeio dramas/filmes de guerra.
나는 서부 영화를 정말 싫어해요. **Nanūn sóbu ióm rruarur jóm mar chirórreiô.** – Não suporto westerns.
나는 공상과학 영화가 더 좋아요. **Nanūn gōm sām guarrac ióm rruaga dó joaiô.** – Prefiro ficção científica.
나는 시리즈를 좋아해요. **Nanūn sirijūrūr joarreiô.** – Gosto de séries.
나는 추리 영화를 정말 좋아해요. **Nanūn tchuri iōmrruarūr jóm mar joarreiô.** – Eu gosto mesmo é de filmes policiais.

4.7 O que tem para o jantar? (Diálogo)
저녁 메뉴는 뭐예요? (대화)
jónhóc menunūn muóieiô? (derruá)

🔊 **Faixa 19**

준기: 여보, 오늘 저녁 메뉴는 뭐예요?
Jungui: Ióbo, onūr jónhóc menunūn muóieiô?
수미: 피자 어때요?
Sumi: Phija óteiô?
준기: 아. 또! 난 피자와 샌드위치에 질렸어요. 식단에 변화를 줄 필요가 있어요.
Jungui: a. to! nan phijaua senduitchie jirlióssóio. Uri sicdane biónrruarūr jur phirioga issóiô.
수미: 그럼, 오늘 외식은 어떨까요? 시내에 있는 새로운 레스토랑에 가 봐요.
Sumi: Gūróm, onūr uechigūn ótórcaiô? Chinee innūn seroun ~resūthorām e gabaiô.
준기: 좋은 생각이에요. 가요.
Jungui: Joūn sem gaieiô. Gaiô.
» Veja a tradução desse diálogo na p. 258

FAMINTO (A)
배가 고플때 (A)
bega gophūrte (A)

» Veja Vocabulário 10: Comida e bebida p. 176
배고파요? **Begophaiô?** – Você está com fome?
뭐 먹고 싶어요? **Muó mócco chiphóiô?** – Gostaria de comer alguma coisa?

FAMINTO (B)
배가 고플때 (B)
bega gophūrte (B)

» Veja Vocabulário 12: Comida e bebida p. 176

조금 배가 고파요. **Jogūm bega gophaiô.** – Estou com um pouco de fome.
정말 배가 고파요. **Jóm mar bega gophaiô.** – Estou morrendo de fome.
정말 배가 고프니까 뭘 좀 먹으러 가요. **Jóm mar bega gophūnica mór jom mógūró gaiô.** – Estou faminto, vamos comer alguma coisa.
목 마르니까 뭐 마실 것 좀 사러 가요. **Moc marūnica mó machircó jom saró gaiô.** – Estou com sede, vamos comprar algo para beber.
점심에/저녁에 뭐가 있어요? **Jóm chime/jónhógue móga issóiô?** – O que tem para o almoço/jantar?
음식 코너로 가요. **Ūmchic khonóro gaiô.** – Vamos à praça de alimentação.
뭐 먹으러 가요. **Mó mógūró gaiô.** – Vamos comer alguma coisa.
인스턴트 음식에 질렸어요. **Insūthónthū ūmchigue jirlióssóiô.** – Estou cheio de comer porcaria (comida instantânea).
배가 많이 고프지 않아서 샐러드만 먹을 거예요. **Bega mani gophuji anasó serlódūman mógūrcóieiô.** – Não estou com muita fome, acho que só vou comer uma salada.

4.8 No restaurante (Diálogo)
식당에서 (대화)
chictām esó (derruá)

▶️ Faixa 20

웨이터: 안녕하세요. 주문하시겠습니까?
ueithó: Annhóm rraseiô. jumunrrachiguessūmnicá?
지호: 네, 당신 뭐 먹을래요?
Jirro: Ne, dām chinūn muó mógūleiiô?
인나: 전 비빔밥 먹을래요.
Inna: Jón bibimpap mógūleiô.
지호: 좋아요, 비빔밥 하나와 불고기 정식 하나 주세요.
Jirro: Joaio, bibimpap ranaua burgogui jóm chic rana juseiô.

웨이터: 네, 알겠습니다. 그리고 음료는 뭐로 하시겠어요?
ueithó: Ne, arguessūmnida. Gūrigo ūmnhonūn muóro rachiguessóiô?
인나: 저는 보리차 주세요.
Inna: Jónūn boritchá juseiô.
지호: 저는 사이다 주세요.
Jirro: Jónūn saida juseiô.
웨이터: 네, 보리차와 사이다.
ueithó: Ne, boritcha ua saidá.
지호: 아, 반찬부터 갖다 주세요.
Jirro: A, bantchan buthó gata juseiô.
웨이터: 네, 음료수와 함께 곧 갖다 드리겠습니다.
ueithó: Ne, ūmnhosu ua ramque god gata dūriguessūmnidá.
지호: 감사합니다.
Jirro: Gamsarramnidá.
» Veja a tradução desse diálogo na p. 259

4.9 No restaurante (Frases-chave)
식당에서 (주요 구문)
chic<u>tām</u> esó (juio gumun)

PEDINDO O CARDÁPIO
메뉴 요청
menhu io<u>tchóm</u>

메뉴판 좀 갖다 주세요. **Menhuphan jom gata juseiô.** – Você pode me/nos trazer o cardápio, por favor?
메뉴판 좀 볼 수 있을까요? **Menhuphan jom borssu issūrcaiô?** – Posso dar uma olhada no cardápio, por favor?
와인 메뉴를 볼 수 있을까요? **Uain menhurūr borssu issūrcaiô?** – Posso ver a carta de vinhos, por favor?

DICA CULTURAL 6: NA LANCHONETE OU RESTAURANTE
문화에 대한 도움말 6: 빵집 아니면 식당에서
MUNRRUAE DERRAN DOUMMAR 6: <u>PĀM</u> JJIB ANIMIÓN CHIC<u>TĀM</u> ESÓ

Não ache estranho se ao sentar-se à mesa de um restaurante ou lanchonete coreana, antes mesmo de você ter olhado o cardápio ou feito o pedido, o garçom trouxer um copo de água e alguns acompanhamentos. É também comum os restaurantes e lanchonetes disponibilizarem em algum canto uma jarra de água com copos para as próprias pessoas se servirem.

PERGUNTAS DO GARÇOM (A)
웨이터 질문 (A)
ueithó jirmun (A)

몇 분입니까? **Miód bunimnicá?** – Quantas pessoas no seu grupo?
메뉴판을 보시겠습니까? **Menhuphanūr bochiguessūmnicá?** – Gostaria(m) de olhar o cardápio?
주문하시겠습니까? **jumunrrachiguessūmnicá?** – Você(s) está(ão) pronto(s) para pedir?
무엇을 가져다 드릴까요? **Muósūr gajóda dūrircaiô?** – O que posso trazer para vocês?

PERGUNTAS DO GARÇOM (B)
웨이터 질문 (B)
ueithó jirmun (B)

무엇을 드시겠습니까? **Muóssūr dūchiguessūmnicá?** – O que você(s) gostaria(m) de beber?
더 주문하시겠습니까? **Dó jumunrrachiguessūmnicá?** – Gostaria(m) de mais alguma coisa?
고기는 어떻게 해서 드릴까요? **Goguinūn óthókhé resó dūrircaiô?** – Como o senhor gostaria o seu bife?
디저트는 무엇을 드시겠습니까? **Dijóthūnūn muóssūr dūchiguessūmnicá?** – O que gostariam de sobremesa?
금방 갖다 드리겠습니다. **Gūmbām gatá dūriguessūmnidá.** – Volto já.

FAZENDO O PEDIDO (A)
주문하면서 (A)
jumun ramiónsó (A)

» Veja Vocabulário 10: Comida e bebida p. 176
5명입니다. **Dasónmióm imnidá.** – Grupo de cinco pessoas.
4명입니다. **Nemióm imnidá.** – Somos em quatro.
금연 장소가 있나요? **Gūmión jām soga innaiô?** – Vocês têm área para não fumantes?
주문하겠습니다. **Jumunrraguessūmnidá.** – Estamos prontos para fazer o pedido.
샐러드를 먼저 주세요. **Serlódūrūr mónjó juseiô.** – Eu queria primeiro uma salada de alface, por favor. Veja Vocabulário 12: Comida e bebida p.)
반찬 좀 갖다 주세요. **Ban tchan jom gata juseiô.** – Você pode nos trazer os acompanhamentos, por favor?
아침 식사를/브런치를 제공하나요? **Atchim chicsarūr/būróntchi rūr jegom ranaiô?** – Vocês servem café da manhã/brunch?
» Veja Dica cultural 7 p. 73

> **DICA CULTURAL 7: BRUNCH**
> 문화에 대한 도움말 7: 브런치
> **MUNRRÚAE DERRAN DOUMMAR 7: BRUNCH**
>
> Com o aumento do número de cafeterias nos dias de hoje, o hábito de desfrutar o **brunch** (refeição que inclui pratos tanto do café da manhã quanto do almoço) está crescendo na vida dos jovens executivos coreanos à medida que a cultura ocidental ganha popularidade na Coreia.
> Alguns dos pratos mais conhecidos são: waffles 와플, panqueca 팬케익 e omelete 오믈렛.

FAZENDO O PEDIDO (B)
주문하면서 (B)
jumun ramiónsó (B)

» Veja Vocabulário 10: Comida e bebida p. 176
비빔밥 주세요. **Bibimpap juseiô.** — Vou querer "Bibimpap"[1], por favor.
불고기 주세요. **Burgogui juseiô.** — Vou querer "Burlgogui"[2], por favor.
삼겹살 주세요. **Samguióbsar juseiô.** — Eu queria carne de porco, por favor.
파스타 주세요. **Phasūtha juseiô.** — Eu queria o espaguete.
파스타 종류에는 어떤 것이 있나요? **Phasūtha jõmnhuenūn ótóngóchi innaiô?** — Que tipo de massas vocês têm?

> **DICA CULTURAL 8: ALMOÇO**
> 문화에 대한 도움말 8: 점심 식사
> **MUNRRUAE DERRAN DOUMMAR 8: JÓMCHIM SICSA**
>
> O almoço na Coreia costuma ser uma refeição bem equilibrada, com uma grande variedade de alimentos. Em algumas ocasiões os coreanos fazem uso da fast-food que inclui lanches variados como sanduíches, hambúrgueres, panqueca, pizza, etc.

» Veja Vocabulário ativo: De dieta p. 86

PEDINDO BEBIDAS
마실 것을 주문하면서
machir gósūr jumun ramiónsó

» Veja Vocabulário 10: Comida e bebida p. 176
콜라 하나 주세요. **Khola rana juseiô.** — Eu queria uma coca normal, por favor.

---

1. **Bibimpap** — comida típica coreana com arroz, legumes e pasta de pimenta vermelha.
2. **Burgogui** — carne temperada com shoyu, meio adocicada.

어떤 음료수가 있나요? **Otón ūmnhosuga innaiô?** – Que tipos de refrigerante vocês têm?
오렌지 주스 주세요. **Orenji jussū juseiô.** – Eu queria um suco de laranja.
맥주 마실거에요. **Mecju machirgóieiô.** – Vou tomar uma cerveja.
생맥주 있나요? **Sem mecjju innaiô?** – Vocês têm chope?
화이트/레드 와인을 주문하고 싶은데, 메뉴판 좀 가져다 주시겠습니까? **ruaithū/~redū uainrūr jumunrrago chiphūnde, menuphan jom gajóda juchiguessūmnicá?** – Queríamos vinho tinto/branco, você poderia trazer a carta de vinhos, por favor?
위스키 한잔 주세요. **Uisūkhi ranjan juseiô.** – Eu queria uma dose de uísque, por favor.
칵테일에는 어떤 종류가 있나요? **Khactheirenūn ótón jōmnhuga innaiô?** – Que tipos de coquetéis você tem aqui?

DICA CULTURAL 9: BEBIDAS
문화에 대한 도움말 9: 음료수
MUNRRUAE DERRAN DOUMMAR 9: ŪM NHOSU

É padrão nos restaurantes da Coreia servir água ou chá antes das refeições. Em alguns casos, o próprio freguês se serve. Não há costume de tomar refrigerantes ou outras bebidas, por outro lado, os coreanos consomem uma bebida alcoólica bastante comum na Coreia chamada "**Soju**" (소주). Trata-se de uma bebida destilada nativa da Coreia. O sabor é comparável à vodca, embora muitas vezes um pouco mais doce, devido à adição de açúcar no processo de fabricação. Ela geralmente é consumida pura.

A maioria das marcas de **Soju** são produzidas na Coreia do Sul. Embora seja tradicionalmente feita de arroz, alguns produtores mais modernos já substituem o arroz por outros amidos, como batata, trigo, cevada, batata doce ou tapioca.

Soju é límpido e incolor. É uma bebida amplamente consumida, em parte, devido ao seu preço relativamente baixo na Coreia. Uma garrafa de 375 ml de Soju custa ao consumidor aproximadamente 2.000 Won, o que equivale a R$ 4,00.

OUTROS PEDIDOS E COMENTÁRIOS
다른 주문과 댓글
darūn jumungua dedgūr

빨대를 줄 수 있나요? **Parlterūr jurssu innaiô?** – Você pode me trazer um canudinho, por favor?
냉수 한잔 줄 수 있나요? **Nem su ranjan jurssu innaiô?** – Você pode me trazer um copo com gelo, por favor?
소금/설탕 좀 주시겠습니까? **sogūm/sórthām jom juchiguessūmnicá?** – Você pode nos trazer o sal/açúcar, por favor?
» Veja Vocabulário 10: Comida e bebida – Temperos e condimentos p. 176
빵 좀 갖다 주시겠습니까? **Pām jom gata juchiguessūmnicá?** – Você poderia, por favor, nos trazer pão?
다른 포크를/칼을/숟가락을/젓가락을 가져다 줄 수 있나요? **Darūn phokhūrūr/kharūr/sucaragūr/jócaragūr gajóda jurssū innaiô?** – Você pode me trazer outro garfo/faca/colher/palitos, por favor?

재떨이 좀 갖다 줄 수 있나요? **Jethóri jom gata jurssū innaiô?** – Você poderia me trazer um cinzeiro, por favor?
이쑤시개 좀 갖다 줄 수 있나요? **Issuchige jom gata jurssū innaiô?** – Você pode me trazer palitos de dente?
냅킨을 좀 갖다 줄 수 있나요? **Nebkhinūr jom gata jurssū innaiô?** – Você pode nos trazer alguns guardanapos?
식탁보를 바꿔줄 수 있나요? **Chicthacphorūr bacuó jurssū innaiô?** – Você poderia trocar a toalha de mesa, por favor?
커피 한잔 주세요. **Khóphi ranjan juseiô.** – Vou tomar um café, por favor.
화장실이 어디입니까? **Ruajām chiri ódi imnicá?** – Onde é o toalete, por favor?
제일 좋아하는 음식이 무엇입니까? **Jeir joarranūn ūmchigui muóchimnicá?** – Qual é o seu prato favorito?

» Veja Vocabulário 10: Comida e bebida p. 176

DICA CULTURAL 10: CAFÉ
문화에 대한 도움말 10: 커피
MUNRRUAE DERRAN DOUMMAR 10: KHÓPHI

Os coreanos tomam o café fraco e em copo grande. Assim, na Coreia, o café mais parecido com o que tomamos no Brasil é o expresso. Contudo, é muito mais caro que seu equivalente no Brasil, chegando a custar, em média, 6.000 won (6 dólares ou 12 reais).

Veja abaixo os tipos de cafés mais consumidos na Coreia:

에스프레소 (Expresso) = café forte
카페 아메리카노 (Caffe Americano) = expresso + água quente: = proporção 1: 2
카페 라떼 (Caffe Latte) = expresso + leite quente
카푸치노 (Cappuccino) = expresso + leite quente + espuma + pó de canela: proporção = 1: 2: 3
카페 모카 (Caffe Mocha) = expresso + leite quente + caldo de chocolate + creme
카페 마끼아또 (Caffe Macchiato) = expresso + espuma de leite
아이스 커피 (Ice Caffe) = expresso + gelo

Os coreanos são grandes consumidores de café e Seul é provavelmente a cidade com mais cafeterias por metro quadrado do mundo – grande parte delas com um estilo bem americanizado. Muitas chegam a ter mais de quatro andares, sendo que a presença de redes e franquias é muito forte.

A quantidade de cafeterias em Seul é tão grande – é possível encontrar cinco na mesma esquina – que, segundo especulações, existe um projeto de lei para regulamentar a quantos metros de distância uma cafeteria deve ficar da outra.

Quanto aos hábitos, os jovens da cidade normalmente saem para jantar por volta das 7 da noite nos fins de semana e depois seguem para uma cafeteria para saborear aquele cafezinho. Mais tarde, costumam se encontrar em pubs e curtir a vida noturna coreana.

AO FINAL DA REFEIÇÃO
식사 후에
sicssa ruê

점심/저녁 식사가 맛있었어요. **jómchim/jónhóc tchicsaga machissóssóiô.** – O almoço/jantar estava delicioso.
너무 배가 불러서 더 못 먹겠어요. **Nómu bega burlósó dó mod mócquessóiô.** – Não consigo comer mais nada, estou cheio.
디저트는 별로 먹고 싶지 않아요. **Dijóthūnūn biórlo móco chibji anaiô.** – Não estou com muita vontade de comer sobremesa.
» Veja Vocabulário 10: Comida e bebida – Sobremesas p. 179
초콜릿/바닐라 아이스크림을 먹을 거예요. **tchokhorlid/banirla aisūkhūrimūr mógūrcóieiô.** – Vou tomar um sorvete de chocolate/baunilha.
» Veja Vocabulário 10: Comida e bebida – Sobremesas p. 179
그냥 커피만 마실래요. **Gūnhām khóphiman machirleiô.** – Acho que só vou tomar um café.
» Veja Dica cultural 10 p. 75
에스프레소로 마실게요. **Espressoro machirqueiô.** – Vou tomar um café expresso.
계산해 주시겠습니까? **Guesanrré juchiguessūmnicá?** – Pode nos trazer a conta, por favor?
팁이 포함되어 있나요? **Thibi phorram deó innaiô?** – O serviço/gorjeta está incluso(a)?
웨이터에게 팁을 줘야 할 것 같아. **Ueithóegue thibūr juóia rarcó gathá.** – Acho que deveríamos dar uma gorjeta para o garçom.
영수증이 필요합니다. **lóm sujūm i phiriorramnidá.** – Precisamos de um recibo.
영수증 좀 갖다 주세요. **lóm sujūm jom gata juseiô.** – Pode nos trazer um recibo, por favor?

4.10 Uma festa de aniversário (Diálogo)
생일 파티 (대화)
sem ir phathi (derruá)

76

◁|||▷ **Faixa 21**

서연: 파티에 와 주셔서 정말 감사해요.
Sóión: Phathie ua juchiósó jóm mar gamsarreiô.
석진: 초대해 주셔서 감사합니다.
Sócjin: tchoderre juchiósó gamsarramnidá.
서연: 어서 들어오세요! 코트를 주세요.
Sóión: Ósó dūróoseio! Khothūrūr juseiô.
석진: 준현이는 어디에 있어요?
Sócjin: Junrrión inūn ódie issóiô?
서연: 부엌에서 빵을 자르고 있어요.
Sóión: Buóguesó pãm ūr jarūgo issóiô.
석진: 늘 도와주나요?
Sócjin: Nūr douajunaiô?
서연: 아니요, 사실 부엌 일은 안해요!
Sóión: aniio, sachir buóc irūn anrreiô!
석진: 이것은 보현이 선물이에요. 마음에 들었으면 좋겠어요.
Sócjin: Igóssūn borrióni sónmurieio. Maūme dūróssūmión jokhessóiô.
서연: 감사합니다! 직접 전해 주면 더 좋아할 거예요.
Sóión: Gamsarramnidá! jicjób jónrre jumión dó joarrarcóieiô.
석진: 그러면 친구들에게 먼저 인사하고...
Sócjin: gūrómión tchingudūregue mónjó insarragô...

» Veja a tradução desse diálogo na p. 259

4.11 Vocabulário ativo: Hora de festejar!

어휘 활용: 파티 타임!
Órrui ruariōm: phathi thaim!

파티하다 (PHATHIRRADA): FESTEJAR

자 그럼, 이제 "파티를 해야지!"
Já gūróm, ije "phathirūr reiají!"
Vamos **festejar**!

술 (SUR): BEBIDA ALCOÓLICA

술 좀 사자!
Surjom sajá!
Vamos comprar **bebida alcoólica**!

생일 주인공 (SEM IR JUINGŌM): ANIVERSARIANTE

케이크 (KHEIKHŪ): BOLO DE ANIVERSÁRIO

촛불 끄기 (TCHOPUR KŬGUI): APAGAR AS VELAS
바울이 생일 파티 촛불을 끌 거예요.
Bauri sem ir phathi tchopurŭr kŭr cóieiô.
Paulo vai apagar as velas no seu bolo de aniversário.

주인 (JUIN): ANFITRIÃO/ANFITRIÃ
손님 (SONNIM): CONVIDADOS
주인인 미나는 손님들을 잘 대접하려고 최선을 다 했어요.
Juinin minanŭn sonnimdŭrŭr jar dejóbrrariógo tchesónŭr da ressóiô.
A Mina, que é a anfitriã, fez o melhor que pôde para agradar aos convidados.

생일을 맞이 하다 (SEM IRŬR MAJIRRADA): FAZER ANOS (DE IDADE)
오늘 태호가 열 여덟번째 생일을 맞은 거 알아?
Onŭr therroga iór iódór pónjje sem irir majŭngó ará?
Você sabia que o Therrô está fazendo dezoito anos hoje?

선물 받다 (SÓNMUR BATA): GANHAR PRESENTES
생일 선물을 여태까지 몇 개 받았어요?
Sem ir sónmurŭr ióthecaji mióque badassóiô?
Quantos presentes de aniversário você já ganhou até agora?

4.12 Um ótimo lugar para passar as férias (Diálogo)
휴가가기 좋은 장소 (대화)
riugagagui joŭn jãm so (derruá)

🔊 Faixa 22
문혁: 휴가 갈 계획있어?
Munrrióc: Riuga gar guerruéc issó?

성우: 응. 다음주까지 도저히 기다릴 수 없을 것 같아. 난 정말 휴식이 필요해.
Sóm u: ūm, daūmjucaji dojórri guidarir su óbsūr có gathá. Nan jóm mar riuchigui phiriorré.
문혁: 여행 계획은 어떻게 세우고 있니?
Munrrióc: lórrem guerruegūn ótókhe seugo inní?
성우: 응. 내 아내에게 강원도에 사는 동생이 있어. 그래서 그곳에서 일주일 동안 지낼 계획이야.
Sóm u: Ūm. Ne aneegue gãm uóndoe sanūn dōm sem i issó. Gūresó gūgossessó irjuir tōm an jiner guerruec iiá.
문혁: 강원도! 재미있을 것 같네. 거기는 날씨도 좋고 휴가를 보내기 적절한 장소인 것 같아.
Munrrióc: Gãm uóndo! Jemi issūrcód ganne. Góguinūn narchiga jokho riugarūr bonegui Jócjór ran jãmsoingód gathá.
성우: 그러게. 12 살짜리 우리 딸이 눈축제를 보고 싶어해. 기대가 커.
Sóm u: Gūrógue. lórdusarjari uri tari nun tchucjerūr bogo chiphórre. guidega khó.
문혁: 좋은 선택이야! 좋은 시간 보내.
Munrrióc: Joūn sónthec iiá! Joūn chigan boné.
성우: 그래. 고마워!
Sóm u: gūre. Gomauó!
» Veja a tradução desse diálogo na p. 259

4.13 Vocabulário ativo: Férias
어휘 활용: 휴가
órrúi rúar iōm: riuga

휴가를 보내다 (RIUGARŪR BONEDA): PASSAR FÉRIAS

휴가를 어디에서 보냈어요?
Riugarūr ódiesó **bonessóiô?**
Onde você **passou** suas **férias**?

휴식이 필요하다 (RIUCHIGUI PHIRIORRADA): RELAXAR

요즘 스트레스를 너무 많이 받았어요. 며칠 휴식이 필요해요.
Iojūm sūthūressūrūr nómu mani badassóiô. Miótchir **riuchigui phiriorreiô.**
Tenho estado muito estressado ultimamente. Preciso tirar alguns dias de folga para **relaxar**.

놀이 공원 (NORI GÕM UÓN): PARQUE DE DIVERSÃO

어제 놀이 공원에서 재미있게 놀았습니다.
Óje **nori gõm uón**esó jemiike norassūmnidá.
Nos divertimos muito no **parque de diversão** ontem.

놀이 기구 **(NORI GUIGU): BRINQUEDO EM PARQUE DE DIVERSÃO**
저 놀이 기구 타 봤니?
Jó **nori guigu** tha boanní?
Você já foi naquele **brinquedo**?

낚시를 하러 가다 **(NACCHIRŪR RARÓ GADA): IR PESCAR**
민수와 친구들은 한달에 한번씩 낚시를 하러 갑니다.
Minsuua tchingudūrūn randare ranbóntchic **nacchirūr raró gamnidá**.
Dick e seus amigos **vão pescar** pelo menos uma vez por mês.

캠핑 가다 **(KHEMPHIM GADA): IR ACAMPAR**
캠핑 간 적이 있어요?
khemphim ganjógui issóiô?
Você alguma vez já **acampou**?

텐트 **(THENTHŪ): BARRACA**
여기에 텐트를 치자!
lóguie **thenthū**rūr tchijá!
Vamos montar a **barraca** aqui!

일광욕을 하다 **(IRGUÃM IOGŪR RADA): TOMAR BANHO DE SOL**
일광욕을 좋아하세요?
Irguãm iogūr joarreiô?
Você gosta de **tomar banho de sol**?

선크림 **(SÓN KHŪRIM): PROTETOR SOLAR**
선크림 바르는 것을 잊지 마세요.
són khūrim barūnūn góssūr ijji maseiô.
Não se esqueça de usar **protetor solar**.

5. SAÚDE E BOA FORMA
건강 및 운동
góngãm mid undõm

5.1 Uma visita ao médico (Diálogo)
병원에서 (대화)
bióm uónesó (derruá)

🔊 Faixa 23

의사: 안녕하세요? 어디가 아프세요?
ūisa: annhómrraseiô? Ódiga aphūseiô?
민기: 두통이 심하고 가끔 어지러워요.
Mingui: Duthõm i chimrragô gakūm ójiróuóiô.
의사: 혹시 식단을 바꾸셨나요?
ūisa: rocchi chicdanūr bacuchiónnaiô?
민기: 아니요.
Mingui: Aniiô.
의사: 평소보다 일을 더 많이 했나요?
ūisa: Phióm soboda irūr dó mani rennaiô?
민기: 아니요, 하지만 최근에 스트레스를 많이 받았어요.
Mingui: Anniô, rajiman tchegūne sūthūressūrūr mani badassóiô.
의사: 자 그럼, 검사해 봅시다. 셔츠를 벗고 누워보세요.
ūisa: Já gūróm, gómsarré bobchidá.
(몇 분 후에)
miód bun rrué
의사: 아무 문제 없습니다. 혈액 검사만 해 볼게요. 그리고 앞으로 두통이 심할 땐 두통약을 드시면 됩니다. 심각한 상황은 아닌 것 같습니다.
ūisa: Amu munje óbssūmnidá. Riórec gómsaman rre borqueiô. gūrigo aphūro duthõm i chimrrarten duthõm iagūr dūchimión demnidá. Chimgakhán sāmrruām ūn aningó gassūmnidá.
» Veja a tradução desse diálogo na p. 260

5.2 Uma visita ao médico (Frases-chave)
병원에서 (주요 구문)
<u>bióm</u> uónesó (juio gumun)

UMA VISITA AO MÉDICO (A)
병원에서 (A)
<u>bióm</u> uónesó (A)

무슨 문제입니까? **Mussūn munje imnicá?** – Qual é o problema?
언제부터 그랬습니까? **Ónjebuthó gūressūmnicá?** – Há quanto tempo você se sente assim?
전에도 이런 적이 있습니까? **Jónedo irónjógui issūmnicá?** – Você já se sentiu assim antes?
무슨 약을 복용하고 계십니까? **Mussūn iagūr bo<u>guiõm</u>rrago guechimnicá?** – Você está tomando algum remédio?
알레르기가 있습니까? **Alerūguiga issūmnicá?** – Você é alérgico a alguma coisa?
어디가 아프십니까? **Ódiga aphūmnicá?** – Onde dói?
마지막으로 생리한 게 언제죠? **Majimagūro <u>sem</u> nirrangue ónjejô?** – Quando foi sua última menstruação?
숨을 크게 쉬세요. **Sumūr khūgue chiseiô.** – Respire fundo.
불면증이 있었나요? **Burmiónjūm i issónnaiô?** – Você tem tido dificuldade para dormir?
다른 증상이 있나요? **Darūn <u>jūm sām</u> i innaiô?** – Você tem algum outro sintoma?
» Veja Vocabulário 13: No médico: sintomas e doenças p. 184
며칠 후에도 증상이 계속 나타나면 다시 오세요. **Miótchir rruedo <u>jūm sām</u> i guessoc nathanamión dachi oseiô.** – Volte aqui se não se sentir melhor em alguns dias.

UMA VISITA AO MÉDICO (B)
병원에서 (B)
bióm uónesó (B)

무릎/폐 등등 x레이를 찍어봅시다. **murūb/phé <u>dūm dūm</u> ecssūreirūr jjigóbobchidá.** – Vamos tirar um raios X do seu joelho/pulmões etc.
» Veja Vocabulário 12: O corpo p. 183
혈압을 한번 재 봅시다. **Riórabūr ranbón je bobchidá.** – Vamos tirar sua pressão/temperatura.
주사를 맞아야 합니다. **Jusarūr majaiá rramnidá.** – Preciso te dar uma injeção.
혈액 검사를 해야 합니다. **Riórec gómsarūr rreiá rramnidá.** – Precisamos fazer exame de sangue.
당신에게 약을 처방하겠습니다. **<u>dām</u> chinegue iagūr tchó<u>bām</u> rraguessūmnidá.** – Vou receitar um remédio para você.
6시간마다 두 알씩 드세요. **iósód chiganmada duarchic dūseiô.** – Tome dois comprimidos a cada seis horas.
당신은 담배를 끊거나 줄여야 합니다. **<u>Dām</u>chinūn damberūr cūncóná jurióiá rramnidá.** – Você deveria parar de fumar ou pelo menos tentar fumar menos.
집에서 이틀 동안 쉬어야 합니다. **Jibesó ithūr <u>tōm</u> an chióiá rramnidá.** – Você deve ficar em casa e descansar por dois dias.
며칠 후에 많이 좋아질 겁니다. **Miótchir rrue mani joajir gómnidá.** – Você deve sentir-se melhor em alguns dias.

5.3 Sentindo-se doente (Diálogo)
질병(대화)
jirbióm (derruá)

Faixa 24

준기: 민기! 괜찮아요? 어디 아파요?
Jungui: Mingui! Guentchanaiô? Ódi aphaiô?

민기: 네, 사실은 몸이 좀 안 좋아요. 어젯밤부터 머리가 아프고 토할 것 같아요.
Mingui: Ne, Sachirūn momi jom an joaiô. Ójebambuthó móriga aphūgo thorrarcód gathaiô.

준기: 어떡해요? 아직도 그래요? 내가 도울 일 없나요?
Jungui: ótókheiô? Ajicto gūreiô? Nega doulir óbnaiô?

민기: 아니요. 어젯밤에 아스피린을 먹었는데 별 효과가 없긴 했지만 괜찮아요.
Mingui: Aniiô. Ójebame asūphirinūr mógónnūnde biór riocuaga óbquin rejjiman guentchanaiô.

준기: 어제 뭐 잘못 먹은 것은 아니에요?
Jungui: Óje muó jarmod mógūn gósūn anieiô?

민기: 잘 모르겠어요. 그럴 수도 있어요. 좋아지지 않으면 병원에 갈 생각이에요.
Mingui: Jar morūguessóiô. Gūrórssudo issóiô. Joajiji anūmión <u>bióm</u> uóné gar <u>sem</u> gaguieiô.

준기: 그래요. 좋은 생각이에요.
Jungui: Gūreiô. Joūn <u>sem</u> gaguieiô.

» Veja a tradução desse diálogo na p. 260

5.4 Sentindo-se doente (Frases-chave)
질병 (주요구문)
jir<u>bió</u>m (juio gumun)

SENTINDO-SE DOENTE (A)
질병 (A)
jir<u>bió</u>m (A)

몸이 좀 안 좋아요. **Momi jom an joaiô.** – Estou me sentindo um pouco indisposto.
감기에 걸렸어요. **Gamguie górlióssóiô.** – Estou com gripe.
두통이 있어요. **Du<u>thom</u> i issóiô.** – Estou com dor de cabeça.
편도선이 부었어요. **Phióndosóni buóssóiô.** – Estou com dor de garganta.
기침이 심해요. **Guitchimi chimeiô.** – Estou tossindo muito.
열이 있어요. **Ióri issóiô.** – Estou com febre.
콧물이 나요. **Khonmuri naiô.** – Estou com coriza.
코피가 나요. **Khophiga naiô.** – Meu nariz está sangrando.

SENTINDO-SE DOENTE (B)
질병 (B)
jir<u>bió</u>m (B)

배가 아파요. **Bega aphaiô.** – Estou com dor de estômago.
이가 아파요. **Iga aphaiô.** – Estou com dor de dente.
귀가 아파요. **Guiga aphaiô.** – Estou com dor de ouvido.
코가 막혔어요. **Khoga makhióssóiô.** – Meu nariz está entupido.
다리가/팔이/가슴이 아파요. **Dariga/phari/gas<u>ū</u>mi aphaiô.** – Estou com dor na perna/no braço/no peito.
목이 아파요. **Mogui aphaiô.** – Estou com torcicolo.
힘이 없어요. **Rimi óbssóiô.** – Estou me sentindo muito fraco.
내___을/를 움직일 수 없어요. **Ne ___ ūr/rūr umjiguirssu óbssóiô.** – Não consigo mexer meu/minha...
손에 화상을 입었어요. **Sone ruas<u>ā</u>m ūr ibóssóiô.** – Queimei minha mão.
내___이/가 부었어요. **Ne ___ i/ga buóssóiô.** – Meu/Minha ___ está inchado(a).

SENTINDO-SE DOENTE (C)
질병 (C)
jir<u>bió</u>m (C)

어지러워요. **Ójiróuóiô.** – Estou me sentindo tonto.
쓰러질 것 같아요. **sūrójircód gathaiô.** – Acho que vou desmaiar.
토할 것 같아요. **Thorrarcód gathaiô.** – Sinto vontade de vomitar.
온 몸이 다 아파요. **On momi da aphaiô.** – Estou com o corpo inteiro doendo.
화장실에 가야 해요. **Ruaj<u>ā</u>mchiré gaiárreiô.** – Preciso ir ao toalete.
임신했어요. **imchin réssóiô.** – Estou grávida.

저는_____일 동안 생리가 없었어요. jónūn _____ ir tōm an sem niga obssóssóio. – Não fico menstruada há _____ dias.
저는 당뇨병 환자예요. jónūn dāmnhobióm ruanjaeiô. – Sou diabético(a).
주사를 싫어해요. jusarūr chirórreiô. – Não gosto de injeções.
땀이 너무 많이 나요. Tami nómu mani naiô. – Estou suando muito.
저는_____에 알레르기가 있어요. jónūn _____ é alerūguiga issóiô – Sou alérgico a _____.
위급해요. Uigūbrréiô. – É uma emergência.
저는 의료 보험이 있어요. jónūn ūiriô borrómi issóiô. – Eu tenho plano de saúde.

5.5 É melhor você fazer regime! (Diálogo)
다이어트를 하는 게 좋을 거야! (대화)
Daióthūrūr ranūngue joūrcóiá! (derruá)

▶▶▶ Faixa 25

수민: 아이고! 내가 일주일 만에 2kg이나 쪘다니 믿을 수가 없어요!
Sumin: aigo! Nega irjuir mané ikhirona jjódtani midūrssuga obssoiô!
다빈: 정말요? 그러고 보니 조금 살찐 것 같기도 해요.
Dabin: jóm mariô? gūrógo boni jogūm sarjjin gód gaquido reiô.
수민: 네. 정말 다이어트를 해야 겠어요.
Sumin: Ne. jóm mar daióthūrūr reiá guessóiô.
다빈: 운동을 더 자주 해야 해요. 다이어트를 시작하기 전에 먼저 의사를 찾아가 보세요.
Dabin: Undōm ūr dó jaju rreiá reiô. daióthūrūr chijácrragui jóne mónjó ūisarūr tchajaga boseiô.
» Veja a tradução desse diálogo na p. 260

5.6 Vocabulário ativo: De dieta
어휘 활용: 다이어트
órrui ruariōm: Daióthū

다이어트를 하다 **(DAIÓTHŪRŪR RADA): FAZER REGIME**
비만(뚱뚱하다) **BIMAN (TUMTUMRRADA): OBESIDADE (SER GORDO)**

진주는 뚱뚱하기 때문에 다이어트를 하기로 했다.
jinjunūn **tumtumrragui** témuné **daióthūrūr raguiro rétá**.
Jinju decidiu **fazer regime**, porque estava **acima de seu peso ideal (gorda)**.

살이 찐다 **(SARI JJINDÁ): ENGORDAR, GANHAR PESO**
다비는 결혼 후부터 살이 찌기 시작했다.
Dabinūn guiór ron rrubuthó **sari jjigui** chijacrrétá.
O Davi tem **engordado** desde que se casou.

살이 빠진다 **(SARI PAJINDA): PERDER PESO, EMAGRECER**
민희는 새로운 다이어트를 시작한 후 5킬로그램이나 살이 빠졌다.
Minrrinūn seroun daióthūrūr chijácrranrru o **khirogūremina sari pajódtá**.
Jane já **perdeu uns cinco quilos** desde que começou uma nova dieta.

패스트 푸드 **(PHÉSŪTHŪ PHUDŪ): COMIDA PREPARADA E SERVIDA COM RAPIDEZ E QUE NORMALMENTE TAMBÉM PODE SER PEDIDA PARA VIAGEM OU PARA SER ENTREGUE EM CASA (EX. HAMBÚRGUER, PIZZA, ESFIHA ETC.)**

저는 패스트 푸드에 질렸어요. 이번에는 식당에 가요!
Jónūn **phésūthū phudū** é jilióssóio. ibónenūn chictām é gaiô!
Estou enjoado de **fast-food**. Vamos a um restaurante dessa vez!

금식 **(GŪMCHIC): FAZER JEJUM**
종교적 이유로 많은 사람들이 금식을 해요.
Jōm guiojóc iiuro manūn saramdūri **gūmchigūr réiô**.
Muitos povos **fazem jejum** por razões religiosas.

5.7 No dentista (Diálogo)
치과에서 (대화)
tchiquaesó (derruá)

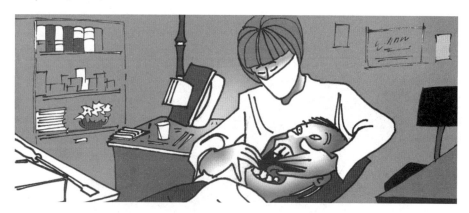

🔊 **Faixa 26**

치과 의사: 무슨 문제로 오셨습니까?
Tchiqua ūisa: musūn munjero ochióssūmnicá?
환자: 오래 전부터 이 하나가 계속 아파요.
Ruanjá: orejón buthó i ranaga guesoc aphaiô.
치과 의사: 어쩌면 충치가 있을 수도 있어요. 마지막으로 치과에 가 본 적이 언제입니까?
Tchiqua ūisa: ójjómión <u>tchum</u> tchiga issūrssudo issóiô. majimagūro tchiquaé ga bon jógui ónjeimnicá?
환자: 한 3 년은 된 것 같아요. 치과에 오면 너무 긴장이 돼요.
Ruanjá: Ran sam nhónūn dengód gathaiô. Tchiquae omión nómu guinj<u>ām</u> i deiô.
치과 의사: 걱정하지 마세요. 그냥 눈을 감고 긴장을 푸세요.
Tchiqua ūisa: gócj<u>jóm</u>rraji masseiô. Gūnhām nunūr gamco guinj<u>ām</u>ūr phusseiô.
환자: 그렇게 해보겠습니다.
Ruanjá: gūrókhe ré boguessūmnidá.

» Veja a tradução desse diálogo na p. 260

5.8 No dentista (Frases-chave)
치과에서 (주요구문)
tchiquaesó (juio gumun)

이가 아파요. **Igá aphaiô.** — Estou com dor de dente.
충치가 있는 것 같아요. <u>Tchum</u> tchigá innūngód gathaiô. — Acho que tenho uma cárie.
이가 부러졌어요. **Igá burójóssóiô.** — Estou com um dente quebrado.
이가 자주 시려요. **Iga jaju chirióiô.** — Meus dentes estão muito sensíveis.
잇몸이 아파요. **Inmomi aphaiô.** — Minhas gengivas estão doendo.

5.9 Mantendo-se em forma (Diálogo)
몸매 관리 (대화)
momme guarli (derruá)

🔊 Faixa 27

제이: 와, 건강해 보이네요!
Jei: Ua! Góngāmrre boineiô!

게리: 네, 꾸준히 운동을 하고 있어요.
Gueri: Ne, cujuni und<u>ōm</u> ür rago issóiô.

제이: 일주일에 몇 번 운동을 해요?
Jei: Irjjuire miópón und<u>ōm</u> ür rreiô?

게리: 적어도 일주일에 3 번씩 하고 매일 아침 조깅을 하고 있어요.
Gueri: Jógódo irjjuire sebónchicrrago meir atchim jog<u>uim</u> ür rago issóiô.

제이: 그래요? 나도 운동할 시간이 있었으면 좋겠어요.
Jei: Gūreiô? Nado und<u>ōm</u> rar chigani issóssūmión jokhessóiô.

게리: 저도 같은 변명을 했었죠. 시간을 내야 해요. 건강한 삶을 사는 게 얼마나 중요한지에 대해 생각해 보세요.
Gueri: Jódo gathūn biónmi<u>óm</u> ür ressójjiô. chiganūr neia reiô. Góng<u>ām</u>rran sarmūr sanūn gue órmaná j<u>um</u> iorranjie derré s<u>em</u> gacrré bosseiô.

제이: 네, 그 말이 맞아요!
Jei: Ne, gū mari majaiô!

» Veja a tradução desse diálogo na p. 261

5.10 Mantendo-se em forma (Frases-chave)
몸매 관리 (주요 구문)
momme guarli (juio gumun)

MANTENDO-SE EM FORMA (A)
몸매 관리 (A)
momme guarli (A)

몸이 좋아 보이네요. **Momi joa boineiô.** – Você parece estar em forma (saudável).
몸이 안 좋아 보이네요. **Momi an joa boineiô.** – Você parece estar fora de forma (doente).
운동을 얼마나 하나요? **Und__ō__m ūr órmaná ranaiô?** – Com que frequência você malha?
조깅을 얼마나 하나요? **Jo__guim__ ūr órmaná ranaiô?** – Com que frequência você corre?
운동을 자주 하나요? **Und__ō__m ūr jaju ranaiô?** – Você pratica esportes com regularidade?
» Veja Vocabulário 8: Esportes p. 174
헬스장에 얼마나 자주 가나요? **Rerssūj__ā__m e órmana jaju ganaiô?** – Com que frequência você vai à academia?
가장 좋아하는 스포츠는 무엇입니까? **Ga__jām__ joarranūn sūphotchūnūn muóchimnicá?** – Qual o seu esporte preferido?

MANTENDO-SE EM FORMA (B)
몸매 관리 (B)
momme guarli (B)

몸매가 안 좋은 것 같아요. **Mommega an joūngód gathaiô.** – Sinto que estou fora de forma.
어렸을 때 축구를 했었어요. **Órióssūrté tchucurūr ressóssóiô.** – Eu jogava futebol quando era mais jovem.
일주일에 두번 운동을 해요. **Irjjuiré dubón und__ō__m ūr reiô.** – Eu malho duas vezes por semana.
저는 헬스장에 일주일에 3번은 가요. **Jónūn rerssūj__ā__m é irjjuire sebónūn gaiô.** – Vou à academia três vezes por semana.
저는 매일 한시간 씩 러닝 머신에서 뛰어요. **Jónūn meir ranchigan chic ~__rónim__ móchinesó tuióiô.** – Eu corro na esteira por uma hora todos os dias.
매일 한시간씩 뛰어요. **Meir ranchiganchic tuióiô.** – Eu corro uma hora todos os dias.
매일 한시간 뛰어요. **Meir ranchigan tuióiô.** – Eu corro uma hora todos os dias.

> **DICA CULTURAL 11: TAEKWONDO**
> 문화에 대한 도움말 11: 태권도
> **MUNRRUAE DERRAN DOUNMAR 11: THECUÓNDÔ**
>
> Taekwondo (태권도), também grafado **tae kwon do**, **taekwon-do** ou **TKD**, é uma arte marcial coreana difundida em todos os continentes. Existem diferentes pontos de vista sobre as origens do **taekwondo**. Alguns pesquisadores acreditam que essa arte marcial foi quase inteiramente baseada no Caratê, outros acreditam que a origem do **taekwondo** remonta a duas antigas artes marciais coreanas: **Taekkyeon** e **Subak**, ou a fusão entre artes marciais coreanas e estrangeiras.
>
> Em sentido global, **taekwondo** indica a técnica de combate sem armas para **defesa pessoal**, envolvendo destreza no emprego dos pés e mãos. Há também um lado mais filosófico e espiritual que diz respeito ao desenvolvimento de outras áreas da vida pessoal por meio da ética e respeito empregados no treinamento do **taekwondo**, daí a origem do nome: "Tae" (pé); "Kwon" (mão) e "Do" (espírito/caminho). Hoje em dia o **taekwondo** é um esporte olímpico, e em muitas academias pratica-se o **taekwondo olímpico**. A vestimenta usada para a prática do **taekwondo**, geralmente na cor branca, chama-se **dobok**.

5.11 Dicas de um personal trainer (Diálogo)
개인 트레이너의 도움말 (대화)
guein thūreinóūi doummar

> 저는 몸 관리를 잘못했어요.
> 이제 운동 프로그램을 시작해야 겠어요.
> 어떻게 해야 할까요?

> 먼저 의료 진단을 하는 것이 좋겠습니다.

🔊 **Faixa 28**

태우: 저는 몸 관리를 잘 못했어요. 이제 운동 프로그램을 시작해야겠어요. 어떻게 해야 할까요?
Theu: Jónūn mom guarlirūr jár mothessóiô. ije und<u>ōm</u> phūrogūremūr chijacrreiá guessóiô. Óthókhé reiá rarcaiô?

개인 트레이너: 오랫동안 운동을 하지 않았기 때문에 먼저 의료 진단을 받는 것이 좋겠습니다.
Guein thūreinó: Oret<u>ōm</u> an umd<u>ōm</u> ūr raji anaki temuné mónjó ūirió jindanūr bannūn góchi jokhessūmnidá.

태우: 아, 저도 그렇게 생각해요.
Theu: A, jódo gūrókhé <u>sem</u> gakheiô.

개인 트레이너: 좋습니다. 검사 결과가 다 괜찮다면 그때 운동 프로그램을 서서히 시작할 수 있습니다. 당신은 조깅을 좋아하나요?
Guein thūreinó: jossūmnida. Gómsa guiórguaga da guentchanthamión gūte und<u>ōm</u> phūrogūremūr sósórri chijacrrassū issūmnidá. Dāmchinūn jo<u>guim</u> ūr joarranaiô?

태우: 네. 하지만 몇 분만 뛰고 나면 너무 피곤해요.
Theu: Ne, rajiman miópumman tuigo namión nómu phigonrreiô.

개인 트레이너: 당연하죠. 운동을 꾸준히 하지 않아서 그래요. 천천히 시작하면서 속도를 조금씩 올려야 합니다.
Guein thūreinó: <u>Dām</u> iónrrajô. Und<u>ōm</u> ūr cujuni raji anasó gūreiô. Tchóntchóni chijacrramiónsó soctorūr jogūmchic orlióiá ramnidá.

» Veja a tradução desse diálogo na p. 261

5.12 Vocabulário ativo: Mantendo-se em forma
어휘 활용: 몸매 관리
órrui ruariōm: momme guarli

조깅하다 **(JOGUIM RRADA): CORRER**
지호는 일주일에 세번 조깅을 한다.
Jirronūn irjjuire sebón joguim ūr rrandá.
Jirro **corre** três vezes por semana.

운동하다 **(UNDŌMRRADA): FAZER EXERCÍCIO FÍSICO, "MALHAR"**
연습 **(IÓNSSŪB): TREINO**
민수는 목요일마다 농구 연습을 한다.
Minsunūn moguioirmada nōmgu iónssūbūr randá.
Ralph tem **treino de basquete** todas as sextas.

코치 **(KHOTCHI): TREINADOR, TÉCNICO**
"많은 연습과 노력이 필요하다고 코치가 말했다."
"Manūn iónssūbqua noriógui phiriorradago khotchiga mar retá."
"É preciso muito treino e dedicação para ser um bom jogador", disse o **treinador**.

91

운동화 (UNDŌMRRUÁ): TÊNIS

창우는 조깅을 하기 위해 편한 운동화를 신는다.
Tchām unūn jo<u>g</u>uim ūr ragui uirré phiónrran **undōmrrua**rūr chinnūndá.
O Nick sempre usa **tênis** confortáveis para correr.

몸매 관리 (MOMME GUARLI): EM BOA FORMA FÍSICA

당신은 몸매 관리를 잘 하는것 같아요. 어떻게 몸매를 유지하나요?
Dām chinūn **momme guarli**rūr jar ranūngód gathaiô. Ótókhé **momme**rūr iujirranaiô?
Você parece estar em **boa forma física**. O que você faz para manter a **forma**?

에어로빅 (EÓROBIC): (GINÁSTICA) AERÓBICA

수지는 에어로빅을 시작하고나서부터 더 건강해졌어요.
Sujinūn **eórobig**ūr chijacrrago nasó buthó dó góngāmrrejóssóiô.
Suji tem se sentido muito mais saudável desde que começou a fazer **aeróbica**.

6. LAR DOCE LAR
화목한 집
ruamokhan jib

6.1 Um novo lugar para morar (Diálogo)
새로 살 집 (대화)
sero sar jjib (derruá)

🔊 **Faixa 29**

하나: 이사 가신다는 얘기 들었어요.
Hana: Isa gachindanŭn iegui dŭróssóiô.
미나: 네, 이 근처에 아파트를 구했어요. 방이 하나 더 있고 거실도 커요.
Mina: Ne, I gŭntchóe aphathŭrŭr gurressóiô. Bãm i rana dó ico góchirdo khóiô.
하나: 지금보다 큰 아파트로 이사가는군요.
Hana: jigŭm boda khŭn aphathŭro isaganŭngunnhô.
미나: 네, 정말 좁았어요.
Mina: Ne, jóm mar jobassóiô.
하나: 계속 이 동네에서 산다니 기쁘네요.
Hana: Guesoc i dõmne esó sandani guiphŭneiô.
미나: 저도요. 이 동네가 편해서 다른 곳에서 사는건 상상도 못하겠어요.
Mina: Jódoio. I dõmnega phiónrresó darŭn gosesó sanŭngón sãmsãmdo mothaguessóiô.
하나: 도움이 필요하면 언제든지 말해요.
Hana: doumi phiriorramión ónje dŭnji mar reiô.
» Veja a tradução desse diálogo na p. 261

6.2 Um novo lugar para morar (Frases-chave)
새로 살 집 (주요 구문)
sero sar jjib (juio gumun)
더 큰 아파트가/집이 필요해요.dó khūn aphathūga/jibi phiriorreiô. – Precisamos de um apartamento/casa maior.
우리 거실이/부엌이 너무 작아요. uri góchiri/buógui nómu jagaiô. – Nossa sala/cozinha é pequena demais.
공간이 좁아서 아무것도 할 수가 없어요. Gōmgani jobasó amugóto rarssuga óbssóiô. – Não temos espaço para mais nada.
부동산에 한번 가 보실래요? Budōmsane ranbón ga bochirleiô? – Por que você não vai a uma imobiliária?

6.3 Conversando com um corretor de imóveis (Frases-chave)
부동산업자와의 대화 (주요 구문)
Budōm san óbjauaūi derrua (juio gumun)

CONVERSANDO COM UM CORRETOR DE IMÓVEIS (A)
부동산업자와의 대화 (A)
Budōm san óbjauaūi derrua (A)

방 세 칸짜리 아파트를 찾고 있어요. bām sekhanjjari aphakhūrūr tchaco issóiô. – Estamos procurando um apartamento de três dormitórios.
더 큰 아파트로 이사가고 싶어요. dó khūn aphathūro isagago chiphóiô. – Gostaríamos de mudar para um apartamento maior.
차 두대를 주차할 차고가 필요해요. tchá duderūr jutcharrar tchagoga phiriorreiô. – Precisamos de uma garagem para dois carros.
이 근처에 임대할 아파트가 있나요? I gūntchóe imderrar aphathūga innaiô? – Você tem algum apartamento para alugar aqui?
이 동네는 조용한가요?/안전한가요? I dōmnenūn joiōm rangaiô?/anjónrrangaiô? – Este bairro é calmo/seguro?

FALANDO COM UM CORRETOR DE IMÓVEIS (B)
부동산업자와의 대화 (B)
Budōm san óbjauaūi derrua (B)

이 동네는 방 세칸짜리 아파트의 월세는 500,000원입니다. I dōmnenūn bām sekhanjjari aphathūūi uórssenūn ochimmanuón imnidá. – O aluguel médio dos apartamentos de três dormitórios nesta região é $500.000 won.
방이 아주 큽니다. Bām i aju khūmnidá. – Os dormitórios são bastante espaçosos.
이 동네는 아주 좋네요. I dōmnenūn aju joaiô. – Este bairro é muito bom.
이 동네는 아주 조용하네요/안전하네요/시끄럽네요/위험하네요. I dōmnenūn aju joiōm rraneiô/anjónrraneiô/chikūrómneiô/uirrómrraneiô. – Este bairro é calmo/seguro/barulhento/perigoso.

집을/아파트를 보여 드리겠습니다. Jibūr/aphathūrūr boió dūriguessūmnidá. – Deixe eu te mostrar a casa/o apartamento.

6.4 Vocabulário ativo: Lar doce lar
어휘 활용: 화목한 집
orrui ruariōm: ruamokhan jib

아파트 APHATHŪ: APARTAMENTO
보미는 아파트에서 살아요.
Bominūn **aphathū**esó saraiô.
Bomi mora em **apartamento**.

관리비 GUARLIBI: CONDOMÍNIO, TAXA MENSAL PAGA PELOS MORADORES DE PRÉDIOS EM TROCA DE SERVIÇOS PRESTADOS, COMO LIMPEZA, PORTARIA, FORNECIMENTO DE ÁGUA ETC.
이 아파트 관리비는 비싸요.
I aphathū **guarlibi**nūn bissaiô.
O **condomínio** deste apartamento é caro.

아파트 경비원 APHATHŪ GUIÓM BIUÓN: ZELADOR
아파트 경비원이 어디 계신지 아세요? 엘리베이터가 고장난것 같아요.
Aphathū **guióm biuóni** ódi guechinji aseiô? Elibeithóga gojām nangód gathaiô.
Você sabe onde o **zelador** está? Parece que o elevador está com problemas.

엘리베이터 ELIBEITHÓ: ELEVADOR
계단으로 가야 해요. 엘리베이터가 고장났어요.
Guedanūro gaia reiô. **Elibeithó**ga gojāmnassóiô.
Vocês têm que ir pela escada. O **elevador** está quebrado.

집/주택 JIB/JUTHEC: CASA/CASA RESIDENCIAL
혜린이는 항상 주택에서 살았어요.
Rerininūn rāmsām **juthec**uesó sarassóiô.
A Herin sempre morou em **casas**.

6.5 Meu afazer doméstico preferido (Diálogo)
내가 가장 좋아하는 집안일 (대화)
nega gajãm joarranūn jiban ir (derruá)

🔊 **Faixa 30**

병우: 집안 일을 도와 주나요?
Byóm u: Jiban irūr doua junaiô?
동우: 그럼요, 저는 설거지하는 것을 가장 좋아해요.
Dom u: Gūrómnhô, jónūn sórgójirranūn gósūr gajãm joarreiô.
병우: 가정부가 있나요?
Byóm u: Gajóm buga innaiô?
동우: 아니요, 없어요. 청소 도우미가 일주일에 한번씩 오세요.
Dom u: Aniio, óbsóiô. Tchómso doumiga irjjuire ranbónchic oseiô.
병우: 도움이 많이 되겠네요!
Byóm u: Doumi mani deguenneiô!
동우: 네, 우리 집사람이 회사에 다니면서 아이 셋을 키우느라 시간이 없어요.
Dom u: Ne, uri jibsarami ruesae danimiónsó aí sesūr khiunūra chigani óbssóiô.
병우: 무슨 말인지 잘 알아요!
Byóm u: Musūn marinji jar araiô!
» Veja a tradução desse diálogo na p. 261

6.6 Vocabulário ativo: Afazeres domésticos
어휘 활용: 집안 일
órrui ruariōm: jiban ir

청소하다 **TCHÓM** SORRADA: LIMPAR, VARRER

집 청소하자.
Jib tchóm **sorrajá**.
Vamos limpar a casa.

쓰레기를 내어 놓다 **SŪREGUIRŪR NEÓ NOTHA: LEVAR O LIXO PARA FORA**

민호는 매일밤 쓰레기를 내어 놓는다.
Minrronūn meir bam **sūreguirūr neó nonnūndá**.
Min ho **leva o lixo para fora** todas as noites.

설거지하다 **SÓRGÓJIRRADA: LAVAR OS PRATOS/A LOUÇA**

제가 가장 좋아하는 집안일은 설거지입니다.
Jega gajām joarranūn jiban nirūn **sórgójiimnidá**.
Um dos meus afazeres domésticos preferidos é **lavar os pratos**.

옷을 다리다 **OSŪR DARIDA: PASSAR AS ROUPAS**

옷을 다린 적이 없어요.
Osūr darin jógui óssóiô.
Nunca **passei uma roupa** antes.

다리미 **DARIMI: FERRO DE PASSAR ROUPA**

청소기를 돌리다 **TCHÓM SOGUIRŪR DORLIDA: PASSAR ASPIRADOR DE PÓ**

우리 집 청소해 주시는 분이 일주일에 한 번씩 청소기를 돌려요.
Urijib **tchóm**sorre juchinūn buni irjjuire ran bónchic **tchóm soguirūr dorlióiô**.
Nossa empregada **passa aspirador** na casa uma vez por semana.

청소기 **TCHÓMSOGUI: ASPIRADOR DE PÓ**

집안일 **JIBAN IR: SERVIÇO DOMÉSTICO**

지희는 집안일 하는 것을 싫어해요.
Jirrinūn **jiban ir** ranūn gósūr chirórreiô.
Jihee não gosta de fazer **serviço doméstico**.

6.7 Você sempre morou em apartamento? (Diálogo)

당신은 항상 아파트에 살았나요? (대화)
Dām chinūn rām sām aphathūe sarannaiô? (derruá)

🔊 **Faixa 31**

이씨: 항상 아파트에 살았나요?
issi: Rāmsām aphathūe sarannaiô?
김씨: 아니요, 결혼하기 전에는 단독주택에서 살았어요.
Guimssi: Aniio, guiór ronrragui jónenūn dandoc jutheguesó sarassóiô.
이씨: 처음엔 참 어려웠겠네요.
issi: Tchóūmen tcham órióuóquessóiô.

김씨: 네, 처음엔 어려웠지만 지금은 괜찮아요.
Guimssi: Ne, tchóumen órióuójjiman jigūmun guentchanaiô.
이씨: 그럼 아파트에 살면서 좋은점이 있나요?
issi: Gūróm aphathūe sarmiónsó jounjómi innaiô?
김씨: 음, 장점과 단점이 있지요. 장점은 안전하다는 것 같아요. 여행할 때 걱정없이 문만 닫으면 되니까요!
Guimssi: Ūm, jāmjjómgua danjjómi ijjiiô. Jāmjjóun anjónrradanūn gód gathaiô. Iórrem rarte gógjjóm óbchi munman dadūmión denicaiô!

» Veja a tradução desse diálogo na p. 262

6.8 Problemas com o apartamento (Diálogo)
아파트 문제 (대화)
aphathū munje (derruá)

||||| Faixa 32

만수: 이 아파트에서 살기 싫어요.
Mansu: I aphathūesó sargui chiróiô.
영주: 무슨 일이에요?
Yóm Su: Musūn iriieiô?
만수: 아니, 부엌 싱크대가 항상 막혀서요.
Mansu: Ani, buóc chinkhūdega rāmsām makhiósóiô.
영주: 배관공은 불러 봤나요?
Yóm Su: Beguangōm ūn burló boannaiô?
만수: 벌써 두 번이나 불렀어요. 하지만 며칠 후에 또 다시 막혀요.
Mansu: Bórssó dubónina burlóssóio. Rajiman miótchir rue to dachi makhióiô.
영주: 이 아파트는 정말 오래된 아파트에요.
Yóm Su: I aphathūnūn jóm mar oreden aphathūieiô.
만수: 네. 그래서 그런지 욕실 하수구에도 문제가 있어요.
Mansu: Ne. Gūresó gūrónji iocchir rasugu edo munjega issóiô.
영주: 제가 당신이라면 다른 아파트를 찾아볼 거예요.
Yóm Su: Jega dāmchiniramión darūn aphathūrūr tchajabor cóieiô.

» Veja a tradução diálogo na p. 262

6.9 Problemas com o apartamento (Frases-chave)
아파트 관련 문제 (주요 구문)
aphathū guarlión munje (juio gumun)

PROBLEMAS COM O APARTAMENTO (A)
아파트 관련 문제 (A)
aphathū guarlión munje (A)

저희 집 부엌 싱크대가 막혔어요. **Jórri jib buóc chimkhūdega mackhióssóiô.** – A pia da minha cozinha está entupida.
» Veja Vocabulário 18: Coisas e objetos da cozinha p. 188
변기가 막혔어요. **Biónguiga mackhióssóiô.** – A privada está entupida.
» Veja Vocabulário 20: Coisas e objetos do banheiro p. 190
변기 물을 내릴 수가 없어요. **Bióngui murŭr nerirssuga óbssóiô.** – Não consigo dar descarga.
엘리베이터가/세탁기가 고장났어요. **Elibeithógá/sethaquiga gojām nassóiô.** – O elevador/a máquina de lavar está quebrado(a).
수도꼭지에서 물이 새고 있어요. **Sudococjjiesó muri sego issóiô.** – A torneira está vazando.
하수구에 문제가 있는 것 같아요. **rasugu e munjega innūngód gathaiô.** – Parece haver algo errado com o ralo.
에어컨이/난로가 제대로 작동하지 않아요. **Eókhóni/narloga jedero jactōmrraji anaiô.** – O ar-condicionado/aquecimento não está funcionando direito.

PROBLEMAS COM O APARTAMENTO (B)
아파트 관련 문제 (B)
aphathū guarlión munje (B)

세탁기에/청소기에/에어컨에 어떤 문제가 있어요? **Sethakhie/tchóm soguie/eókhóne ótón munjega issóiô?** – Qual é o problema com a máquina de lavar roupa/o aspirador de pó/o ar condicionado?
고칠 수 있겠습니까? **Gotchirssu iquessūmnicá?** – Você consegue consertá-lo?
배관공을 부르는 게 낫겠어요. **Beguangōm ūr burūnūn gue naquessóiô.** – É melhor chamarmos um encanador.
벽에 페인트를 칠해야 해요. **Biógue pheinthūrūr tchireia reiô.** – Precisamos mandar pintar as paredes.
바닥을 수리해야 해요. **Badagūr surirreia reiô.** – O piso precisa ser consertado.

6.10 Vida familiar (Diálogo)
가정 생활 (대화)
gajóm sem ruar (derruá)

⏵⏵ Faixa 33

보라: 준호씨는 가족관계가 어떻게 돼요?
Bora: Junrrossinūn gajocguanguega ótókhe deiô?
준호: 저는 형과 쌍둥이 여동생이 있어요.
Junrro: Jónūn <u>rióm</u> gua <u>sãmdum</u> i <u>iódōmsem</u> i issóiô.
보라: 쌍둥이 여동생이 있다고요?
Bora: <u>Sãmdum</u> i iódōmsem i itagoiô?
준호: 네, 하지만 우린 많이 닮지 않았어요.
Junrro: Ne, rajiman urin mani damjji anassóiô.
보라: 모두 다 자주 보나요?
Bora: Modu da jaju bonaiô?
준호: 아니요, 형은 멀리 살아서 일년에 한번씩 만나요. 하지만 제 여동생은 자주 만나요. 일년에 한번 추석 때 다 같이 모여요.
Junrro: Aniiô, <u>rióm</u> ūn mórli sarasó irlióne ranbónchic mannaiô. Rajiman je iódōmsem ūn jaju mannaiô. Irlióne ranbón tchusócte da gatchi moióiô.

» Veja a tradução desse diálogo na p. 262

DICA CULTURAL 12: O GRANDE FESTIVAL DE COLHEITA
문화에 대한 도움말 12: 추석
MUNRRÚAE DERRAN DOUMMAR 12: TCHU SÓK

Tchusók (추석), originalmente conhecida como **Hangawi** (한가위), do arcaico coreano para "o grande meio (de Outono)", é um grande festival de colheita e um feriado de três dias na Coreia comemorado no dia 15 do oitavo mês do calendário lunar (lua cheia), assim como muitos outros festivais de colheita que são realizados em todo o Equinócio de Outono. Como uma celebração da boa colheita, os coreanos visitam suas cidades natais ancestrais e compartilham um banquete de comida tradicional coreana, com 'som pyeon' (massa de arroz) e vinhos de arroz, como **sindoju** e **dongdongju**, vestindo roupa tradicional.

Para a Astrologia Chinesa, 2013 será o Ano da Serpente. Segundo os chineses, o ano novo só se inicia em 10 de fevereiro, pois eles se baseiam no calendário lunar, que dura doze meses e 29 dias, e não no calendário solar, usado aqui no Ocidente e nosso velho conhecido. Cada ano lunar é regido por um signo, representado por um animal que empresta suas características àquele ano.

Por esse motivo, calculando no calendário lunar a partir do dia 10 de fevereiro (ano novo lunar), o dia 15 do oitavo mês do calendário lunar será no dia 19 de setembro e para o ano de 2014 será no dia 8 de setembro.

7. NO TRABALHO
직장에서
jic jjām esó

7.1 Dois amigos falando sobre trabalho (Diálogo)
직장에 대해서 이야기하는 두 친구 (대화)
Jic jjām e derresó i iaguirranūn du tchingu (derruá)

Faixa 34

문수: 무슨 일이에요? 기분이 안 좋아보여요.
Munsu: Musūn irieiô? Guibuni an joaboiôiô.
호준: 그래요. 전 직장에서 매일매일 똑같이 하는 일에 지쳤어요.
Rojun: Gūreio. Jón jicjjāmesó meirmeir tocatchi ranūn ire jitchóssóiô.
문수: 다른 일자리를 찾을 생각은 안 해 봤어요?
Munsu: Darūn irjjarirūr tchajūr sem gagūn an reboassóiô?
호준: 네, 요즘 신문이나 인터넷에서 일자리를 찾아 보고 있어요.
Rojun: Ne, iojūm chinmunina inthónesó irjjarirūr tchaja bogo issóiô.
문수: 당신이 생각하고 있는 일은 어떤 일인가요?
Munsu: Dāmchini sem gacrrago innūn irūn ótón iringaiô?
호준: 모르겠어요. 더 도전적인 일을 하고 싶어요. 전 그냥 하루 종일 같은 일을 하는 일상적인 것에 싫증이 났어요.
Rojun: Morūguessóio. Dó dojónjóguin irūr rago chiphóiô. Jón gūnhām raru jōm ir gathūn irūr ranūn irsāmjóguin gósê chirjjūm inassóiô.
문수: 당신이 무슨 말을 하는지 알아요.
Munsu: Dāmchini musūn marūr ranūnji araiô.

» Veja a tradução desse diálogo na p. 262

101

7.2 Falando sobre trabalho (Frases-chave)
직장에 대해서 이야기하기 (주요 구문)
Jic jjām e derresó i iaguirragui (juio gumun)

FALANDO SOBRE TRABALHO (A)
직장에 대해서 이야기하기 (A)
Jic jjām e derresó i iaguirragui (A)

뭐 하세요? Muó raseiô? – O que você faz?
» Veja Vocabulário 1: Ocupações p. 163
무슨 일을 하세요? Musūn irūr raseiô? – Que tipo de emprego você tem?
당신의 일을 좋아하세요? Dāmchiūi irūr joarraseiô? – Você gosta do seu emprego?
왜 다른 일자리를 찾아보지 않아요? Ué darūn irjjarirūr tchajaboji anaiô? – Por que você não procura um outro emprego?

FALANDO SOBRE TRABALHO (B)
직장에 대해서 이야기하기 (B)
Jic jjam e derresó i iaguirragui (B)

저는...입니다. Jónūn... imnida. – Eu sou...
» Veja Vocabulário 1: Ocupações p. 163
저는 홍보에서/영업에서/마케팅에서 등등에서 일을 해요. Jónūn rõmboesó/ióm óbesó/makhethim esó / dūmdūm esó irūr reiô. – Eu trabalho com publicidade/vendas/marketing/etc.
저는 제 일을 정말 좋아해요. Jónūn je irūr jóm mar joarreiô. – Adoro meu trabalho.
저는 직장에서의 일상적인 생활이 피곤해요. Jónūn jicjjām esóūi irssāmjóguin sem ruari phigonrreiô. – Estou cansado da rotina diária no trabalho.
제 일이 너무 싫어요. Je iri nómu chiróiô. – Odeio meu emprego.
» Veja Falando sobre como você se sente – Frases-chave p. 140
다른 일자리를 찾을 생각을 해 봤어요. Darūn irjjarirūr tchajūr sem gagūr ré boassóiô. – Tenho pensado em mudar de emprego.

7.3 Você precisa diminuir o ritmo! (Diálogo)
천천히 하기! (대화)
tchón tchón ri ragui (derruá)

Faixa 35

재석: 창백해 보여요. 괜찮은 거예요?
Jesóc: Tchāmbec khé boióiô. Guentchanūn góieiô?
우진: 아니요.
Ujin: Aniiô.
재석: 오늘은 그만 조퇴하고 쉬는 게 어때요?
Jesóc: Onūrūn gūman jotherrago chinūngue óteiô?

우진: 그래야 겠어요. 요즘 스트레스를 많이 받고 있어요.
Ujin: Gūreiaguessoiô. lojūm sūthūressūrūr mani badco issóiô.
재석: 때로는 우리는 여유를 가지고 살 필요가 있어요. 당신도 알지요?
Jesóc: Teronūn urinūn ióiurūr gajigo sar phirioga issóiô. d̄amchindo arjiô?
우진: 네, 당신 말이 맞아요! 감사합니다.
Ujin: Ne, d̄amchin mari majaiô! Gamsarramnidá.
» Veja a tradução desse diálogo na p. 263

7.4 Você precisa diminuir o ritmo! (Frases-chave)
천천히 하기! (대화)
tchón tchón ri ragui

TRABALHO DEMAIS!
너무 많은 일!
nómu manūn ir!

오늘은 일정이 꽤 빡빡해요. **Onūrūn irjjóm i que pacpacrreiô.** – Estou com a agenda bem cheia hoje.
저는 오늘 일이 많아요. **Jónūn onūr iri manaiô.** – Estou cheio de trabalho hoje.
저 지금 바빠요. **Jó jigūm bapaiô.** – Estou ocupado no momento.
우리 나중에 얘기할 수 있을까요? **Uri najum e iegui rarssu issūrcaiô?** – Podemos conversar depois?

HORA DE FAZER UMA PAUSA
휴식 시간
riuchic chigan

좀 쉬었다 해요. **Jom chióta reiô.** – Vamos fazer uma pausa.
오늘은 이만 끝내요. **Onūrūn iman kūnneiô.** – Vamos dar o dia por encerrado./Vamos parar por aqui.
저는 정말 쉬어야 해요. **Jónūn jóm mar chióia reiô.** – Eu preciso mesmo relaxar.
휴가가 정말 필요해요. **Riugaga jóm mar phiriorreiô.** – Preciso muito de umas férias.
저는 며칠 쉴 시간이 필요해요. **Jónūn miótchir chir chigani phiriorreiô.** – Preciso de alguns dias livres/de descanso.
저는 오랫 동안 휴가가 없었어요. **Jónūn ore t̄om an riugaga óbssóssóiô.** – Não tenho férias há um bom tempo.

7.5 Uma entrevista de emprego (Diálogo)
면접 (대화)
miónjób (derruá)

🔊 **Faixa 36**

면접관: 이미 10 년 정도 광고 경력이 있다는 것을 이력서에서 봤어요.
Miónjóbguan: Imi chibnhón jóm do guām go guióm nhógui itanūn gósūr iriócssóesó boassóiô.

면접자: 네, 맞습니다. 저는 대학을 졸업하자마자 광고 분야에서 일하기 시작했습니다.
Miónjóbjja: Ne, massūmnidá. Jónūn derragūr joróbrrajamaja guām go bunhaesó ir ragui chijacrressūmnidá.

면접관: 광고에 대해 가장 좋아하는 건 뭐예요?
Miónjóbguan: Guām goe derre gajām joarranūn gón muóieiô?

면접자: 음, 창조적인 부분이 가장 좋습니다. 전 항상 어릴 때부터 로고와 슬로건을 만드는 것을 좋아했습니다.
Miónjóbjja: Ūm, tchāmjojóguin bubuni gajām jossūmnidá. jón rām sām órirtebuthó ~rogoua sūlogónūr mandūnūn gósūr joarressūmnidá.

면접관: 근데 당신은 왜 우리와 함께 일하려고 하나요?
Miónjóbguan: Gūnde dāmchinūn ué uriua ramque ir rariógo ranaiô?

면접자: 이 분야에 대한 제 경험과, 새로운 제품과 광고 캠페인에 대한 제 아이디어가 회사에 도움이 될 것 같습니다.
Miónjóbjja: i bunhae derran je guióm rómgua seroun jephumgua guāmgo khempheine derran je aidióga ruesae doumi der có gassūmnidá.

면접관: 당신은 우리가 원치를 제조하는 걸 알지요? 이 제품에 대해서 좀 아나요?
Miónjóbguan: Dāmchinūn uriga uintchirūr jejorranūn gór arjiiô? I jephume derresó jom anaiô?

면접자: 잘 모릅니다만, 빠른 시간 안에 확실히 모든 것을 배울 수 있습니다. 저는 새로운 도전과 함께 일하는 것을 즐깁니다.
Miónjóbjja: jar morūmnidaman, parūn chigan ane ruacchiri modūngósūr beurssu issūmnidá. Jónūn seroun dojóngua ramque ir ranūn gósūr jūrguimnidá.

104

면접관: 네, 알겠어요. 수고 많았습니다.
Miónjóbguan: Ne, arguessóiô. Sugo manassūmnidá.
» Veja a tradução desse diálogo na p. 263

7.6 Uma entrevista de emprego (Frases-chave)
면접 (주요 구문)
miónjób (juio gumun)

PERGUNTAS DO ENTREVISTADOR
면접관 질문
miónjóbguan jirmun

» Veja Vocabulário ativo: Trabalho e carreira p. 108

현재 어디에서 일하고 있나요? **Riónje ódiesó ir rago innaiô?** – Você está trabalhando em algum lugar atualmente?
왜 직장을 바꾸고 싶어 하나요? **Ué jicjjām ūr bacugo chiphó ranaiô?** – Por que você quer trocar de emprego?
무엇을 전공했나요? **Muósūr jóngōm rennaiô?** – Que tipo de formação você tem?
자기 경험에 대해서 말씀해 주실 수 있나요? **Jagui guióm róme derresó marssūm re juchirssu innaiô?** – Você poderia me contar um pouco sobre sua experiência?
왜 우리와 함께 일을 하고 싶나요? **Ué uriua ramque irūr rago chibnaiô?** – Por que você gostaria de trabalhar conosco?
당신은 우리 회사를 어떻게 도와줄 수 있나요? **Dāmchinūn uri ruesarūr ótókhe doua jurssu innaiô?** – Como você acha que poderia contribuir com a nossa empresa?
당신의 장점은 무엇이라고 생각하나요? **Dāmchinūi jām jjómūn muóchirago sem gacrranaiô?** – Quais são suas principais qualidades na sua opinião?
» Veja Descrevendo traços de personalidade – Frases-chave p. 125
다니던 직장을 왜 그만 뒀나요? **danidón jicjjām ūr ué gūman duónnaiô?** – Por que você largou o seu emprego anterior?
팀워크에 대해 어떻게 생각하나요? **Thim uókhūe derre ótókhê sem gacrranaiô?** – Como você se sente em relação a trabalhar em equipe?

PERGUNTAS DO ENTREVISTADOR
면접관의 질문
miónjóbguanūi jirmun

» Veja Vocabulário ativo: Trabalho e carreira p. 108

당신은 어떤 일을 하는 것을 좋아하나요? **Dāmchinūn ótón irūr ranūn gósūr joarranaiô?** – Que tipo de trabalho você mais gosta de fazer?
당신은 어떤 일이 지루하다고 생각하나요? **Dāmchinūn ótón irūr jirurradago sem gacrranaiô?** – Que tipo de trabalho você acha chato?
당신의 강점이/약점이 무엇인가요? **Dāmchinūi gāmjjómi/iacjjómi muóchingaiô?** – Quais são seus principais pontos fortes/fracos?

당신은 10년 후 직업적으로 어떤 모습일까요? **Dāmchinūn chimnhónrru jigóbjjógūro ótón mosūbircaiô?** – Como você se vê profissionalmente daqui a dez anos?

저에게 컴퓨터 기술에 대해서 좀 말씀해 줄 수 있나요? **Jóegue khómphiuthó guisure derresó jom marssūmrre jurssu innaiô?** – Você pode me falar um pouco sobre a sua habilidade com computadores?

당신은 외국어를 유창하게 할 줄 아나요? **Dāmchinūn uegugórūr iutchām rague rarjjur anaiô?** – Você fala outros idiomas fluentemente?

혹시 사업 때문에 해외 여행을 간 적 있나요? **Rocchi saób temune reue iórrem ūr gan jóc innaiô?** – Você já viajou para o exterior a negócios?

당신의 이력서는 보관해 놓고 자리가 나면 연락 드리겠습니다. **Dāmchinūi iriócsónūn boguanrre nokho jariga namión iórlac dūriguessūmnidá.** – Manteremos o seu currículo e entraremos em contato com você assim que tivermos uma vaga disponível.

언제부터 우리와 함께 일을 시작할 수 있나요? **Ónjebuthó uriuá ramque irūr chijacrrarssu innaiô?** – Quando você pode começar a trabalhar conosco?

RESPOSTAS DO ENTREVISTADO (A)
면접자의 답변 (A)
miónjóbjaūi dapión (A)

» Veja Vocabulário ativo: Trabalho e carreira p. 108

저는 영업에서/마케팅에서/컴퓨터에서/광고에서/등등에서 오랫동안 일을 해 왔습니다. **Jónūn ióm óbesó/makhethim esó/khómphiuthó esó/guāmgoesó/dūm dūm esó oretōm an irūr re uassūmnidá.** – Eu trabalho com vendas/marketing/computadores/propaganda/etc. há muito tempo.

제 경험과 헌신 그리고 많은 노력으로, 제가 이 회사에 도움이 될 수 있을 것 같습니다. **Je guióm rómgua rónchin gūrigo manūn noriógūro, i ruesae doumi derssu issūrcód gassūmnidá.** – Sinto que com minha experiência anterior na área, dedicação e bastante trabalho eu poderia realmente contribuir para a sua empresa.

저는 활발한/적극적인/헌신적인/열심히 일하는/등등 사람입니다. **Jónūn ruarbaran/jócūcjjóguin/riónchirjjóguin/iórchimi ir ranūn dūm dūm saramimnidá.** – Sou uma pessoa dinâmica/motivada/dedicada/trabalhadora/etc.

» Veja Descrevendo traços de personalidade – Frases-chave p. 125

저는 이전 회사에서 많은 것을 배웠지만 이젠 새로운 경험을 할 시간이 되었다고 결론을 지었습니다. **Jónūn ijón ruesaesó manūn gósūr beuóssójjiman ijen seroun guióm rómur rar chigani deótago guiórlonūr jióssūmnidá.** – Eu aprendi bastante no meu emprego anterior, mas resolvi que estava na hora de ter outras experiências.

저는 더 배우고 싶고 도전을 받아 들일 준비가 되어있습니다. **Jónūn dó beugo chibco dojónūr bada dūrir junbiga deóissūmnidá.** – Estou realmente disposto a aprender mais e aceitar desafios.

RESPOSTAS DO ENTREVISTADO (B)
면접자의 답변 (B)
miónjóbjaūi dapión (B)

저는 경영/창의적 파트를 좋아합니다. **Jónūn guióm nhóm/tchām ūijóc phathūrūr joarramnidá.** – Eu gosto da parte administrativa/criativa do serviço.

저는 고객을 관리하는 것을 좋아합니다. **Jónūn goguegūr guarlirranūn gósūr joarramnidá.** – Eu realmente gosto de gerenciar pessoas.
이런 분위기에서 일해 봤습니다. **Irón buniguiesó ir re boassūmnidá.** – Já trabalhei nesse tipo de ambiente antes.
제가... 을/를 담당했습니다. **Jega... ūr/rūr damdām ressūmnidá.** – Fui responsável por...
제 강점 중 하나는 고객들을 관리하는 것입니다. **Je gāmjóm jum rananūn goguecdūrūr guarlirranūn góchimnidá.** – Sinto que um de meus pontos fortes é gerenciar pessoas.
제 컴퓨터 기술은 아주 좋습니다. **Je khómphiuthó guisurūn aju jossūmnidá.** – Minha habilidade com computadores é muito boa.
저는 스프레드 시트, 워드 프로세서 및 모든 주요 소프트웨어를 아주 잘 사용 할 줄 압니다. **Jónūn sūphūredū chithū, uódū phūrosesū mid modūn juio sophūthūueórūr aju jar saiōm rarjjur amnidá.** – Sei usar muito bem planilhas, processadores de texto e todos os principais programas.
저는 영어/스페인어/프랑스어 등등... 를 유창하게 말할 수 있습니다. **Jónūn ióm ó/sūpheinó/phūrāmsúó dūm dūm...~rūr iutchām rague mar rarssu issūmnidá.** – Falo inglês/espanhol/francês/etc. fluentemente.
저는 일 때문에 미국에 두번이나 갔었습니다. **Jónūn ir temune migugue dubónina gassóssūmnidá.** – Estive nos Estados Unidos a negócios duas vezes.
저는 벌써 캐나다와 영국 전시회에 갔다 왔습니다. **Jónūn bórssó khenadaua iómguc jónchirrueé gata uassūmnidá.** – Já estive em feiras comerciais no Canadá e na Inglaterra.
좀 더 생각해 보고 며칠 후에 답변을 드려도 되겠습니까? **Jom dó sem gakhe bogo miótchir rue dapiónūr dūriódo deguessūmnicá?** – Posso pensar um pouco mais e te dar uma resposta em alguns dias?
저는 당장 시작할 수 있습니다. **Jónūn dām jām chijacrrarssu issūmnidá.** – Posso começar imediatamente.

PERGUNTAS DO ENTREVISTADO
면접자의 질문
miónjóbjaūi jirmun

» Veja Vocabulário ativo: Trabalho e carreira p. 108
이 회사가 시장에 있은지는 얼마나 됐습니까? **I ruesaga chijām e innūnjinūn órmana dessūmnicá?** – Há quanto tempo a empresa está no mercado?
다른 곳에는 지점이 있습니까? **Darūn gosenūn jijómi issūmnicá?** – Vocês têm filiais em outros lugares?
경쟁 업체가 많습니까? **Guióm jem óbtchega manssūmnicá?** – Vocês têm muitos concorrentes?
이 부서에서는 여행을 많이 해야 합니까? **I busóesónūn iórrem ūr mani reia ramnicá?** – É preciso viajar muito nesta função?
출퇴근 시간은 언제입니까? **Tchur thegūn chiganūn ónjeimnicá?** – Qual é o horário de trabalho?
이 회사는 어떤 종류의 혜택을 제공합니까? **I ruesanūn ótón jōmnhuūi rethegūr jegōm ramnicá?** – Que tipo de benefícios a empresa oferece?
직원들의 휴가 기간은 얼마나 됩니까? **Jiguóndūrūi riuga guiganūn órmana demnicá?** – A quanto tempo de férias os funcionários têm direito?

이 회사는 승진 기회를 제공합니까? I ruesanūn sūm jin guirruerūr jegōm ramnicá? – E com relação a plano de carreira, a empresa oferece oportunidades de promoção?
이 직분의 월급은 얼마입니까? I jicbunūi uórgūbūn órmaimnicá? – Qual seria o salário inicial para este cargo?
이 회사는 교육 및 개발 프로그램을 제공합니까? I ruesanūn guioiuc mid guebar phūrogūremūr jegōm ramnicá? – A empresa oferece programas de treinamento e desenvolvimento?
언제 시작하길 바라십니까? Ónje chijacrraguir barachimnicá? – Quando vocês gostariam que eu começasse?

7.7 Vocabulário ativo: Trabalho e carreira
어휘 활용: 일과 경력
órrui ruariōm: irgua guióm nhóc

고용하다, 채용하다 GOIŌM RADA, TCHEIŌM RADA: CONTRATAR, EMPREGAR
계속 손님이 많으면 곧 새로운 영업 사원을 고용해야 합니다.
Guesoc sonnimi manūmión god seroun iom ób sauónūr goiom reia ramnidá.
Se continuar tendo muitos clientes, precisaremos **contratar** um novo vendedor em breve.

해고하다 REGORRADA: DEMITIR
그 공장은 금융 위기로 사람들을 해고했다.
Gū gōm jām ūn gūmium uiguiro saramdūrūr regorretá.
Aquela fábrica teve que **despedir** algumas pessoas devido à crise financeira.

고용주, 고용 기업 GOIŌM JU, GOIŌM GUIÓB: EMPREGADOR(A), EMPRESA QUE EMPREGA
저 차 공장이 이 지역에서 가장 큰 고용주입니다.
Jó tchá gōm jām i i jiióguesó gajām khūn goiōm juimnidá.
Aquela fábrica de automóveis é a maior **empregadora** na região.

직원, 사원 JIGUÓN, SAUÓN: EMPREGADO(A), FUNCIONÁRIO(A)
판매 부서에 신입 사원이 새로 채용되었습니다.
Phanme busóe chinib sauóni sero tcheiōm deóssūmnidá.
Três novos **funcionários** acabaram de ser contratados para o departamento de vendas.

직업 소개소 JIGÓB SOGUESO: AGÊNCIA DE EMPREGOS
세리는 새로운 일을 찾으러 직업 소개소에 가기로 결정했습니다.
Serinūn seroun irūr tchajūró jigób soguesoe gaguiro guiórjjóm ressūmnidá.
Seri decidiu ir a uma **agência de empregos** procurar um novo trabalho.

동료 **DÕM NHO: COLEGA DE TRABALHO**
보통 바울은 회사 구내 식당에서 동료들과 점심을 먹는다.
Bothōm Baurūn ruesa **gune chictām** esó **dōm nhodūr**gua jómchimūr mócnūndá.
Paulo geralmente almoça com os **colegas de trabalho** no refeitório da empresa.

인적 자원 부서 **INJJÓC JAUÓN BUSÓ: DEPARTAMENTO DE RECURSOS HUMANOS (RH)**
인수는 대기업의 인적 자원 부서에서 일을 합니다.
Insunūn deguióūi **injjóc jauón busó**esó irūr ramnidá.
Insu trabalha no **departamento de recursos humanos** de uma grande empresa.

정규직 **JÓM GUIUJIC: DE PERÍODO INTEGRAL (ADJ.); EM PERÍODO INTEGRAL (ADV.)**
다비는 광고 회사에서 정규직으로 일을 한다.
Dabinūn guāmgo ruesaesó **jóm guiujig**ūro irūr randa.
Dave trabalha em uma agência de publicidade **em período integral**.

아르바이트, 파트 타임 **ARŪBAITHŪ, PHATŪ THAIM: DE MEIO EXPEDIENTE (ADJ.), DE MEIO PERÍODO; EM MEIO EXPEDIENTE (ADV.)**
제니는 아르바이트를 찾고 있다.
Jeninūn **arūbaithū**rūr tchaco ita.
Jane está procurando um **emprego de meio período**.

쉬는 날 **CHINŪN NAR: DIA DE FOLGA**
보통 쉬는 날에 는 무엇을 합니까?
Bothōm **chinūn nar**enūn muósūr ramnicá?
O que você geralmente faz no seu **dia de folga**?

근무 시간 **GŪNMU CHIGAN: TURNO DE TRABALHO (야근 IAGŪN-NOITE)**
야근때 직원들이 몇명이나 일을 하나요?
Iagūnte jiguóndūri miónmióm ina irūr ranaiô?
Quantos funcionários trabalham no **turno da noite**?

출산 휴가 **TCHURSSAN RIUGA: LICENÇA-MATERNIDADE**
예지는 출산 휴가 중이라 4개월 후에 돌아옵니다.
Iejinūn **tchurssan riuga** jum ira sa gueuór rue doraomnidá.
Jennifer está de **licença-maternidade** e só vai voltar para o trabalho daqui a quatro meses.

일중독 **IR JUM DOC: VICIADO EM TRABALHO, WORKAHOLIC**
영수는 일중독이다.
Yóm sunūn **ir jum do**guidá.
Yóm Su está **viciado em trabalho**!

부가 혜택 BUGA RETHEC: BENEFÍCIOS ADICIONAIS
부가 혜택으로 차량과 건강보험이 포함 되어 있습니다.
Buga rethegūro tchariām gua góngām borrómi phorram deó issūmnidá.
O pacote de **benefícios adicionais** inclui um carro e plano de saúde.

연금 IÓNGŪM: PLANO DE APOSENTADORIA
또다른 부가 혜택으로 회사는 직원에게 개인 연금을 제공합니다.
To darūn buga rethegūro ruesanūn jiguónegue guein **ióngūm**ūr jegōm ramnidá.
Entre outros benefícios a empresa oferece a seus funcionários um **plano de aposentadoria** privado.

승진할 기회 SŪM JINRRAR GUIRUE: OPORTUNIDADES DE PROMOÇÃO
보통 대기업은 중소기업보다 승진할 기회가 더 많습니다.
Bothōm deguióbūn jumsoguióbpoda **sūm jinrrar guirrue**ga dó manssūmnidá.
Uma empresa maior normalmente oferece mais **oportunidades de promoção** do que uma menor.

경력 계획 GUIÓM NHÓC GUERRUÉC: PLANO DE CARREIRA
그 회사에서 제공하는 경력 계획은 정말 흥미로운 것 같습니다.
Gū ruesaesó jegōm ranūn **guióm nhóc guerrue**gūn jóm mar rūm miroun gód gassūmnidá.
O **plano de carreira** oferecido por aquela empresa parece mesmo interessante.

일 자리 IRJJARI: EMPREGOS DISPONÍVEIS, VAGAS
그 회사에 지금 일자리가 있는지 아세요?
Gū ruesae jigūm **irjjari**ga innūnji aseio?
Você sabe se aquela empresa tem **empregos disponíveis** no momento?

이력서 IRIÓCSSÓ: CURRÍCULO, *CURRICULUM VITAE*, CV
당신의 이력서를 이메일로 보내줄 수 있나요?
Dām chinūi **iriócssó**rūr imeirlo bonejurssu innaiô?
Você pode nos enviar seu **currículo** por e-mail?

은퇴하다 ŪNTHERRADA: APOSENTAR-SE
도준씨가 은퇴하고난 후 그 아들이 사무 총장으로 취임했습니다.
Dojunssiga **ūntherrago**nan ru gū adūri samu tchōm jām ūro tchuimrressūmnidá.
O sr. Dalton filho assumiu como diretor-geral desde que o sr. Dalton pai **aposentou-se**.

7.8 O que você acha do novo produto? (Diálogo)
신제품에 대해서 어떻게 생각해요? (대화)
Chinjephume derre só óthókhe sem gacrranaio? (derruá)

᛫ꞏ|ꞏ|ꞏ|ꞏ Faixa 37
두준: 그럼, 당신은 신제품에 대해 어떻게 생각하십니까?

Dujun: gūróm, dāmchinūn chinjephume derre ótókhé sem gac rachimnicá?
비호: 이전 것보다 좋은 것 같아요. 향기가 독특합니다. 시장도 이런 종류의 향기를 좋아할 거예요. 저는 이 제품이 모든 여성에게 어필할 거라고 확신해요.
Birro: Ijóncóboda joūngód gathaiô. Riāmguiga docdūkhamnidá. Chijāmdo irón jōmnhuūi riāmguirūr joarrarcóieô. Jónun i jephumi modūn iósóm egue ophir rar córago ruacchinrreiô.
두준: 정말 흥분되네요. 당신은 우리가 마케팅을 어떻게 하면 좋겠다고 생각하십니까?
Dujun: jóm mar rūm bundeneiô. Dām chinūn uriga makhethim ūr otókhe ramión jokhethago sem gac rachimnica?
비호: 자, 시작은, 간판이나 잡지에 몇 가지 광고를 실으면 좋겠어요.
Birro: ja, chijagūn, ganphanina jabjjie miódcaji guāmgorūr chirūmión jokhessóió.
두준: 동의합니다. 마케팅 팀과의 회의가 기대됩니다.
Dujun: dōm ūi ramnida. Makhethim thimguaūi rueūiga guide demnidá.
» Veja a tradução desse diálogo na p. 263

7.9 Falando sobre um novo produto ou ideia (Frases-chave)
신제품이나 아이디어에 대해 말하기 (주요 구문)
Chinjephumina aidióe derre mar ragui (juio gumun)

제품에 대한 제 첫 느낌은...입니다. Jephume derran je tchód nūquimūn... imnidá. – A minha primeira impressão do produto é...
저는 좋은 제품이라고 생각합니다. Jónūn joūn jephumirago sem gac ramnidá. – Acho que é um produto ótimo.
저는 될 것 같은데요. Jónūn dercó gathūndeiô. – Acho que pode dar certo.
아이디어는 정말 흥미롭습니다. Aidiónūn jóm mar rūm mirobssūmnidá. – A ideia é realmente interessante.
저는 이 제품이 엄청나게 잘 팔릴 것 같아요. Jónūn i jephumi ómtchómnague jar pharlircó gathaiô. – Acho que vai vender que nem água.
저는 아이디어가 환상적이라고 생각합니다. Jónūn aidióga ruansāmjóguirago sem gac ramnidá. – Acho a ideia fantástica.
당신 생각에는 우리가 얼마나 투자해야 할것 같습니까? Dāmchin sem gaguenūn uriga órmana thujarreia rarcó gassūmnicá? – Quanto você acha que temos que investir?

7.10 Vocabulário ativo: uma reunião de negócios
어휘 활용: 비즈니스 모임
Órrui ruariōm: bijūnisū moim

» Veja também Vocabulário ativo: O dinheiro movimenta o mundo p. 120 e Vocabulário ativo: Usando computadores p. 148

일정 **IRJJÓM: AGENDA, PAUTA**

다음 일정은 무엇입니까?
Daūm irjjóm ūn muóchimnicá?
Qual é o próximo item na **agenda**?

본사 **BONSA: MATRIZ, SEDE**

당신 회사의 본사는 어디에 있습니까?
Dāmchin ruesaūi **bonsa**nūn ódie issūmnicá?
Onde fica a **sede** da sua empresa?

지점 **JIJÓM: FILIAL**

우리 회사는 주요 도시에 지점들이 있습니다.
Uri ruesanūn juio dochie **jijómdū**ri issūmnidá.
Nossa empresa tem **filiais** nas cidades mais importantes do país.

회사의 핵심 사업 **RUESAŪI RECCHIM SAÓB: ATIVIDADE PRINCIPAL DE UMA EMPRESA**
아웃소싱하다 **AUD SOCHIM RADA: TERCEIRIZAR**

이 회사의 전략은 핵심 사업에 집중하고 다른 부서를 아웃소싱하는 것입니다.
I ruesaūi **jórliagūn recchim** saóbe jibjjum rago darūn busórūr **audsochim ranūn** góchimnidá.
A estratégia da empresa é focar na **atividade principal** e **terceirizar** os outros departamentos.

시장 점유율 **CHIJĀM JÓMIUIUR: PARTICIPAÇÃO DE MERCADO**

새로운 판매 전략을 채택한 이후 우리 회사의 시장 점유율이 증가하고 있습니다.
Seroun phanme jórliagūr tchethekhan irru uri ruesaūi **chijām jómiuiuri** jūm garrago issūmnidá.
A **participação de mercado** de nossa empresa vem aumentando desde que adotamos uma nova estratégia de vendas.

경쟁자 **GUIÓM JEM JA: CONCORRENTE, EMPRESA CONCORRENTE**

당신의 회사는 경쟁자가 많나요?
Dāmchinūi ruesanūn **guióm jem ja**ga mannaiô?
A sua empresa tem muitos **concorrentes**?

경쟁 **GUIÓM JEM: CONCORRÊNCIA**

두 주요 자동차 제조업체 간의 경쟁이 정말 치열합니다.
Du juio jadōmtcha jejoóbtche ganūi **guióm jem** i jóm mar tchiiór ramnida.
A **concorrência** entre os dois principais fabricantes de automóveis é realmente acirrada.

인수하다 **INSURRADA: ADQUIRIR; COMPRAR**
그 회사의 성장 전략은 점차적으로 작은 기업을 인수하는 것입니다.
Gū ruesaūi sóm jām jórliagūn jómtchajógūro jagūn guióbūr **insurranūn** góchimnidá.
A estratégia de crescimento daquela empresa é **adquirir** gradualmente negócios menores.

합병하다 **RABBIÓM RADA: UNIR(-SE), FUNDIR(-SE)**
두 회사는 합병하기로 결정을 했습니다.
Du ruesanūn **rapióm ragui**ro guiórjjóm ūr ressūmnidá.
As duas empresas decidiram **unir**-se.

정책 **JÓM TCHEC: POLÍTICA, NORMA DE CONDUTA**
성희롱에 대한 회사의 정책은 무엇입니까?
Sóm rirōm e derran ruesaūi **jóm tcheg**ūn muóchimnicá?
Qual é a **política** da empresa com relação a assédio sexual?

신제품이 나오다 **CHIN JEPHUMI NAODA: LANÇAR UM NOVO PRODUTO**
다 잘 되면 다음달에 신제품이 나올 수 있을 것입니다.
Da jar demión daūmtare **chinjephumi naorssu** issūr góchimnida.
Nós conseguiremos **lançar um novo produto** no próximo mês se tudo correr bem.

샘플 **SEM PHUR: AMOSTRA**
우리에게 당신 회사 제품의 샘플을 보낼 수 있습니까?
Uriegue dāmchin ruesa jephumūi **sem phur**ūr bonerssu issūmnicá?
Você pode nos enviar **amostra** do seu produto?

전시회 **JÓNCHIRRUE: FEIRA COMERCIAL, FEIRA DE NEGÓCIOS**
우리 회사는 올해 토론토에서 열리는 국제 비즈니스 전시회에 참가합니다.
Uri ruesanūn or re thoronthoesó iólinūn gucjje **bijūnisū jónchirrue** tchamgarramnidá.
Nossa empresa vai participar da **feira** internacional de **negócios** em Toronto este ano.

예산 **IESAN: ORÇAMENTO**
회계팀은 회사의 예산을 담당하고 있습니다.
Rueguethimūn ruesaūi **iesan**ūr damdām rago issūmnidá.
O departamento financeiro é responsável pelos **orçamentos** da empresa.

주주 **JUJU: ACIONISTA**
주주들은 회의에서 제시된 결과에 만족감을 나타냈습니다.
Jujudūrūn ruesaesó jechiden guiórguae manjocamūr nathanessūmnidá.
Os **acionistas** pareciam estar satisfeitos com os resultados apresentados na reunião.

113

매출 목표 **METCHUR MOCPHIO: METAS DE VENDAS**
판매 영업 팀은 3분기 매출 목표를 달성했습니다.
Phanme ióm ób thimūn sambungui **metchur mocphio**rūr dar<u>ssóm</u> ressūmnidá.
A equipe de vendas conseguiu alcançar as **metas de vendas** para o terceiro trimestre.

7.11 Você pode pedir para ele retornar a ligação? (Diálogo)
다시 전화 주시라고 전해 주시겠어요? (대화)
dachi jónrrua juchirago jónrre juchiguessóiô?

🔊 **Faixa 38**

안내원: 안녕하세요, 서울 변호사 사무실입니다!
Anneuón: annhómrraseiô, sour biónrrosa samuchir imnidá!
용수: 안녕하세요. 이정호 변호사님을 좀 바꿔 주시겠어요?
Yōm Su: annhómrraseiô. Ijóm rro biónrrosanimūr jom bacuó juchiguessóiô?
안내원: 잠깐만 기다리세요. 비서실로 연결해 드리겠습니다.
Anneuón: Jamcanman guidariseiô. Bisóchirlo iónguiór re dūriguessūmnidá.
용수: 감사합니다.
Yōm Su: gamsarramnidá.
비서: 여보세요?
Bisó: ióboseiô?
용수: 아, 안녕하세요? 이정호 변호사님과 통화할 수 있을까요?
Yōm Su: A, annhómrraseio? I jóm ro biónrrosanimgua thōmrrua rarssu issūrcaiô?
비서: 잠시만 기다려 주시겠습니까? 변호사님은 다른 분과 통화 중입니다.
Bisó: jamchiman guidarió juchiguessūmnicá? Biónrrosanimūn darūn bungua <u>thōm</u>rrua <u>jum</u> imnida.
용수: 네, 알겠습니다.
Yōm Su: ne, arguessūmnidá.
(몇 분 후에...)
(miópun rue...)

비서: 죄송합니다. 변호사님이 여전히 통화 중입니다. 메시지를 남기시겠습니까?
Bisó: Jesōmrramnidá. Biónrrosanimi iójónrri thōmrrua jum imnida. Messejirūr namguichiguessūmnicá?
용수: 아, 예, 제 이름은 김용수입니다. 저에게 전화주시라고 전해 주세요.
Yōm Su: A, ie, je irūmūn Guim Yom Suimnida. Jóegue jónrruajuchirago jónrre juseiô.
비서: 네. 변호사님은 선생님 전화 번호가 있으십니까?
Bisó: Ne. Biónrrosanimūn sónsem nim jón rua bónrroga issūchimnicá?
용수: 아니요. 제 전화번호는 010 4472-0984 입니다.
Yōm Su: aniiô. Je jónrrua bónrronūn gōm ir gōm sa sa tchir i gōm gu phar sa imnidá.
비서: 0-1-0-4-4-7-2-0-9-8-4.
Bisó: gōm-ir-gōm-sa-sa-tchir-i-gōm-gu-phar-sa.
용수: 그렇습니다. 감사합니다.
Yōm Su: Gūróssūmnida. Gamsarramnidá!
비서: 그럼, 전해드리겠습니다.
Bisó: gūróm, jónrredūriguessūmnidá.
» Veja a tradução desse diálogo na p. 263

7.12 Fazendo uma ligação (Frases-chave)
전화걸기 (주요구문)
jónrrua górgui (juiu gumun)

PEDINDO AJUDA À TELEFONISTA
전화 교환수에게 도움을 부탁하기
jónrrua guiorruan suegue doumūr buthacrragui

» Veja Vocabulário ativo: Ligações telefônicas p. 117
저는 한국에 전화 통화를 걸고 싶습니다. **Jónūn rangugue jónrrua thōm ruarūr górgo chibssūmnidá.** — Gostaria de fazer uma ligação para a Coreia.
저는...로 수신자 부담 전화를 걸고 싶습니다. **Jónūn...ro suchinja budam jónrruarūr górgo chibssūmnidá.** — Gostaria de fazer uma ligação a cobrar para...
...로 전화 연결이 안됩니다. **...ro jónrruá iónguióri andemnidá.** — Não consigo ligar para...
제가 한국으로 전화걸 수 있게 도와주실 수 있으세요? **Jega rangugūro jónrruagórssu ique douajuchirssu issūseiô?** — Você pode, por favor, me ajudar a ligar para a Coreia?
서울/대구 등등... 지역 번호는 어떻게 되나요? **Sóur/Degu dūm dūm... jiióc bónrronūn ótókhé denaiô?** — Qual é o código de área de Seul/Degu/etc.?
천천히 말해 주시겠습니까? **Tchón tchón ri mar re juchiguessūmnicá?** — Você pode falar devagar, por favor?

LIGAÇÕES TELEFÔNICAS: FRASES USUAIS (A)
전화 통화: 사용하는 말 (A)
jónrrua thóm rua: saiōm ranūn mar (A)

누구세요? **Nuguseiô?** – Quem está ligando, por favor?
누가 무슨 용건으로 전화하신 건지요? **Nuga mussūn iōm cónūro jónrruarrachin gónjiiô?** – Quem gostaria de falar e qual é o assunto, por favor?
잠시만 기다리세요. **Jamchiman guidariseiô.** – Espere um segundo, por favor.
...에게 연결해 드리겠습니다. **...egue iónguiór re dūriguessūmnidá.** – Vou transferir você para...
연결해 드리겠습니다. **iónguiór re dūriguessūmnidá** – Vou transferir sua ligação.
통화 중입니다. **Thōmrrua jum imnidá.** – A linha está ocupada.
나중에 전화주실 수 있습니까? **Najum e jónrrua juchirssu issūmnicá?** – Você pode me ligar depois?
나중에 전화하겠습니다. **Najum e jónrrua raguessūmnidá.** – Te ligo mais tarde.
메시지를 남기시겠습니까? **Messijirūr namguichiguessūmnicá?** – Você gostaria de deixar um recado?
아니요. 잘못 거신것 같습니다. **Aniiô. jarmod góchingód gathaiô.** – Acho que você está com o número errado.

LIGAÇÕES TELEFÔNICAS: FRASES USUAIS (B)
전화 통화: 사용하는 말 (B)
jónrrua thóm rua: saiōm ranūn mar (B)

» Veja Vocabulário ativo: Ligações telefônicas p. 117

여보세요, 여기는 지우입니다. /미나입니다. **Ióboseio, ióguinūn Jiuimnidá./Mina imnidá.** – Alô, aqui é o Jiu/a Mina.
제가 전화한 건...때문입니다. **Jega jónrrua rangón... temunimnidá.** – Estou ligando a respeito de...
저는...대신 전화를 드렸습니다. **Jónūn dechin jónrruarūr dūrióssūmnidá.** – Estou ligando em nome de...
민호씨/수지씨 계세요? **Minrrossi/Sujissi gueseiô?** – O sr. Min Ho/A Suji está?
그분께 전화해 달라고 해 주실 수 있습니까? **Gūbunque jónrruarre darlago re juchirssu issūmnicá?** – Você pode pedir a ele/ela para retornar minha ligação?
죄송합니다, 전화 상태가 나빠서 다시 걸게요. **Juesōmrramnidá, jónrrua sām thega napasó dachi górqueiô.** – Desculpe, a ligação está péssima, te ligo de volta.
...로 전화를 걸수가 없습니다. **...ro jónrruarūr górssuga óbssūmnidá.** – Não consigo ligar para...
자동 응답기에 메시지를 남겼습니다. **Jadōm ūm dabguie mesijirūr namguióssūmnidá.** – Deixei um recado na sua secretária eletrônica.
제발 끊지 마세요. **Jebar cūnjji maseiô.** – Por favor, não desligue.
죄송합나다, 잘못 걸었습니다! **Juesōmrramnidá, jarmod góróssūmnidá.** – Desculpe, foi engano!

7.13 Vocabulário ativo: Ligações telefônicas
어휘 활용: 전화 통화
órrui ruariõm: jónrrua thõm rua

전화하다, 걸다 **JÓNRRUARRADA, GÓRDA: DISCAR, LIGAR**

비상 사태가 있을 때는 119로 전화해서 도움을 요청하세요.
Bisãm sathega issūr tenūn ir ir gu ro **jónrruar**resó doumur iotchóm raseiô.
Sempre que tiver uma emergência, **ligue** para 119 e peça ajuda.

전화를 받다 **JÓNRRUARŪR BATA: ATENDER O TELEFONE**

전화를 받아 주시겠어요?
Jónrruarūr bada juchiguessóiô?
Você pode **atender o telefone** por favor?

자동 응답기 **JADŌM ŪM DABQUI: SECRETÁRIA ELETRÔNICA**

보미는 사라의 자동 응답기에 메시지를 남겼어요.
Bominūn saraūi **jadōm ūm dabquie** mesijirūr namguióssóiô.
A Bomi deixou um recado na **secretária eletrônica** da Sara.

다시 전화하다 **DACHI JÓNRRUARRADA: LIGAR DE VOLTA, RETORNAR UMA LIGAÇÃO**

저는 지금 바쁩니다. 나중에 다시 전화해도 될까요?
Jónūn jigūm bapūmnida. Na**jum** e **dachi jónrruarre**do dercaiô?
Estou meio ocupado agora. Posso te **ligar de volta** mais tarde?

전화를 끊다 **JÓNRRUARŪR CŪNTA: DESLIGAR O TELEFONE AO FINAL DE UMA CONVERSA, COLOCAR O TELEFONE NO GANCHO**

"끊지 마세요", 안내원이 말했습니다.
"**cūnjji maseiô**", anneuóni mar ressūmnidá.
"**Não desligue** por favor", disse a telefonista.

전화 연결이 끊겼다 **JÓNRRUA IÓNGUIÓRI CŪNQUIÓTA: A LIGAÇÃO CAIU**

제이하고 통화 하고 있는데 갑자기 전화 연결이 끊겼다.
Jeirrago thōmrrua rago innūnde gabjjagui **jónrrua iónguióri cūnquiótá**.
Estava falando com o Jei no telefone quando, de repente, **a linha caiu**.

장거리 전화 **JĂM GÓRI JÓNRRUA: INTERURBANO**

저는 장거리 전화를 해야 합니다. 이 근처에 공중 전화가 있습니까?
Jónūn **jăm góri jónrrua**rūr reia ramnidá. I gūntchóe **gōm jum** jónrruaga issūmnicá?
Preciso fazer um **interurbano**. Você sabe se tem um telefone público aqui perto?

휴대폰 **RIUDEPHON: TELEFONE CELULAR**
혹시 제 휴대폰을 보셨나요? 어디에 놔 두었는지 모르겠어요.
Rocchi je **riudephon**ūr bochiónnaiô? Ódie nua duónnūnji morūguessóiô.
Você viu o meu **celular** por aí? Não sei onde eu o deixei.

스피커폰 **SŪPHIKHÓPHON: VIVA-VOZ**
잠시만요. 다른분들도 당신 말을 들을 수 있게 스피커폰으로 연결하겠습니다.
Jamchimannhô. Darūnbundūrdo dāmchin marūr dūrūrssu ique **sūphikhóphon**ūro iónguiór raguessūmnidá.
Só um segundo. Vou colocar você **no viva-voz** para todos lhe ouvirem.

7.14 O dinheiro movimenta o mundo (Diálogo)
세상을 돌아가게 하는 경제 (대화)
se<u>sām</u> ūr doragague ranūn <u>guióm</u> je (derruá)

◀))))|| Faixa 39

제이: 가끔 돈의 미래에 대해 궁금합니다.
Jei: gacūm donūi miree derre <u>gum</u> gūm ramnidá.
리나: 무슨 뜻이에요?
Lina: Musūn tūchieiô?
제이: 돈이 언젠가 사라진다면, 지폐나 동전을 다른 것으로 대체할 수 있을까요?
Jei: Doni ónjenga sarajindamión, jiphena <u>dōm</u>jónūr, darūngósūro detche rarssu issūrcaiô?
리나: 음, 사람들은 갈수록 신용 카드를 많이 사용하고 있습니다.
Lina: ūm, saramdūrūn garssuroc chi<u>nhōm</u> khadūrūr mani sai<u>ōm</u> rago issūmnidá.
제이: 그게 현실인데, 전 다른 일이 일어날것 같습니다. 현재 개발되고 있는 다양한 기술들을 생각해보면 몇 년 후에는 전자 등의 방식이 돈(화폐)을 대체할 것 같습니다.
Jei: Gūgue riónchirinde, jón darūn iri irónarcód gassūmnidá. Riónje guebardego innūn daiāmrran guisurdūrūr <u>sem</u>gacrrebomión miónnhón ruenūn jónja<u>dūm</u> ūi <u>bām</u>chigui don(ruaphe)ūr detcherrar có gathaiô.
리나: 네, 정말 그럴 수 있겠지요. 하지만 어떠한 경우에든 돈, 즉 화폐 경제는 우리 삶에 항상 중요한 역할을 담당했습니다. 당신도 알다시피 돈이 세상을 돌립니다.
Lina: Ne, <u>jóm</u> mar gūrórssu iquejjiiô. Rajiman ótórran <u>guióm</u> uedūn don, jūc ruaphe <u>guióm</u>jenūn uri sarme <u>rāmsām</u> <u>jum</u> iorran iókharūr dam<u>dām</u>rressūmnida. <u>Dām</u>chindo ardachiphi, doni se<u>sām</u> ūr dorlimnidá.
» Veja a tradução desse diálogo na p. 264

DICA CULTURAL 13: DINHEIRO OU CARTÃO?
문화에 대한 도움말 13: 현금 아니면 카드?
MUNRRÚAE DERRAN DOUMMAR 13: RIÓNGŪM ANIMIÓN KHADŪ?

O cartão de crédito é a forma de pagamento mais utilizada na Coreia em estabelecimentos comerciais, hotéis, postos etc. Assim, esteja atento a uma pergunta frequentemente empregada pelos atendentes de loja: 현금 아니면 카드? **riónpūm animión khadū?** – Dinheiro ou cartão?

É comum na Coreia o uso de cheques que valem como dinheiro e são impressos pelos bancos, veja um modelo abaixo:

Valor: 100.000 won equivale a aproximadamente R$ 200,00.

Obs: Os valores estão calculados quando a cotação da moeda brasileira em relação ao dólar era de 2 reais = 1 dólar.

7.15 Sem tempo para passar em um caixa eletrônico (Diálogo)
현금 자동 인출기에 갈 시간이 없어요 (대화)
riónpūm jadōm intchurguie gar chigani óbssóiô.

🔊 **Faixa 40**

태민: 미루씨, 20,000원만 빌려 줄래요?
Themin: Mirussi, imanuónman birlió jurleiô?

미루: 네. 무엇을 하려고요?
Miru: Ne. Muóssūr rariógoiô?

태민: 제가 나중에 말해 줄게요. 지금은 급해서 현금 자동 인출기에 갈 시간이 없어요. 내일 돌려드리겠어요.
Temin: Jega najum e mar re jurqueiô. Jigūmūn gūphesó riónpūm jadōm intchurguie gar chigani óbssóio. Neir dorlió dūriguessóiô.

미루: 알겠어요!
Miru: Arguessóiô!

» Veja a tradução desse diálogo na p. 264

DICA CULTURAL 14: CÉDULAS E MOEDAS
문화에 대한 도움말14: 지폐와 동전
MUNRRÚAE DERRAN DOUMMAR 14: JIPHEUA DÕMJÓN

O "₩" **won sul-coreano** (código: KRW), oficialmente apenas **won**, é a moeda da Coreia do Sul desde 1962. É subdividida em 100 **jeon** ou **chun**, mas tais denominações não são mais utilizadas. O símbolo **latinizado** para o won é ₩, composto de uma letra W e dois traços horizontais. Veja abaixo as imagens das moedas usadas na Coreia:

Moeda: ₩ 500 won iac obegúon = 1 real (aproximadamente)
Nota: ₩ 1,000 won iac tchónuón = 2 reais (aproximadamente)

As imagens nas cédulas e moedas sul-coreanas são baseadas em personagens e monumentos históricos do país, animais simbólicos, paisagens, etc.

Os números em coreano são separados com vírgulas no lugar de pontos.
   ex: 10,000/1,500/5,000

Obs: Os valores estão calculados quando a cotação da moeda brasileira em relação ao dólar era de 2 reais = 1 dólar.

7.16 Vocabulário ativo: O dinheiro movimenta o mundo
어휘 활용: 세상을 돌아가게 하는 경제
Órrui ruariōm: se sãm ūr doragague ranūn guióm je

화폐 RUAPHE: MOEDA CORRENTE

"원"은 한국 화폐입니다.
'Uón'nūn ranguc **ruaphei**mnidá.
O "Won" é a **moeda corrente** na Coreia.

빌려주다 **BIRLIÓJUDÁ: EMPRESTAR DINHEIRO OU OUTRAS COISAS**

만원만 빌려줄 수 있어요? 내일 돌려 줄게요.
Manuónman **birliójurssu** issóiô? Neir dorlió jurqueiô.
Você pode me **emprestar** 10.000 won? Pago de volta amanhã.

빌리다 **BIRLIDA: PEDIR EMPRESTADO, DINHEIRO OU QUALQUER OUTRA COISA**

당신의 디지털 카메라를 빌려도 될까요?
Dãmchinũi dijithór khamerarũr **birliódo dercaiô**?
Posso **pegar** a sua câmera digital **emprestada**?

환율 **RUANNHUR: TAXA DE CÂMBIO**

지금 '원'에서 '헤알'의 환율은 얼마입니까?
Jigũm "Uón" esó "real" ũi **ruannhur**ũn órmaimnicá?
Qual é a **taxa de câmbio** do won para o real agora?

대출 **DETCHUR: EMPRÉSTIMO**
빚을 갚다 **BITCHŨR GABTA: QUITAR, PAGAR TUDO (DÍVIDA)**

민호는 빚을 갚기 위해 은행 대출을 받고 있습니다.
Minrronũn **bitchũr gabqui** uirre ũnrrem **detchur**ũr badco issũmnidá.
Min ho está fazendo um **empréstimo** bancário para **quitar** as dívidas.

저축하다 **JÓTCHUCRRADA: POUPAR**

당신은 저축할 생각을 해봤나요?
Dãmchinũn **jótchucrrar** sem gagũr reboannaiô?
Você já pensou em **poupar**?

현금 자동 인출기 **RIÓNGŨM JADÕM INTCHURGUI (ATM): CAIXA ELETRÔNICO**

이 근처에 현금 자동 인출기가 있는지 아세요?
I gũntchóe **rióngũm** jadõm **intchurgui**ga innũnji aseiô?
Você sabe se tem um **caixa eletrônico** aqui perto?

돈을 빼다 **DONŨR PEDA: SACAR DINHEIRO**

제 계좌에서 돈을 빼야 합니다.
Je guejaesó **donũr peia** ramnidá.
Preciso **sacar dinheiro** da minha conta.

수표로 내다 **SUPHIORO NEDA: PAGAR COM CHEQUE**
(É CONSIDERADO COMO DINHEIRO À VISTA)

100,000원짜리 수표로 내겠습니다.
Chimmanuón jjari **suphioro neguessũmnidá**.
Vou pagar com cheque de 100.000 won.

121

주식 JUCHIC: AÇÕES

주식 시장의 상황을 잘 모른다면 당신이 주식을 사는 것은 위험한 일일 수 있습니다.

Juchic chij<u>ãm</u> ūi <u>sãm ruãm</u> ūr jar morūndamión <u>dãm</u>chini juchigūr sanūn gósūn uirrómrran irirssu issūmnidá.

Comprar **ações** pode ser um negócio arriscado se você não sabe como a bolsa de valores funciona.

8. RELACIONAMENTOS
관계
guangue

8.1 Um novo namorado (Diálogo)
새 남자 친구(대화)
se namja tchingu (derruá)

🔊 **Faixa 41**

민지: 오늘 행복해 보이네요. 무슨 좋은 일 있어요?
Minji: Onūr <u>rem</u> bokhe boineiô. Musūn joūn ir issóiô?

유미: 그렇게 보여요?
Iumi: gūrókhe boióiô?

민지: 네.
Minji: Ne.

유미: 음, 전 새로운 남자친구가 생겼어요.
Iumi: Ūm, jón seroun namja tchinguga <u>sem</u> guióssóiô.

민지: 오, 그래요! 새 남자 친구! 자, 말해 봐요, 어떻게 생겼어요?
Minji: O, gūreiô! Se namja tchingu! Ja, mar re boaio, ótókhe <u>sem</u> guióssóiô?

유미: 그는 보통 키에 뚱뚱하지도 마르지도 않고, 갈색 머리에 검은 눈동자예요. 여기 제 휴대폰에 그 사람의 사진이 있어요.
Iumi: Gūnūn bot<u>hōm</u> khie <u>tum tum</u> rajido marūjido ankho, garssec mórie gómūn nunt<u>ōm</u> jaieiô. Iógui je riudephone gū saramūi sajini issóiô.

민지: 와, 잘 생겼네요! 좋겠어요!
Minji: Ua, jar <u>sem</u> guiónneiô! Jokhessóiô!

123

유미: 하하, 고맙습니다.
Uimi: Ra ra, gomabssūmnidá.
민지: 몇 살이에요?
Minji: Nióssarieio?
유미: 스무 살이에요.
Iumi: Sūmu sarieiô.
민지: 좋겠네요!
Minji: Jokhenneiô!
» Veja a tradução desse diálogo na p. 264

8.2 Descrevendo características físicas (Frases-chave)
신체적 특징 설명하기 (주요구문)
Chin tchejóc thūc jim sórmióm ragui (juio gumun)

DESCREVENDO CARACTERÍSTICAS FÍSICAS: ALTURA E PESO
신체적 특징 설명하기: 키와 몸무게
Chin tchejóc thūc jim sórmióm ragui: khiua mom mugue

그의 외모는 어때요? Gūūi uemonūn óteiô? – Qual é a aparência dele?
그는 보통 키입니다. Gūnūn bothõm khiimnidá. – Ele tem estatura mediana.
그는 평균 체중입니다. Gūnūn phióm guiun tchejum imnidá. – Ele tem peso mediano.
그는 키가 커요/작아요. Gūnūn khiga khóiô/jagaiô. – Ele é alto/baixo.
그는 뚱뚱해요/말랐어요. Gūnūn tum tum reiô/marlassóiô. – Ele é gordo/magro.

DICAL CULTURAL 15: COMPRIMENTO DO PÉ E MEDIDAS DE ROUPA
문화에 대한 도움말 15: 발 크기와 옷 사이즈
MUNRRÚAE DERRAN DOUMMAR 15: BAR KHŪGUIUA OD SAIJŪ

Na Coreia, a medida do pé é em mm. Por exemplo: Paula calça 245 mm (36). Medidas de calçados:

Brasil	33	34	35	36	37	38	39	40	41
Coreia	210	220	225	235	245	250	255	260	270

As medidas de roupa são aproximadamente como a tabela abaixo:

Medidas	PP	P	M	G	GG	3G
Feminino	44(85)	55(90)	66(95)	77(100)	88(105)	110
Masculino	85	90	95	100	105	110

DESCREVENDO CARACTERÍSTICAS FÍSICAS: CABELOS E OLHOS
신체적 특징 설명하기: 머리카락과 눈
Chin tchejóc thŭc jim sórmióm ragui: móri kharac gua nun

그는 머리가 길고 까매요. Gūnūn móriga guirgo cameiô. – Ele tem cabelo preto comprido.
그는 머리가 짧고 금발이에요. Gūnūn móriga jjarco gūmbarieiô. – Ele tem cabelo loiro curto.
그는 머리가 곱슬이고 갈색이에요. Gūnūn móriga cobssūrigo garsseguieiô. – Ele tem cabelo castanho cacheado.
그는 갈색 머리예요/금발이에요. Gūnūn garssec mórieiô/gūmbarieiô. – Ele é moreno/loiro.
그는 붉은 머리예요. Gūnūn burgūn mórieiô. – Ele é ruivo.
그는 생머리예요. Gūnūn sem mórieiô. – Ele tem cabelo liso.
그분은 웨이브가 있는 머리예요. Gūbunūn ueibūga innūn mórieiô. – Ele/ela tem cabelo ondulado.
그분은 갈색 눈이에요. Gūbunūn garssec nunieiô. – Ele/ela tem olhos castanhos.
그분은 어두운/밝은 갈색 눈이에요. Gūbunūn óduun/bargūn garssec nunieiô. – Ele/ela tem olhos castanhos escuros/claros.
그분은 녹색/푸른 눈이에요. Gūbunūn nocssec/phūrūn nunieiô. – Ele/ela tem olhos verdes/azuis.

DESCREVENDO OUTRAS CARACTERÍSTICAS FÍSICAS
다른 신체적 특징 설명하기
Darūn chin tchejóc thŭc jim sórmióm ragui

그는 대머리입니다. Gūnūn demóriimnidá. – Ele é careca.
그는 가발을 씁니다. Gūnūn gabarūr ssūmnidá. – Ele usa peruca.
그는 수염이 있습니다. Gūnūn suiómi issūmnidá. – Ele tem barba/Ele usa barba.
그는 코수염이 있습니다. Gūnūn khossuiómi issūmnidá. – Ele tem bigode.
그분은 예뻐요/아름다워요. Gūbunūn iepóiô/arūmdauóiô. – Ele/ela é bonito(a)/lindo(a).
그는 통통해요. Gūnūn thôm thôm reiô. – Ele é rechonchudo/gordinho.
그는 몸짱이에요. Gūnūn mom jjam ieiô. – Ele é sarado.
그는 뚱뚱해요. Gūnūn tum tum reiô. – Ele é gordo.
그는 어깨가 넓어요. Gūnūn óquega nórbóiô. – Ele tem costas largas.
그분은 매력적이에요. Gūbunūn meriócjóguieiô. – Ele/ela é atraente.
그분은 약간 통통해요. Gūbunūn iacan thõmthõm reiô. – Ele/ela está um pouco acima do peso.

8.3 Descrevendo traços de personalidade (Frases-chave)
성격 특성 설명하기 (주요 구문)
Sóm quióc thŭc sóm sórmióm ragui (juio gumun)

DESCREVENDO TRAÇOS DE PERSONALIDADE
성격 특성 설명하기
Sóm quióc thŭc sóm sórmióm ragui

그는 어때요? Gūnūn óteiô? – Como ele é?
» Obs.: referindo-se à personalidade
여동생은 어때요? Iódōm sem ūn óteiô? – Como é a sua irmã?

그는 활발하고 친절합니다. Gūnūn ruarbar rago tchinjór ramnidá. – Ele é extrovertido e amigável.
그분은 교양이 있고 책임감도 있습니다. Gūbunūn guioiām i ico tcheguimgamdo issūmnidá. – Ele/ela é educado(a) e responsável.
그는 수줍음이 많고 조용합니다. Gūnūn sujubūmi mankho joiōm ramnidá. – Ele é tímido e quieto.
그는 진지하고 신뢰할 수 있는 사람입니다. Gūnūn jinjirrago chirle rarssu innūn saram imnidá. – Ele é sério e confiável.
그는 똑똑하고 조직적인 사람입니다. Gūnūn toc toc rago jojicjóguin saramimnidá. – Ele é intelectual e metódico.
그분은 말이 많고 재미있습니다. Gūbunūn mari mankho jemi issūmnidá. – Ele/ela é falante e engraçado(a).
그분은 성숙하고 인내심이 있습니다. Gūbunūn sóm suc rago innechimi issūmnidá. – Ele/ela é maduro(a) e paciente.
그는 완벽하고 깔끔합니다. Gūnūn uanbióc rago carkūmrramnidá. – Ele é perfeccionista e organizado.
그는 침착합니다. Gūnūn tchim tchac ramnidá. – Ele é um cara tranquilo.
그는 이해심과 동정심이 있는 사람입니다. Gūnūn irrechimgua dōm jóm chimi innūn saramimnidá. – Ele é compreensivo/solidário.

DESCREVENDO OUTROS TRAÇOS DE PERSONALIDADE
다른 성격 특성 설명하기
Darūn sóm quióc thūc sóm sórmióm ragui

그는 재미있어요. Gūnūn jemi issóiô. – Ele é divertido.
그는 자상해요. Gūnūn jasām reiô. – Ele é carinhoso.
그는 정직합니다. Gūnūn jómjikhamnidá. – Ele é honesto.
그는 믿음직스럽습니다. Gūnūn midūmjicsūróbssūmnidá. – Ele é confiável.
그분은 창의적입니다. Gūbunūn tchām ūijóguimnidá. – Ele/ela é criativo(a).
그는 성실합니다. Gūnūn sóm chir ramnidá. – Ele é sincero.
그분은 참을성이 없습니다. Gūbunūn tchamūrssóm i óbssūmnidá. – Ele/ela é impaciente.
그분은 이해심이 많습니다. Gūbunūn irrechimi manssūmnidá. – Ele/ela é compreensivo(a).
그분은 사교적이에요. Gūbunūn saguiojóguieiô. – Ele/ela é charmoso(a).
그분은 우아합니다. Gūbunūn uarramnidá. – Ele/ela é elegante.
그분은 민감합니다. Gūbunūn mingamrramnidá. – Ele/ela é sensível.

DESCREVENDO TRAÇOS NEGATIVOS DE PERSONALIDADE
부정적인 성격 특성 설명하기
bujóm jóguin sóm quióc thūc sóm sórmióm ragui

그는 거만합니다. Gūnūn gómanrramnidá. – Ele é arrogante.
그는 이기적입니다. Gūnūn iguijóguimnidá. – Ele é egoísta.
그는 결벽증이 있어요. Gūnūn guiórbiócjjūm i issóiô. – Ele é perfeccionista.
그는 욕심쟁이입니다. Gūnūn iocchimjem i imnidá. – Ele é ganancioso.
그분은 질투심이 많아요. Gūbunūn jirthuchimi manaiô. – Ele/ela é ciumento(a).
그분은 무례합니다. Gūbunūn murerramnidá. – Ele/ela é grosseiro(a)/mal-educado(a).

8.4 As separações são sempre difíceis! (Diálogo)
헤어지는 건 항상 힘들다! (대화)
Reójinūn gón r<u>ā</u>m s<u>ā</u>m rimdūrdá! (derruá)

🔊 Faixa 42
주희: 기분이 안 좋아보여요! 무슨 일 있어요?
Jurri: Guibuni an joaboióiô! Musūn ir issóiô?
소희: 지우와 헤어졌어요.
Sorri: Jiuua reójóssóiô.
주희: 무슨 일 있었어요? 왜 헤어진 거예요?
Jurri: Musūn ir issóióiô? Ué reójingóieiô?
소희: 그는 저에게 여러 번 거짓말을 했어요. 이번에도 거짓말을 했어요. 학교에서 인기 많은 제니와 어디 놀러 간 걸 친구가 봤대요. 학교에서 제일 귀여운 여자, 제니와 함께 나갔었대요.
Sorri: Gūnun jóegue ióróbón gójinmarrūr ressóiô. Ibónedo gójinmarur ressóiô. Raquioesó inqui manūn jeniua norló gan gór tchinguga bateiô. Raquioesó jeir guiióun iója, jeniua ramque nagassóteiô.
주희: 정말요? 무슨 말을 해야 할 지 모르겠어요. 헤어지는 건 항상 힘들어요. 힘을 내요.
Jurri: <u>Jóm</u> marió? Musūn marūr reiarrarjji morūguessóiô. Reójinūn gón rām sām rimdūróiô. Rimūr neiô.
소희: 네, 고마워요.
Sorri: Ne, gomauóiô.
» Veja a tradução desse diálogo na p. 265

8.5 Vocabulário ativo: Namorando
어휘 활용: 데이트
órrui ruariōm: deithū

» Veja Vocabulário ativo: Romance e sexo p. 135

연애하다 IÓNRRERRADA: NAMORAR
지나는 문수와 <u>연애하기</u> 시작한 후부터 더 행복해 보인다.
Jinanūn munsuua **iónrrerragui** chijacrran rubuthó dó <u>rem</u> bokhe boindá.
Dina parece muito mais feliz desde que começou a **namorar** o Munsu.

하고 만나다 RAGO MANNADA: TER UM ENCONTRO COM
수지는 애인을 <u>만날</u> 때마다 항상 화장을 하고 가장 예쁜 옷을 입는다.
Sujinūn einūr **mannartemada** r<u>ā</u>ms<u>ā</u>m ruaj<u>ā</u>m ūr rago gaj<u>ā</u>m iepūn osūr ibnūndá.
A Sophie sempre se maqueia e veste as melhores roupas quando **tem um encontro com** o namorado.

데이트 DEITHŪ: UM ENCONTRO; PESSOA COM QUEM SE TEM UM ENCONTRO

남자 친구 **NAMJA TCHINGU**/애인 **EIN: NAMORADO/NAMORADA**

데이트 시간이 언제예요?
Deithū chigani ónjeieiô?
Que horas é seu **encontro**?

하나의 새 남자 친구(애인)가 누구인지 알아요?
Ranaūi se **namja tchingu(ein)**ga nugu inji araiô?
Você sabe quem é o novo **namorado** da Rana?

사랑에 빠지다 **SARĀM E PAJIDA: ESTAR APAIXONADO(A) (POR)**

사람들은 사랑에 빠지면 더 행복해 보입니다.
Saramdūrūn sa<u>rām</u> e pajimión dó <u>rem</u> bokhe boimnidá.
Estar apaixonado deixa as pessoas mais felizes.

첫눈에 반하다 **TCHÓD NUNE BANRRADA: AMOR À PRIMEIRA VISTA**

민호는 수지를 본 순간 첫눈에 반하고 사랑에 빠졌다!
Minrronūn sujirūr bon sungan **tchód nune banrrago** sa<u>rām</u> e pajótá!
Minrro se apaixonou pela Sandy assim que a viu e foi **amor à primeira vista**!

진지하게 사귄다 **JINJIRRAGUE SAGUINDA: NAMORAR FIRME COM**

창호는 누군가를 진지하게 사귄 적이 없다.
Tchām ronūn nugungarūr **jinjirrague saguinjógui** óbtá.
Tchām ro nunca **namorou firme com** ninguém.

헤어지다 **REÓJIDA: ROMPER COM ALGUÉM; TERMINAR UM RELACIONAMENTO**

가희는 도운과 헤어졌다.
Garrinūn doungua **reójótá**.
Ga ri **rompeu o namoro** com o Doun.

화해하다 **RUARRERRADA: FAZER AS PAZES**

비호와 지나는 어제 다툰 후에 화해를 했다.
Birroua Jinanūn óje dathun rue **ruarrerūr retá**.
Birro e Jina já **fizeram as pazes** depois da discussão de ontem.

결혼하다 **GUIÓR RON RADA: CASAR-SE**

하나와 다비는 내년에 결혼을 할 예정이다.
Ranaua dabinūn nenhóne **guiór ronūr rar iejóm idá**.
Rana e o Dabi **vão se casar** no ano que vem.

약혼 **IAKHON: NOIVADO**

준호는 애인에게 예쁜 약혼 반지를 주었다.
Junrronūn einegue iepūn **iakhon** banjirūr juótá.
Junrro deu à sua namorada um bonito anel de **noivado**.

신혼 여행 **CHINRRON IÓRREM: LUA DE MEL**
신혼 부부들은 제주도로 신혼 여행을 떠날 것이다.
Chinrron bubudūrūn jejudoro **chinrron iórrem** ūr tónarcóchidá.
Os recém-casados vão partir para as Jejudo em **lua de mel**.

8.6 Convidando uma colega de trabalho para jantar (Diálogo)
저녁 식사에 직장 동료 초대하기 (대화)
jónhóc sicssae jicjjām dõmnho tchoderragui (derruá)

┅┅ Faixa 43

토니: 오늘 밤에 약속있어요?
Toni: Onūr bame iassóc issóiô?
주리: 아니요, 왜요?
Juri: Aniiô, ueiô?
토니: 음, 가능하면 어디 가서 저녁 식사를 같이 할까요?
Toni: Ūm, ganūm ramión ódi gasó jónhógūr gatchi rarcaiô?
주리: 저녁 식사요? 음, 갑자기 왜 그런 생각을 했어요?
Juri: Jónhóc chicssaiô? Ūm, gabjjagui ué gūrón semgagūr ressóiô?
토니: 생각해보니, 우리가 오랫동안 서로 알고 지냈는데. 그냥... 저도 모르겠어요... 전 당신을 조금 더 잘 알고 싶습니다.
Toni: Semgacrreboni, uriga oretõm an sóro argo jinennūnde. Gūnhām. jódo morūguessóiô... jón dāmchinūr jogūm dó jar argo chibssūmnidá.
주리: 음, 좋아요. 그런데 일이 끝나고 집에 가서 옷을 갈아입고 싶어요.
Juri: Ūm, joaio. Gūrónde iri cūnnago jibe gasó osūr gara ibco chiphóio.
토니: 문제 없어요. 그렇다면, 나중에 당신 집으로 픽업 하러 갈까요?
Toni: Munje óbssóio. gūróthamión, najum e dāmchin jibūro phikhób raró garcaiô?
주리: 그러면 좋죠. 고마워요.
Juri: Gūrómión jotcho. Gomauóiô.
» Veja a tradução desse diálogo na p. 265

CONVIDANDO ALGUÉM PARA FAZER ALGO (FRASES-CHAVE)
초대하기 (대화)
tchoderragui (derruá)

내일 저와 함께 저녁 식사를 하시겠습니까? **Neir jóua ramque chicssarūr rachiguessūmnicá?**
– Você gostaria de jantar comigo amanhã?
» Veja No restaurante – Frases-chave p. 71
내일 점심 약속은 어때요? **Neir jómchim iacssóc ūn óteiô?** – Que tal um almoço amanhã?
오늘 밤에 만날까요? **Onūr bame mannarcaiô?** – Você quer sair hoje à noite?
» Veja Saindo para se divertir – Frases-chave p. 64
토요일에 영화 보러 갈래요? **Thoioire ióm rua boró garleiô?** – Quer ir ao cinema no sábado?

오늘 퇴근하고 술 한잔 할까요? **Onūr thegūn rago sur ranjan rarlcaiô?** – Que tal ir tomar um drinque depois do trabalho hoje?
오늘 밤에 뭐하고 싶어요? **Onūr bame muórrago chiphóiô?** – O que você está a fim de fazer hoje à noite?
춤을 추고 싶어요. 오늘 밤에 나이트에 갈까요? **Tchumur tchugo chiphóiô. Onūr bame naithūe garlcaiô?** – Estou com vontade de dançar. O que você acha de ir a uma discoteca hoje à noite?
일요일에 자전거를 타러 갈 거예요. 같이 갈래요? **Iroire jajóngórūr tharó garcóieiô. Gatchi garleiô?** – Eu vou fazer um passeio de bicicleta no domingo. Você quer vir junto?
» Veja Vocabulário 8: Esportes p. 174

8.7 Fica para a próxima (Diálogo)
다음 기회에 하기 (대화)
daūm guirrue e ragui (derruá)

Faixa 44

나라: 자, 오늘은 그만 합시다.
Nara: Já, onūrūn gūman rabchidá.
태희: 그럼, 우리 한잔 할까요?
Therri: Gūróm, uri ranjan rarcaiô?
나라: 다음에 가요. 너무 피곤하네요. 난 그냥 집에 가서 쉬고 싶어요.
Nara: Daūme gaiô. Nómu phigonrraneiô. Nan gūn<u>hā</u>m jibe gasó chigo chiphóiô.
태희: 아, 저녁 6시도 안됐어요. 30분만 있다 가요. 기분이 좋아질 거예요.
Therri: A, jónhóc iósóchido andessóiô. Samchipun man ita gaiô. Guibuni joajircóieiô.
나라: 솔직히 머리도 조금 아파요. 내일 가기로 약속해요.
Nara: Sorjjickhi mórido jogūm aphaiô. Neir gaguiro iacssóc reiô.
태희: 그래요, 편히 쉬어요!
Therri: Gūreiô, phióni chióiô!
» Veja a tradução desse diálogo na p. 265

RECUSANDO UM CONVITE EDUCADAMENTE
공손하게 초대 거절하기
<u>gōm</u> sonrrague tchode gójór ragui

저를 초대해줘서 고마워요. 하지만 오늘밤은 안돼요. 혹시 다른 날은 어때요? **Jórūr tchoderre juósó gomauóiô, rajiman onūr bamūn andeiô. Rocchi darūn narūn óteiô?** – Obrigado por me convidar, mas não posso hoje à noite. Um outro dia, talvez?
그러고는 싶지만 이미 약속이 있어요. 다음에 만나도 될까요? **Gūrógonūn chibjjiman imi iacssógui issóiô. Daūme mannado dercaiô?** – Eu adoraria, mas já tenho compromisso. Podemos nos encontrar na próxima?
미안해요. 토요일에 이미 약속이 있어요. **Mianrreiô. Thoioire imi iacssógui issóiô.** – Desculpe, mas já tenho programa para o sábado.
다음에 만날까요? **Daūme mannarcaiô?** – Podemos nos encontrar na próxima?

미안하지만 전 정말 오늘밤에 나가고 싶지 않네요. **Mian rajiman jón jóm mar onūrpame nagago chibjji anneiô.** – Desculpe, mas realmente não estou com vontade de sair hoje à noite.
다른 약속이 있는지 확인하고 전화해도 될까요? **Darūn iacssógui innūnji ruaguin rago jónrruarredo dercaiô?** – Posso te ligar depois de ter certeza que não tenho outro compromisso?

8.8 Você deveria sair com mais frequência (Diálogo)
좀 더 자주 외출하기 (대화)
jom dó jaju uetchur ragui (derruá)

▶ Faixa 45

다빈: 문수씨, 무슨 일이에요? 좋아 보이지 않네요.
Dabin: Munsussi, musūn irieiô? Joa boiji anaiô.

문수: 네, 기분이 안 좋아요.
Munsu: Ne, guibuni an joaiô.

다빈: 무슨 일이에요?
Dabin: musūn irieiô?

문수: 문득 생각해보니 오랜 시간 동안 즐거운 일이 없었던 것 같아요. 오로지 일! 일! 일만 한 것 같아요.
Munsu: muntūc semgakheboni oren chigan tōm an jūrgóun iri óbssótóngó gathaiô. oroji ir! Ir! irman ran gód gathaiô.

다빈: 그렇게 생각해요? 그러면 얼른 새로운 사람을 만나거나 여가를 즐겨야 해요.
Dabin: gūrókhe semgackheiô? Gūrómión órlūn seroun saramūr mannagóna iógarūr jūrguióia reiô.

문수: 저도 알아요. 여태 여유 없이 너무 일만 했어요.
Munsu: jódo araiô. ióthe ióiu óbchi nómu irman ressóiô.

다빈: 그러면 오늘밤에 클럽에 가는 게 어때요?
Dabin: gūrómión onūrpame khūrlóbe ganūn gue óteiô?

문수: 클럽에요? 글쎄요, 피곤해서...
Munsu: khūrlóbeiô? gūrsseiô, phigonrresó...

다빈: 핑계예요. 제가 9시에 데리러 올게요. 준비하고 있어요! 클럽에 가는 길에 피자도 먹읍시다.
Dabin: phimgueieiô. Jega arrobchie deriró orqueiô. Junbi rago issóiô. Khūrlóbe ganūn guire phijado mógūbchidá.

» Veja a tradução desse diálogo na p. 265

Você deveria sair com mais frequência (Frases-chave)
좀 더 자주 외출하기 (주요 구문)
jom dó jaju uetchur ragui (juio gumun)

ANIMANDO AS PESSOAS
사람들을 즐겁게 하기
saram dūrūr jūrgóbquerragui

걱정하지 말아요. **Gócjjóm raji maraiô.** – Não se preocupe com isso.
왜 다 털어놓지 않아요? **Ué da thóró notchi anaiô?** – Por que você não desabafa?
누구나 다 가끔 그런 식으로 느끼지요. **Nuguna da gacūm gūrón chigūro nūquijiiô.** – Todos se sentem assim às vezes.
하려고 마음 먹으면 성공할 수 있어요. **Rariógo maūm mógūmión sóm gōm rarssu issóiô.**
– Você vai conseguir se tentar.
힘내세요! 상황은 좋아질 것입니다. **Rimnesseiô! Sām ruām ūn joajir cóchimnidá.** – Aguenta firme aí! As coisas vão melhorar.
기운 좀 내세요! 그렇게 생각할 필요가 없습니다. **Guiun jom nesseiô! Gūrókhe sem gakhar phirioga óbssūmnidá.** – Anime-se, não há razão para sentir-se assim.

FAZENDO UM ELOGIO
칭찬하기
tchim tchan ragui

잘했어요! **Jar ressóiô!** – Muito bem!
수고했어요! **Sugorressóiô!** – Bom trabalho!
계속 그렇게 하세요! **Guesôc gūrókhe rasseiô!** – Continue assim!
축하해요! **Tchukharreiô!** – Meus parabéns!
이렇게 하세요! **Irókhe rasseiô!** – É assim que se faz!
오늘 아침에 정말 잘했어요! **Onūr atchime jóm mar jar ressóiô!** – Você se saiu muito bem esta manhã!
당신은 영어를/포어를 잘하네요! **Dāmchinūn ióm órūr/phoórūr jar raneiô!** – Você fala inglês/português muito bem!
아주 좋아보이네요! **Aju joaboineiô!** – Você parece ótima(o)!
이 드레스 입은 게 참 예뻐요. **I dūressū ibūn gue tcham iepóiô.** – Você fica bonita com esse vestido.
머리가 예쁘네요. 뭔가 바꿨나요? **Móriga iepūneio. muónga bacuónnaiô?** – Seu cabelo está lindo, você mudou alguma coisa?
와우! 아름다워요! **Uau! Arūmdauóiô!** – Nossa! Você está linda!
아파트가/집이 예뻐요. **Aphathūga/jibi iepóiô.** – Você tem um(a) apartamento/casa bonito(a).
집이 참 좋네요! **Jibi tcham jonneiô!** – Que casa bacana a sua!

8.9 Acho que lhe devo desculpas (Diálogo)
내가 당신에게 사과해야 할 것 같아요 (대화)
nega dãm chinegue saguarreia rar cód gathaio (derruá)

ıı|ı|ı Faixa 46

태우: 잠깐 얘기 좀 할 수 있을까요?
Theu: Jam can iegui jom rarssu issūrcaiô?
세리: 네, 얘기해 보세요!
Seri: Ne, ieguirre bosseiô!
태우: 어제 내가 당신에게 한 말에 대해 사과를 해야 할 것 같아요.
Theu: óje nega d<u>ãm</u>chinegue ran mare derre saguarūr reia rarcó gathaiô.
세리: 실은, 난 어제 당신이한 말에 대해 너무 화가 났었어요.
Seri: Chirūn, nan óje d<u>ãm</u>chini ran mare derre nómu ruaga nassóssóiô.
태우: 제가 너무 심했어요. 미안해요. 전 정말 그런 뜻은 없었어요. 저를 용서해 주시겠어요?
Theu: Jega nómu chimrressóiô. Mianrreiô. Jón j<u>óm</u> mar gūrón tūsūn óbssóssóiô. Jórūr i<u>om</u> sórre juchiguessóiô?
세리: 우리는 모두 실수를 해요. 괜찮아요.
Seri: Urinūn modu chirssurūr reiô. guentchanaiô.
태우: 담아두지 말아요. 미안해요.
Theu: Damaduji maraiô. Mianrreiô.
세리: 네, 괜찮아요.
Seri: Ne, guentchanaiô.

» Veja a tradução desse diálogo na p. 266

8.10 Pedindo desculpas (Frases-chave)
사과하기 (주요 구문)
saguárragui (juio gumun)

PEDINDO DESCULPAS (A)
사과하기 (A)
saguárragui (A)

어제 있었던 일에 대해 사과하고 싶어요. **Óje issótón ire derre saguarrago chiphóiô.** – Queria pedir desculpas pelo que aconteceu ontem.
제가 어제 한 말에 대해 정말 미안해요. **Jega óje ran mare derre jóm mar mianrreiô.** – Sinto muito pelo que eu disse ontem.
무례했어요. 죄송합니다. **Murerressóiô. jes<u>ōm</u> ramnidá.** – Peço desculpas por ter sido tão rude.
제가 사과할게요. **Jega saguarrarqueiô.** – Eu lhe devo desculpas.
제가... 대해 한 말을 취소합니다. **Jega... derre ran marūr tchisorramnidá.** – Eu queria retirar o que disse sobre...
그럴 생각은 없었어요. **Gūrór s<u>em</u> gagūn óbssóssóiô.** – Não tive a intenção de...

제가 진작 했어야 했는데 시간이 없었어요. **Jega jinjac ressóia rennünde chigani óbssóssóiô.** – Eu sei que devia ter feito isso antes, mas não tive tempo.
우리 약속을 취소해야 할 것 같아요. 정말 미안해요. 다시 약속잡아도 될까요? **Uri iacssogür tchisorreia rarcó gathaiô. Jóm mar mianrreiô. Uri dachi iacssocjabado derlcaiô?** – Sinto mesmo por ter que cancelar nosso encontro. Você acha que podemos remarcar?

PEDINDO DESCULPAS (B)
사과하기 (B)
saguárragui (B)

방해/귀찮게 할 생각은 없었어요. **Bām re/guitchankhe rar sem gagün óbssóssóiô.** – Não tive intenção de te interromper/perturbar.
어찌 할 수 없었습니다. **Ójji rarssu óbssóssümnidá.** – Não pude evitar.
불편을 끼쳐 죄송해요. **Burphiónür quitchó jesōm reiô.** – Sinto pela inconveniência.
늦어서 죄송해요. **Nüjósó jesōm reiô.** – Desculpe o meu atraso.
늦어서 미안해요. 이제는 그런 일 없을 거예요. **Nüjósó mianrreiô. ijenün gürón ir óbssür cóieiô.** – Desculpe o atraso. Não vai acontecer de novo.
멋진 파티지만 전 이제 가야합니다. **Mójjin phathijiman jón ije gaia ramnidá.** – A festa está ótima, mas eu preciso mesmo ir embora.
죄송하지만, 정말 가야 해요, 내일 아침 일찍 일어나야 하거든요. **Jesōm rajiman, jóm mar gaia reiô, neir atchim irjjic irónaia ragódünhô.** – Desculpe, mas eu preciso mesmo ir embora, tenho que levantar muito cedo amanhã.
제 행동을 용서해 주시겠어요? **Je rem dōm ür iōmsorre juchiguessóiô?** – Você poderia perdoar o meu comportamento?
전 당신을 불쾌하게 할 생각은 없었어요. **Jón dām chinür burkherrague rar sem gagün óbssóssóiô.** – Não tive a intenção de te magoar/ofender.

ACEITANDO UM PEDIDO DE DESCULPAS
사과 받아 들이기
saguá badadürigui

괜찮아요! **Guentchanaiô!** – Tudo bem!
사과는 받아들일게요. **Saguanün badadürirqueiô.** – Desculpas aceitas.
전 당신이 그렇게 할 생각이 없었다는 걸 알아요. **Jón dāmchini gürókhe rar sem gagui óbssótanün gór araiô.** – Sei que você não teve a intenção de fazer aquilo.
문제 없어요! **Munje óbssóiô!** – Sem problemas!
신경 쓰지 말아요. **Chinguióm süji maraiô!** – Deixa pra lá.
누구나 실수를 합니다. **Nuguna chirssurür ramnidá.** – Todo mundo comete erros.
담아 두지 말아요. **Dama duji maraiô.** – Sem ressentimentos.

8.11 É por isso que eu adoro este lugar! (Diálogo)
그래서 내가 이곳을 좋아하는 거야! (대화)
Güressó nega igossür joarranün góia! (derruá)

🔊 **Faixa 47**

강수: 저기 아름다운 여인을 보세요.
Gãm su: jógui arümdaun ióinür boseiô.
창호: 와, 정말 아름답네요.
Tchãm ro: ua, jóm mar arümdabneiô.
강수: 이 클럽에는 예쁜 여자들이 많이 있어요.
Gãm su: I khürlóbenün iepün iójadüri mani issóiô.
창호: 저도 알아요! 그래서 제가 이곳을 좋아하잖아요.
Tchãm ro: jódo araiô! Güresó jega igosür joarrajanaiô.
강수: 자, 우리가 오늘 밤에 운이 있길 바라며!
Gãm su: ja, uriga onür bame uni ikir baramiô!
창호: 좋아요!
Tchãm ro: joaiô!

» Veja a tradução desse diálogo na p. 266

CANTADAS
유혹하는 말
iurroc ranün mar

당신은 여기 자주 오나요? **Dãm chinün iógui jaju onaiô?** – Você vem muito aqui?
당신은 내가 아는 사람 같아요. **Dãm chinün nega anün saram gathaiô.** – Você parece com alguém que eu conheço.
우리, 전에 만난 적이 없나요? **Uri, jóne mannanjógui óbnaiô?** – Nós já não nos conhecemos?
정말 춤 잘 추네요! **Jóm mar tchum jar tchuneiô!** – Você dança muito bem!
미소가 아름다워요! **Misoga arümdauóiô!** – Você tem um sorriso lindo!
당신은 아름다워요! **Dãm chinün arümdauóiô!** – Você é linda!
여기 앉아도 돼요? **Iógui anjado deiô?** – Posso sentar aqui?
제가 술 한잔 사도 될까요? **Jega sur ranjan sado derlcaiô?** – Posso te pagar um drinque?
마실 것 좀 드릴까요? **Machir có jom dürürcaiô?** – Você quer beber alguma coisa?

8.12 Vocabulário ativo: Romance e sexo
어휘 활용: 사랑과 섹스
órrui ruariõm: sarãmguá secsü

예쁜 아가씨 **IEPÜN AGASSI: GAROTA, "MOÇA BONITA"**
이곳은 예쁜 아가씨들이 많아요!
Igosün iepün agassidüri manaiô!
Este lugar está cheio de **moças** bonitas!

135

유혹하다 **IURROCRRADA: PAQUERAR, FLERTAR**

호준이 알지요? 그는 항상 보이는 아가씨마다 <u>유혹</u>을 해요.
Rojuni arjiiô? Gūnūn <u>rām sām</u> boinūn agassimada **iurrogūr reiô**.
Você conhece o Fred? Está sempre **paquerando** qualquer garota que ele vê.

바람둥이 **BARAM<u>DUM</u> I: NAMORADOR, NAMORADEIRA, PAQUERADOR(A)**

게리를 조심해요! 그 사람은 바람둥이라는 소문이 있어요.
Guerirūr jochimrreiô! Gū saramūn **baram<u>dum</u>** iranūn somuni issóiô.
Cuidado com o Guery! Você sabe que ele é conhecido por ser **paquerador**.

차다 **TCHADA: "DAR O FORA EM ALGUÉM"; LARGAR**

지호는 여자친구가 다른 남자 때문에 자기를 <u>찼</u>다는 걸 믿지 못해요.
Jirronūn iója tchinguga darūn namja temune jaguirūr **tchata**nūn gór mijji motheiô.
Jirro não acreditou quando sua namorada **o largou** por um outro cara.

헤어지다 **REÓJIDA: ROMPER COM ALGUÉM; TERMINAR UM RELACIONAMENTO**
바람 피다 **BARAM PHIDA: "PULAR A CERCA"**

제니는 그녀의 남자 친구가 다른 여자들과 <u>바람 핀 것</u>을 발견하고 <u>헤어졌어요</u>.
Jeninūn gūnhóūi namja tchinguga darūn iójadūrgua **baram phin góssūr** barguiónrrago **reójóssóiô**.
Jane **rompeu com** o namorado quando descobriu que ele estava **pulando a cerca com** outras garotas.

배신하다 **BECHINRRADA: TRAIR, SER INFIEL**

하나는 그녀의 남편이 그들의 결혼생활을 <u>배신</u>했다고 의심해요.
Rananūn gūnhóūi namphióni gūdūrūi guiór ron <u>sem</u> ruarūr **bechinrreta**go ūichimrreiô.
Angela suspeita que o marido a tem **traído**.

콘돔 **CONDOM: CAMISINHA**

위험해요! 항상 <u>콘돔</u>을 사용하세요!
Uirrómrreiô! <u>Rām sām</u> **condom**ūr saiōm rasseiô!
Não corra riscos! Use sempre a **camisinha**!

9. VIVENDO, APENAS! (PARTE 1)
생활! (1부)
sem ruar! (Ir bu)

9.1 Uma rotina diária (Diálogo)
일상 (대화)
irssām (derruá)

🔊 **Faixa 48**

제이: 당신의 일상 생활은 어떻습니까?
Jei: Dăm chinūi irssām sem ruarūn ótóssūmnicá?
인수: 전 항상 오전 7시에 일어나서 샤워하고 아침 식사를 한 다음, 오전 8시에 일하러 나가요.
Insu: jón răm sām ojón irgob chie irónasó chauórrago atchim chicssarūr randaūm, ojón iódór chie ir raró nagaiô.
제이: 당신은 보통 몇 시에 사무실에 도착하나요?
Jei: dăm chinūn bothōm mióchie samuchire dotchac ranaiô?
인수: 차가 안 막히면, 8시 반쯤 도착해요.
Insu: tchaga an makhimión, iódórchi banjjūm dotchacrreiô.
제이: 당신은 매일 신문을 읽나요?
Jei: dăm chinūn meir chinmunūr irnaiô?
인수: 아니요, 주말에만 신문을 읽어요. 종종 TV에서 밤 뉴스를 시청하고 있어요.
Insu: aniiô, jumareman chinmunūr irgóiô. jōm jōm thibiesó bam niussurūr chitchóm rago issóiô.
제이: 그럼, 당신은 늦게 자겠네요?
Jei: gūróm, dămchinūn nūque jaguenneiô?
인수: 자정쯤에 자요.
Insu: jajóm jjūme jaiô.
제이: 아침에 피곤하지 않아요?
Jei: atchime phigonrraji anaiô?
인수: 괜찮아요. 7 시간 수면으로 충분해요.
Insu: guentchanaiô. Irgobchigan sumiónūro tchum bunrreiô.
» Veja a tradução desse diálogo na p. 266

9.2 Falando sobre hábitos e rotinas (Frases-chave)
습관과 일상에 대해 말하기 (주요 구문)
ssūbguánguá irssām é derré mar rrágui (juio gumun)
저는 매일 5킬로(미터)를 달려요. **Jónūn meir okhilo(mithó)rūr darlióiô.** – Sempre corro cinco quilômetros todos os dias.
나리는 보통 오후에 숙제를 해요. **Narinūn bothōm orrue sucjjerūr reiô.** – Nary geralmente faz a lição de casa à tarde.

제 알람 시계는 항상 오전 7시에 울려요. je arlam chiguenŭn <u>rām sām</u> ojón irgobchie urlióiô.
— Meu despertador sempre toca às sete da manhã.
저는 절대 밤 10시 전에 자지 않아요. Jónŭn jórte bam iórchi jóne jaji anaiô. — Eu nunca vou dormir antes das dez horas da noite.
저는 가끔 금요일 밤에 친구들과 함께 나가요. Jónŭn gacŭm gŭmioir bame tchingudŭrgua ramque nagaiô. — Eu às vezes saio com amigos nas noites de sexta.
우리는 일하러 갈 때 자동차를 거의 이용하지 않아요. Urinŭn ir raró garte ja<u>dōm</u> tcharŭr gói iiōm raji anaiô. — Raramente vamos de carro para o trabalho.
그들은 직장에 거의 늦지 않아요. Gŭdŭrŭn jic<u>jjām</u> e gói nŭjji anaiô. — Eles raramente chegam atrasados para o trabalho.

9.3 A vida no Brasil e na Coreia (Diálogo)
브라질 그리고 한국 生活 (대화)
būrajir gūrigo ranguc <u>sem</u> ruar (derruá)

🔊 **Faixa 49**

준수: 브라질과 한국의 삶이 얼마나 다른지 생각해 본 적 있나요?
Junsu: būrajirgua ranguc ūi sarmi órmana darŭnji <u>sem</u> gac khe bon jóc innaiô?

문수: 네, 가끔요. 특히 한국 영화를 볼 때 생각이 나요.
Munsu: ne, gacūmiô. Thŭkhi ranguc <u>ióm</u> ruarŭr borte <u>sem</u> gaguinaiô.

준수: 예를 들어, 자동차를 보세요. 한국에서 대부분의 차량은 자동이고 운전이 훨씬 쉬워요.
Junsu: ierŭr dŭró, ja<u>dōm</u> tcharŭr boseiô. Ranguguesó debubunūi tcha<u>riām</u> ŭn jadōm igo unjóni ruórchin chiuóiô.

문수: 저도 알아요. 3년 전에 한국에 갔을 때 한 대를 빌렸어요. 또 다른 흥미로운 점은 한국인은 우리가 알고 있는 것보다 훨씬 아침 식사를 정말 많이 먹는다는 사실이에요.
Munsu: jódo araiô. Sam nhón jóne rangugue gassŭr te ran derŭr birlióssóiô. To darŭn <u>rŭm</u> miroun jómŭn ranguguinŭn uriga argo innŭn gópoda ruórchin atchim sicssarŭr <u>jóm</u> mar mani mócnŭndanŭn sachirieiô.

준수: 오, 그래요. 많은 한국인이 아침 식사를 중요하게 여겨요. 보통 한국 음식은 야채와 채소가 많아 건강에 좋고, 양념이 잘 되어있어요. 한국사람들은 주로 매콤한 맛을 즐기는 것 같아요.
Junsu: o, gŭreiô. Manŭn ranguguini atchim sicssanŭr <u>jumio</u>rrague ióguióiô. Bo<u>thōm</u> ranguc ŭmchigŭn iatcheua tchesoga mana góng<u>ām</u> e jokho, <u>iām</u> nhómi jar deóissóiô. Ranguc saramdŭrŭn juro mekhoman massŭr jŭrguinŭn gó gathaiô.

문수: 음, 그러면 브라질 음식은 어때요?
Munsu: ŭm, gŭrómión būrajir ŭmchigŭn óteiô?

준수: 과일이 풍부하고 특히 고기 맛이 최고예요!
Junsu: guairi <u>phum</u>burrago thŭkhi gogui machi tchegoieiô!

» Veja a tradução desse diálogo na p. 267

9.4 Fazendo comparações (Frases-chave)
비교하면서 (주요 구문)
biguiorramiónssó (juio gumun)

COMPARAÇÕES DE IGUALDADE
동등
<u>dõm</u> <u>dūm</u>

바울은 다비만큼 키가 커요. **Baurūn dabimankhūm khiga khóiô.** – Paulo é tão alto quanto Davi.
BMW는 메르세데스만큼 비싼 차입니다. **Biemdabuliunūn merūssedessūmankhūm bissan tchaimnidá.** – Um BMW é tão caro quanto um Mercedes.
한국에서 여행하는 것은 유럽에서 여행하는것 만큼 흥미롭습니다. **Ranguguesó <u>iórrem</u> ranūn gó sūn iuróbesó <u>iórrem</u> ranūn gó mankhūm <u>rūm</u>mirobssūmnidá.** – Viajar pelo Brasil é tão interessante quanto viajar pela Europa.
여기 날씨는 한국만큼 뜨거워요. **Iógui narchinūn rangucmankhūm tūgóuóiô.** – O tempo aqui é tão quente quanto na Coreia.

COMPARAÇÕES DE SUPERIORIDADE
비교
biguio

아파트는 단독주택보다 비싸요. **Aphathūnūn dandocjuthecpoda bissaiô.** – Um apartamento é mais caro do que uma casa.
브라질 날씨는 한국보다 더워요. **Būrajir narchinūn rangucboda dóuóiô.** – O tempo no Brasil é mais quente do que na Coreia.
단독 주택은 아파트보다 저렴한 편이에요. **Dandoc juthegūn aphathūboda jóriómrran phiónieiô.** – Uma casa é mais barata do que um apartamento.
그 방은 이 방보다 더 넓어요. **Gū <u>bãm</u> ūn i <u>bãm</u> boda dó nórbóiô.** – Aquele quarto é mais espaçoso do que este.

SUPERLATIVO
최상급
tchué sãm gūb

브라질은 남미에서 가장 큰 나라입니다. **Būrajirūn nammiesó gajãm khūn naraimnidá.** – O Brasil é o maior país da América do Sul.
그 갈색 의자는 가장 무겁습니다. **Gū garssec ūijanūn gajãm mugóbssūmnidá.** – Aquela cadeira marrom é a mais pesada de todas.
상파울루는 브라질에서 가장 중요한 금융 중심지입니다. **Sãmphaurlunūn būrajiresó gajãm <u>jum</u> iorán gūm <u>ium</u> <u>jum</u> chimji imnidá.** – São Paulo é o centro financeiro mais importante no Brasil.
그 공상 과학 영화는 내가 본 것 중 가장 흥미로운 영화입니다. **Gū <u>gõm sãm</u> guarrac <u>ióm</u> ruanūn nega bon gó jjum gajãm <u>rūm</u> miroun <u>ióm</u> rua imnidá.** – Aquele filme de ficção científica é o mais interessante.

9.5 Está quente aqui dentro! (Diálogo)
여기는 덥다! (대화)
ióguinūn dóbta! (derruá)

🔊 Faixa 50

지운: 어머, 여기 덥네요! 에어컨을 켜도 될까요?
Jiun: ómó, iógui dóbneiô! Eókhónūr khiódo dercaiô?

선호: 그러면 좋겠지만 고장났어요.
Sónrro: gūrómión jokhejjiman go<u>jăm</u> nassóiô.

지운: 오, 안돼요! 믿을 수가 없네요!
Jiun: O, andeiô! midūr suga óbneiô!

선호: 곧 고칠 거예요.
Sónrro: god gotchircóieiô.

지운: 오늘 같은 날에는 수영을 하면 좋겠어요!
Jiun: Onūr gakhūn narenūn su<u>ióm</u> ūr ramión jokhessóiô!

선호: 저도 그래요. 나중에 꼭 갑시다.
Sonrro: jódo gūreiô. Na<u>jum</u> e coc gabchidá.

» Veja a tradução desse diálogo na p. 267

9.6 Falando como você se sente (Frases-chave)
기분이나 상태 말하기 (주요 구문)
Guibunina <u>săm</u>the mar ragui (juio gumun)

저는 더워요./추워요. **Jónūn dóuóiô./tchuuóiô.** – Estou com calor/frio.
저는 행복해요. **Jónūn <u>rem</u> boc kheiô.** – Estou feliz.
저는 슬퍼요. **Jónūn sūrphóiô.** – Estou triste.
저는 설레네요. **Jónūn sórleneiô.** – Estou entusiasmado.
저는 놀랐어요. **Jónūn norlassóiô.** – Estou surpreso.
저는 무서워요. **Jónūn musóuóiô.** – Estou com medo.
저는 희망차요. **Jónūn ri<u>măm</u> tchaiô.** – Estou esperançoso.
저는 화가 나요. **Jónūn ruaga naiô.** – Estou bravo.
저는 부끄러워요. **Jónūn bucūróuóiô.** – Estou com vergonha.
저는 배고파요. **Jónūn begophaiô.** – Estou com fome.
저는 목이 말라요. **Jónūn mogui marlaiô.** – Estou com sede.
저는 기분이 좋아요/나빠요. **Jónūn guibuni joaiô/napaiô.** – Estou de bom/mau humor.
저는 춤을 추고/나가고 싶지 않아요. **Jónūn tchumūr tchugo/nagago chibjji anaiô.** – Não estou com vontade de dançar/sair.
저는 수영하고 싶어요. **Jónūn su<u>ióm</u> rago chiphóiô.** – Estou com vontade de nadar.
저는 아이스크림이 먹고 싶어요. **Jónūn aissūkhūrimi móco chiphóiô.** – Estou com vontade de tomar um sorvete.
저는 춤을 추고 싶어요. **Jónūn tchumūr tchugo chiphóiô.** – Estou a fim de dançar.

9.7 Sentindo-se cansado (Diálogo)
피곤하다 (대화)
phigonrrada (derruá)

🔊 **Faixa 51**

민수: 저는 지쳤어요. 집에 가도 될까요?
Minsu: Jónūn jitchóssóiô. Jibe gado dercaiô?

아라: 저는 사야 할 것이 있어요.
Ara: Jónūn saia rar góchi issóiô.

민수: 뭐예요?
Minsu: muóieiô?

아라: 신발이요. 기억나요? 신발 가게가 새로 문을 열었다는데요.
Ara: chinbariiô. guiócnaiô? Chinbar gaguega sero munūr iórótanūndeiô.

민수: 네, 저기에 있어요. 그러면 그 동안 나는 커피숍에 앉아 있어도 될까요?
Minsu: Ne, jóguie issóiô. Gūrómión gū dōm an nanūn khóphi chobe anja issódo dercaiô?

아라: 아, 정말요? 같이 가서 새 신발을 봐 주면 참 좋겠는데 힘들겠지요?
Ara: A, jómmariô? Gatchi gasó se chinbarūr boa jumión tcham jokhenūnde rimdūrguejjiiô?

민수: 아니예요, 괜찮아요. 하지만 얼른 사요.
Minsu: Aniieiô, guentchanaiô. Rajiman ólūn saiô.

아라: 하하, 네. 고마워요. 얼른 사러 갑시다.
Ara: Rara, ne. Gomauóiô. ólūn saró gabchidá!

» Veja a tradução desse diálogo na p. 267

141

9.8 Sentindo-se cansado
피곤하다 (주요 구문)
phigonrrada (juio gumun)

저는 피곤해요. **Jónūn phigonrreiô.** – Estou cansado.
저는 너무 피곤해요. **Jónūn nómu phigonrreiô.** – Estou supercansado.
저는 지쳤어요. **Jónūn jitchóssóiô.** – Estou exausto.
저는 컨디션이 좀 안 좋아요. **Jónūn khóndichióni jom an joaiô.** – Não estou me sentindo muito bem.
» Veja Sentindo-se doente – Frases-chave p. 84

9.9 Um dia duro (Diálogo)
힘든 하루 (대화)
rimdūn raru (derruá)

🔊 **Faixa 52**

태민: 좀 속상해 보여요.
Themin: Jom socssām re boióiô.
재우: 오늘 참 힘든 하루였어요.
Jeu: onūr tcham rimdūn raruióssóiô.
태민: 무슨 일이 있었어요?
Themin: musūn iri issóssóiô?
재우: 음, 오늘 이른 아침에 직장 오는 길에 타이어가 터졌어요. 하지만 그게 다가 아니에요!
Jeu: ūm, onūr irūn atchime jicjjām onūn guire thaióga thójóssóiô. Rajiman gūgue daga aniieiô.
태민: 또 무슨 일이 있었어요?
Themin: to musūn iri issóssóiô?
재우: 사무실에 겨우 도착했을 때, 저는 중요한 보고서 몇 건과 가방을 집에 놓고 온 것을 깨달았어요.

Jeu: Samuchire guióu dotchac ressūrte, jónūn jum iorán bogosó miócóngua ga<u>bām</u> ūr jibe nokho on gósūr quedarassóiô.
태민: 그러면, 집에 다시 갔어요?
Themin: gūrómión, jibe dachi gassóiô?
재우: 네. 그리고 사무실로 다시 돌아 오는 길에 또 무슨 일이 있었는지 알아요?
Jeu: Ne. Gūrigo samuchirlo dachi dora onūn guire to musūn iri issónnūnji araiô?
태민: 전혀 모르겠어요.
Themin: jónrrió morūguessóiô.
재우: 자동차 접촉 사고 때문에 한 시간 이상 걸렸어요. 결국 영업부서와의 회의가 취소됐어요.
Jeu: Ja<u>dōm</u>tcha jóbtchoc sago temune ran chigan i<u>sām</u> górlióssóiô. Guiórguc <u>ióm</u> ób busóuaūi rueūiga tchuisodessóiô.
태민: 정말 힘든 하루를 보냈네요!
Themin: <u>Jóm</u> mar rimdūn rarurūr bonenneiô!
» Veja a tradução desse diálogo na p. 267

9.10 Sentindo-se mal (Frases-chave)
컨디션이 좋지않다 (주요 구문)
khón dichióni jotchiantha (juio gumun)

» Veja Sentindo-se doente – Frases-chave p. 84
저는 우울해요. **Jónūn uur reiô.** – Estou deprimido.
저는 기분이 나빠요. **Jónūn guibuni napaiô.** – Estou de mau humor.
저는 떨려요. **Jónūn tórlióiô.** – Estou nervoso.
저는 긴장돼요. **Jónūn guin<u>jām</u> deiô.** – Estou tenso.
저는 외로워요. **Jónūn uerouóiô.** – Eu me sinto solitário.
우리 가족이/집이 그리워요. **Jónūn gajogui/jibi gūriuóiô.** – Eu sinto saudade da minha família/da minha casa.
저는 짜증나요. **Jónūn jja<u>jūm</u> naiô.** – Estou irritado.
저는 심심해요. **Jónūn chimchim reiô.** – Estou entediado.
저는 그녀에게 화가 났어요. **Jónūn gūnhóegue ruaga nassóiô.** – Estou furioso com ela.
저는... 하는게 지겨워요. **Jónūn... ranūngue jiguióuóiô.** – Estou farto de...
저는... 때문에 걱정이 돼요. **Jónūn... temune gócj<u>jóm</u> i deiô.** – Estou preocupado com...
저는 설레요. **Jónūn sórleiô.** – Estou ansioso.
저는 실망했어요. **Jónūn chir<u>mām</u> ressóiô.** – Estou decepcionado.

9.11 Você pode me dar uma mão? (Diálogo)
도와 줄 수 있습니까? (대화)
Doua jur su issūmnicá? (derruá)

Faixa 53

찬이: 지훈씨, 안녕하세요? 날 도와 줄 수 있나요?
Tchani: jirrunssi, annhóm raseiô? nar doua jur su innaiô?

지훈: 그럼요. 무엇을 도와 드릴까요?
Jirrun: Gūrómnhô. Muósūr doua dūrircaiô?

찬이: 이 상자들을 좀 옮겨 주면 좋겠어요.
Tchani: I sãm jadūrūr jom omguió jumión jokhessóiô.

지훈: 좋아요, 어디로 옮길까요?
Jirrun: Joaiô. Ódiro omguircaiô?

찬이: 바로 저기, 창가에요.
Tchani: Baro jógui, tchãmcaeiô.

지훈: 알았어요. 아이고, 무겁네요. 이 상자 안에 뭐가 들어있어요?
Jirrun: Arassoiô. Aigô, mugóbneiô. I sãmja ane muóga dūróissoiô?

찬이: 거의 다 종이에요.
Tchani: gói da jōm ieiô.

» Veja a tradução desse diálogo na p. 268

9.12 Pedindo ajuda e favores (Frases-chave)
도움 요청 (대화) 및 부탁하기 (주요 구문)
Doum iotchóm (derruá) mid buthác ragui (juio gumun)

...를/을 도와 주실 수 있나요? ...rūr/ūr doua jurssu innaiô? – Você pode me ajudar com...?
부탁 하나만 들어 줄 수 있나요? Butchac ranaman dūro jurssu innaiô? – Você pode/poderia me fazer um favor?

9.13 Obrigado pela carona! (Diálogo)
태워 줘서 고마워요!
Theuó juósó gomauóio! (derruá)

Faixa 54

우민: 이봐요, 문수씨! 어디 가요?
Umin: ibuaiô, munsussi! Ódigaiô?

문수: 오, 우민씨! 반가워요. 여기서 만나다니. 전 시내에 가는 길이에요.
Munsu: O, uminssi! Bangauóiô. Ióguisó mannadani. Jón chinee ganūn guirieiiô.

우민: 잘 됐네요! 저도 그 쪽으로 가는 길이에요. 타요!
Umin: jar denneiô! Jódo gū jjogūro ganūn guirieiô. Tchaiô!

문수: 좋아요! 태워줘서 고마워요.
Munsu: joaiô! theuó juósó gomauóiô.
우민: 별 말씀을! 언제든 환영이에요!
Umin: biór marssūmūr! Ónjedūn ruanhóm ieiô!
» Veja a tradução desse diálogo na p. 268

9.14 Agradecendo às pessoas (Frases-chave)
사람들에게 감사하다는 말을 하면서 (주요 구문)
Saramdūregué gamsarradanūn marūr ramionsó (juio gumun)

당신은 정말 친절하군요, 감사합니다. **D<u>ā</u>m chinūn jóm mar tchinjór ragunnho, gam sarramnidá.** – É muito gentil de sua parte, obrigado.
...로 정말 고마워요. **...ro jóm mar gomauóiô.** – Muito obrigado pelo/a...
도와주셔서 감사합니다. **Doua juchiósó gamsarramnidá.** – Eu agradeço a sua ajuda!
정말 고마워요. **Jóm mar gomauóiô.** – Muito obrigado mesmo!
어떻게 감사하다는 말을 드려야 할지 모르겠어요. **Ótókhe gamsarradanūn marūr dūrióia rarjji morūguessóiô.** – Não sei como posso te agradecer.
감사합니다! 다음에 제가 낼게요. **Gamsarramnidá! Daūme jega nerqueiô.** – Obrigado! Na próxima eu pago.
태워 줘서/힌트를 줘서/등등... 감사합니다. **Theuó juósó/rinthūrūr juósó/dūm dūm... gamsarramnidá.** – Obrigado pela carona/dica/etc.

10. VIVENDO, APENAS! (PARTE 2)
생활! (2부)
sem ruar! (1 bu)

10.1 Como era a vida antes dos computadores (Diálogo)
컴퓨터가 나오기 이전 생활 (대화)
Khómphiuthóga naogui ijón sem ruar (derruá)

ıl|ı· Faixa 55

두준: 당신은 컴퓨터가 없었을 때의 생활이 어땠는지 상상할 수 있어요?
Dujun: <u>dām</u>chinūn khómphiuthóga óbssóssūrteūi <u>sem</u>rruari ótennūnji <u>sām</u> <u>sām</u> rarssu issóiô?
호준: 제 생각엔 너무 힘들었을 것 같아요. 제 할아버지께서는 오래된 타자기가 있어요. 옛날엔 사람들이 그것을 사용했었다는 게 믿어지지가 않아요. 제 말은, 오늘날의 워드 프로세서와 비교 할 수 없다는 거예요. 컴퓨터는 생활을 편리하게 해요.
Rojun: Je <u>sem</u> gaguen nómu rimdūróssūr có gathaiô. Je rarabójiquenūn oreden thajaguiga issóiô. Iennaren saramdūri gūgósūr saiõm ressótanūngue midójijiga anaiô. Je marūn, onūr narūi uódū phūrósesūua biguio rarssu óbtanūn góieiô. Khómphiuthónūn <u>sem</u>rruarūr phiólirrague reiô.
두준: 그래요. 이메일이 없는 세상을 상상해 보세요.
Dujun: gūreiô. Imeiri óbnūn se<u>sām</u> ūr <u>sām</u><u>sām</u>rre boseiô.
호준: 저는 매일 이메일을 주고 받아요. 전 인터넷 없는 생활을 상상할 수가 없어요. 우리는 운이 좋은 세대인 것 같아요. 지금은 생활이 훨씬 더 쉽고 빨라졌어요.
Rojun: jónūn meir imeirūr jugo badaiô. Jón inthóned óbnūn se <u>sām</u> ūr <u>sām</u> <u>sām</u> rarssuga óbssóiô. Urinūn uni joūn sedein gód gathaiô. Jigūmūn <u>sem</u> ruari ruórchin dó chibco parlajóssóiô.
두준: 정말 그래요. 하지만 단점도 있어요. 더 복잡하고 다양한 기술적 장치 때문에 요즘 사람들은 예전보다 훨씬 더 복잡한 일을 많이 해요.
Dujun: Jóm mar gūreiô. rajiman danjjóm do issóiô. Dó bocjjabphago dai<u>ām</u> ran guisurjjóc <u>jām</u> tchi temune iojūm saramdūrūn iejónboda ruórtchin dó bocjjabphan irūr mani reiô.
호준: 맞아요. 노트북이나 태블릿이 있으니 언제 어디서나 이메일 확인이 가능하고 휴대 전화로 늘 통화할 수 있어요.
Rojun: Majaiô. Nothūbuguina thebūlichina issūni ónje ódisóna imeir ruaguini ga<u>nūm</u>rrago riude jónrruaro nūr <u>thōm</u>rrua rarssu issóiô!

» Veja a tradução desse diálogo na p. 268

10.2 Vocabulário ativo: Usando computadores

어휘 활용: 컴퓨터를 사용하면서
Órrui ruari̱o̱m: khómphiuthórūr sai̱o̱m ramiónsó

월드 와이드 웹 (WWW) UÓRDŪ UAIDŪ UEB: A GRANDE REDE MUNDIAL DE COMPUTADORES
웹 사이트 UEB SAITHŪ: SITE NA INTERNET; DOMÍNIO NA INTERNET

왜 웹 사이트를 개설하지 않습니까? 이 제품을 광고할 수 있는 좋은 방법이 될 것입니다.
Ué **ueb saithūrūr** guesór raji anssūmnicá? I jephumūr gua̱m go rarssu innūn joūn ba̱m bóbi der cóchimnidá.
Por que vocês não criam um **site**? Seria uma ótima maneira de divulgar os seus produtos.

골뱅이 GOR BEM I(@): ARROBA, USADO EM ENDEREÇOS DE E-MAIL
점 JÓM: PONTO, USADO EM ENDEREÇOS DE E-MAIL

당신의 이메일 주소는 무엇입니까?
Da̱m chiūi imeir jusonūn muóchimnicá?

제 이름 골뱅이 회사 이름 점co 점kr (제이름@회사이름.co.kr) 입니다.
je irūm **gorbem i** ruesa irūm **jóm** co **jóm** kheiar imnidá.
É meu nome **arroba** minha empresa **ponto** co **ponto** kr.

입력하다 IMNHÓC RRADA: DIGITAR
받는 사람 BANNŪN SARAM: DESTINATÁRIO

메시지에 받는 사람의 이름을 입력하는 것을 잊지 마세요!
Messijie **bannūn saramūi** irūmūr **imnhóc rranūn** góssur ijji maseiô!
Não se esqueça de **digitar** o nome do **destinatário** da mensagem!

이메일로 보내다 IMEIRLO BONEDA: ENVIAR POR E-MAIL, MANDAR UM E-MAIL

가능한 빨리 그 문서를 이메일로 보내 주실 수 있습니까?
Ganu̱m ran parli gū munsórūr **imeirlo boné** juchirssu issūmnicá?
Você pode, por favor, me **enviar** aquele documento **por e-mail** assim que possível?
곧 당신에게 계약서를이메일로 보내드리겠습니다.
God da̱m chinegue gueiacsórūr **imeirlo bone**dūriguessūmnidá.
Vou lhe **enviar** o contrato **por e-mail** mais tarde.

인터넷에 로그인하다 INTHÓNESE ~ROGŪINRRADA: ACESSAR A INTERNET; ENTRAR NA INTERNET

요즘 대부분의 다섯 살짜리 아이도 스스로 인터넷에 로그인 할 수 있답니다.
Iojūm debubunūi dasód sarjjari aido sūsuro **inthónese ~rogūin rarssu** issūmnidá.
A maioria das crianças de cinco anos de idade sabe **acessar** sozinha **a internet** hoje em dia.

비밀번호 **BIMIR BÓNRRO: SENHA**

비밀번호를 입력하지 않으면 시스템에 로그인 할 수 없습니다.
Bimirbónrrorūr imnhóc raji anūmióm chisūtheme ~rogüin rarssu óbssūmnidá.
Você não vai conseguir acessar o sistema se não digitar a **senha**.

홈페이지 **ROMPHEIJI: PRIMEIRA PÁGINA DE UM SITE, PÁGINA PRINCIPAL, HOME PAGE**

그 회사의 전체 이름을 그들의 홈페이지에서 확인할 수 있습니까?
Gū ruesaūi jóntche irūmūr gūdūrūi **rom pheiji**esó ruaguin rarssu issūmnicá?
Você pode checar o nome completo daquela empresa na **home page** deles, por favor?

인터넷 서핑 **INTHÓNED SÓPHIM: SURFAR NA INTERNET, NAVEGAR NA INTERNET, VISITAR PÁGINAS DA INTERNET**

비호는 매일 인터넷 서핑을 하면서 시간을 보낸다.
Birronūn meir **inthóned** sóphim ūr ramiónsó chiganūr bonendá.
Birro passa horas navegando **na internet** todos os dias.

검색 사이트 **GÓMSEC SAITHŪ: SITE DE BUSCA**

당신이 가장 즐기는 검색 사이트는 무엇입니까?
Dāmchini gajām jūrguinūn **gómsec saithū**nūn muóchimnicá?
Qual é o seu **site de busca** favorito?

다운로드하다 **DAUNLODŪRRADA: BAIXAR DA INTERNET, FAZER DOWNLOAD**

민수는 성능이 매우 좋은 컴퓨터를 가지고 있습니다. 그는 짧은 시간에 대용량 파일을 인터넷 다운로드할 수 있습니다.
Minsunūn sómnūm i meú joūn khómphiuthórūr gajigo issūmnidá. Gūnūn jjarbūn chigane deiōmnhām phairūr **inthóned daunrodū** rarssu issūmnidá.
Minsu tem um computador muito potente. Ele consegue **baixar** arquivos grandes **da internet** em pouco tempo.

텍스트를 다운로드하는 것보다 이미지를 다운로드하는 데 시간이 더 오래 걸립니다.
Thecssūthūrūr **daunrodūrranūn gódpoda** imijirūr **daunrodūrranūn de** chigani dó ore górlimnidá.
Leva mais tempo para **fazer download** de imagens do que para **fazer download** de texto.

포맷하다 **PHOMEDRRADA: FORMATAR**

컴퓨터를 포맷해야 합니다. 컴퓨터 파일들을 USB에 저장해 백업 복사본을 만드세요.
Khómphiuthórūr **phomedrreia ramnidá**. Khómphiuthó phairdūrūr USBe jójāmrre becgób bocssabonūr mandūseiô.
Precisa **formatar** o computador. Salve os arquivos do computador no USB e faça uma cópia de backup.

149

백업하다 **BECGÓBRRADA: FAZER BACKUP**

컴퓨터를 종료하기 전에 데이터 백업하는 것을 잊지 마세요.
Khómphiuthórūr jōm nhorragui jóne deithó **becgób ranūn** góssūr ijji maseiô.
Não se esqueça de **fazer um backup** dos dados antes de desligar o computador.

저장하다 **JÓJĀM RADA: SALVAR**
백업 복사본 **BEGÓB BOCSSABON: UMA CÓPIA DE BACKUP**

디스켓에 있는 모든 파일을 저장해야 합니다. 백업 복사본을 가지고 있는 것은 정말 중요해요.
Disūkhese innūn modūn phairūr **jójām** reia ramnidá. **Begób bocssabon**ūr gajigo innūn gósūn jóm mar jum iorreiô.
Não deixe de **salvar** todos arquivos em CD. Você sabe que é importante ter cópias de **backup**.

인트라넷 **INTHŪRANED: INTRANET, REDE PRIVADA QUE INTERLIGA OS DEPARTAMENTOS DE UMA EMPRESA E QUE SE RESTRINGE A ELA**

대부분의 큰 기업들은 인트라넷으로 부서를 연결하고 있습니다.
Debubunūi khūn guióbdūrūn **inthūranes**ūro busórūr ióngruiór rago issūmnidá.
A maioria das grandes empresas tem **intranet** interligando seus departamentos.

모든 중요한 메시지는 회사 인트라넷에 게재됩니다.
Modūn jum iorran mesejinūn ruesa **inthūrane**se guejedemnidá.
Todas as mensagens importantes são colocadas na **intranet** da empresa.

삭제하다 **SACJJERRADA: DELETAR**

의심스러운 메시지는 삭제해야 합니다. 그것들이 바이러스를 가져올 수 있습니다.
Ūichimsūroun messejinūn **sacjjerreia ramnida**. Gūgódtūri bairósūrūr gajóor ssu issūmnidá.
Não deixe de **deletar** quaisquer mensagens suspeitas. Elas podem conter vírus.

백신 프로그램 **BECCHIN PHŪROGŪREM: ANTIVÍRUS**

당신의 컴퓨터에 설치된 백신 프로그램을 업데이트해야 합니다. 그러면 바이러스가 당신의 하드 드라이브를 파괴하지 않을 거예요.
Dām chinūi khómphiuthóé sórtchiden **becchin phūrogūremūr** óbteithū reia ramnidá. Gūrómión bairóssūga dām chinūi radū dūraibūrūr phaguerraji anūrcóieiô.
Você deveria ter um **antivírus** atualizado instalado em seu computador. Assim, nenhum vírus pode destruir o seu disco rígido.

업그레이드하다 **ÓBGŪREIDŪ RADA: FAZER UM UPGRADE, ATUALIZAR, MODERNIZAR**

하드 디스크를 업그레이드하지 않으면 이 소프트웨어를 실행할 수 없습니다.
Radū disūkhūrūr **óbgūreidū** raji anūmión i sophūthūueórūr chir rem rarssu óbssūmnidá.
Você não vai conseguir rodar esse software a menos que **faça um upgrade** do seu disco rígido.

150

사용 중인 그 프로그램의 새 버전이 나왔습니다. 웹에서 무료 업그레이드를 다운로드할 수 있습니다.
Saiōm jum in gü phürogüremüi se bójóni nauassümnidá. Uebesó murio **óbgüreidü**rür daunrodü rarssu issümnidá.
Há uma nova versão do programa que você está usando. Você pode baixar uma **atualização** gratuita da internet.

사본을 인쇄하다 **SABONŪR INSERRADA: IMPRIMIR UMA CÓPIA**

문서 사본이 필요합니다. 인쇄해 줄 수 있습니까?
Munsó saboni phiriorramnida. **Inse re**jurssu issümnicá?
Preciso de uma **cópia do documento**. Você pode **imprimi-la** para mim?

스팸 **SŪPHEM: MENSAGEM NÃO SOLICITADA, RECEBIDA POR E-MAIL, ENVIADA A MUITOS DESTINATÁRIOS AO MESMO TEMPO, NORMALMENTE DIVULGANDO ALGUM PRODUTO OU SERVIÇO, SPAM**

요즘 스팸 메일을 너무 많이 받았습니다. 메일을 필터링하는 소프트웨어를 알고 계십니까?
Iojūm **sūphem** meirūr nómu mani badassümnidá. meirūr phirthórim ranūn sophüthüueórür argo guechimnicá?
Tenho recebido **spam** demais ultimamente. Você conhece algum software para filtrá-los?

해커 **REKHÓ: AFICIONADO POR COMPUTADORES QUE UTILIZA SEU CONHECIMENTO DE INFORMÁTICA PARA DESCOBRIR SENHAS E INVADIR SISTEMAS, HACKER**

다양한 컴퓨터 네트워크에 침입했던 해커는 체포되었습니다.
Daiām ran khómphiuthó nethüuókhüe tchimibrretón **rekhó**nün tchepho deóssümnidá.
O **hacker** foi preso após invadir várias redes de computadores.

웹 디자이너 **UEB DIJAINÓ: PROFISSIONAL QUE PROJETA E DESENVOLVE SITES, WEBDESIGNER**

Jinunün dakhóm ruesaesó **ueb dijainó**ro irür ramnida.
진우는 닷컴 회사에서 웹디자이너로 일을 합니다.
Jinu trabalha como **webdesigner** em uma empresa pontocom.

웹 마스터 **UEB MASŪTHÓ: RESPONSÁVEL POR UM SITE NA INTERNET, WEBMASTER**

회의 결과를 이메일을 통해 발송해야 겠어요. 그 내용을 우리 회사 웹사이트에 공지해 달라고 웹마스터에게 전해 주세요.
Rueüi guiórguarür imeirür thómrre barssómrreia guessóiô. Gü neiōm ür uri ruesa uebsaithüe gōmjirre darlago **uebmasüthó**egue jónrre juseiô.
Precisamos divulgar o resultado da reunião pelo e-mail. Comunique ao **webmaster** para colocar uma mensagem no site da nossa empresa.

151

노트북 NOTHŪBUC: COMPUTADOR PORTÁTIL, LAPTOP, NOTEBOOK
지금 제 노트북이 있으면 좋겠습니다. 그러면 이 문제를 금방 해결 할 수 있을 거예요.
Jigūm je **nothūbu**gui issūmión jokhessūmnidá. Gūrómión i munjerūr gūmbām reguiór rarssu issūrcóieiô.
Gostaria de ter meu **laptop** comigo agora. Poderíamos resolver isso em pouco tempo.
저는 노트북을 구입하려고 생각하고 있어요. 제 비즈니스 출장에 도움이 될 것입니다.
Jónūn **nothūbu**gūr gu ib rariógo sem gac rago issóiô. Je bijūnissū tchurjjām e doumi der cóchimnidá.
Estou pensando em comprar um **notebook**. Ele seria útil nas minhas viagens de negócio.

10.3 E se você não fosse um webdesigner? (Diálogo)
웹 디자이너가 아니라면? (대화)
Uéb dijainóga aniramión? (derruá)

ılıılı Faixa 56

나라: 당신은 웹디자이너 말고 무슨 일을 하고 싶어요?
Nara: Dām chinūn uebdijainó margo musūn irūr rago chiphóiô?
바울: 글쎄요. 웹디자이너가 아닌 다른 어떤 것도 상상할 수 없지만 어쩌면 수의사가 됐을지도 몰라요. 저는 동물을 정말 좋아하거든요.
Baur: gūrsseiô. Uebdijainóga anin darūn ótón góto sām sām rarssu óbjjiman ójjómión suūisa dessūrjjido molaiô. Jónūn dōm murūr jóm mar joarragódūnnhô.
나라: 그래요? 당신은 애완 동물을 키우고 있나요?
Nara: Gūreiô? Dām chinūn euan dōm murūr khiugo innaiô?
바울: 네, 개 두 마리와 고양이 한 마리를 키우고 있어요.
Baur: Ne, que du mariua goiām i ran marirūr khiugo issóiô.
나라: 당신이 직접 돌보고 있어요?
Nara: Dām chini jicjjób dorbogo issóiô?
바울: 네. 제 아내가 애완 동물을 별로 좋아하지 않아서 주로 제가 돌보고 있어요.
Baur: Ne. Je anega euan dōm murūr biórlo joarraji anasó juro jega dorbogo issóiô.
» Veja a tradução desse diálogo na p. 269

10.4 Expressando preferências (Frases-chave)
좋아하는 것과 싫어하는 것 표현하기 (주요 구문)
Joarranūn gódquá chirórranūn gód phiorriónrragui (juio gumun)

» Veja Saindo para se divertir – Frases-chave: Coisas que as pessoas fazem para se divertir p. 64
저는 여행하는 것을/책 읽는 것을/음악 듣는 것을/등등... 좋아해요. **Jónūn iórrem ranūngósūr/tchec irnūn gósūr/ūmac dūnnūn gósūr/dūm dūm**... joarreiô. – Eu adoro viajar/ler/escutar música/etc.

152

저는 애완동물을 돌보는 것을 좋아해요. Jónūn euan <u>dōm</u> murūr dorbonūn gósūr joarreiô.
– Eu gosto de cuidar de animais de estimação.
신선한 공기 때문에 시골로 여행하는 것을 좋아해요. chinsónrran <u>gōm</u> gui temune chigorlo iórrem ranūn gósūr joarreiô. – Gosto de viajar para o interior para respirar ar puro.
저는 채식 요리를 좋아해요. Jónūn tchechic iorirūr joarreiô. – Eu sou chegado à comida vegetariana.
저는 항상 코미디를 보면서 쉬어요. Jónūn <u>rām sām</u> khomidirūr bomiónsó chióiô. – Eu sempre me relaxo muito assistindo comédias.
저는 공상 과학 영화가 흥미롭다고 생각해요. Jónūn <u>gōm sām</u> guarrac ióm ruaga rūm mirobtago <u>sem</u> gacrreiô. – Acho os filmes de ficção cientifica interessantes.
저는 그 TV프로그램이 지루하다고 생각해요. Jónūn gū thibiphūrogūremi jirurradago <u>sem</u> gacrreiô. – Acho que aquele programa de TV é um tédio.
저는 아침 일찍 일어나는 것을 싫어해요. Jónūn atchim irjjic irónanūn gósūr chirórreiô. – Não gosto de levantar cedo de manhã.
저는 우유부단한 사람을 싫어해요. Jónūn uiubudanrran saramūr chirórreiô. – Não gosto de pessoas indecisas.
저는 지각하는 사람들을 기다리는 것을 정말 싫어해요. Jónūn jigackhanūn saramdūrūr guidarinūn gósūr <u>jóm</u> mar chirórreiô. – Odeio esperar por pessoas que estão atrasadas.
저는 운동을 싫어해요. Jónūn un<u>dōm</u> ūr chirórreiô. – Não sou chegado a esportes.

10.5 Ele me parece um cara profissional (Diálogo)
전문가인 것 같아요 (대화)
Jónmungain gód gathaio (derruá)

᛫ᛁᛁ᛫ Faixa 57

게리: 당신은 이번에 입사한 신입 사원에 대해 어떻게 생각해요?
Gueri: <u>Dām</u> chinūn ibóne ibssarran chinib sauóne derre ótókhe <u>sem</u> gackheiô?
우빈: 일을 참 잘하는 것 같아요. 그 분야에 있어 전문적인 것 같아요.
Ubin: irūr tcham jar ranūn gód gathaio. Gū bunhae issó jónmunjóguin gód gathaiô.
게리: 그가 회사에서 일 한지 얼마나 되었나요?
Gueri: gūga ruesaesó ir ranji órmana deónnaiô?
우빈: 5주 정도 된 것 같아요.
Ubin: oju <u>jóm</u> do den gód gathaiô.
게리: 벌써요? 시간이 정말 빨리 가네요.
Gueri: bórssóiô? Chigani <u>jóm</u> mar parli ganeiô.
» Veja a tradução desse diálogo na p. 269

10.6 Expressando opinião (Frases-chave)
의견을 표현하면서 (주요 구문)
ūiguiónūr phiorrión ramiónsó (juio gumun)

» Veja Por mim tudo bem! – Frases-chave: Concordando p. 158, Discordando p. 159
제가 보기엔 완벽한 것 같아요. **Jega boguien uanbiókhan gód gathaiô.** – Acho que está perfeito.
확실치 않아서 그 문제에 대해 좀더 생각하고 싶어요. **Ruacchirtchi anasó gū munjee derre jomdó <u>sem</u> gac rago chiphóiô.** – Não tenho tanta certeza, gostaria de pensar melhor.
제 생각에는... **je <u>sem</u> gaguenūn...** – Na minha opinião...
제가 보기엔... **jega boguién...** – No meu ponto de vista...
제 생각으로는... **je <u>sem</u> gagūronūn...** – Da forma que eu vejo...
그는 냉정한 사람인 것 같아요. **Gūnūn <u>nem jóm</u> ran saram ingód gathaiô.** – Ele me parece um cara frio.
조금 더 생각해 보고 결정해도 될까요? **Jogūm dó <u>sem</u> gakhe bogo guiórjjóm redo dercaiô?**
– Posso pensar mais um pouco antes de lhe dar minha decisão?

10.7 Preciso do seu conselho sobre algo (Diálogo)
조언이 필요하다 (대화)
Joóni phiriorrada (derruá)

🔊 **Faixa 58**

태호: 잠깐 시간 있어요?
Therro: jamcan chigan issóiô?
준수: 네. 무슨 일이에요?
Junsu: Ne. Musūn irieiô?
태호: 별일은 아니고요. 당신과 얘기를 좀 하고 싶어요. 당신의 조언이 필요해요.

Therro: biórlirūn anigoiô. D<u>ām</u> chingua ieguirur jom rago chiphóiô. D<u>ām</u> chinūi joóni phiriorreiô.
준수: 무슨 일인지 말해 보세요!
Junsu: Musūn irinji mar re boseiô!
태호: 아시다시피 저는 고등학교를 졸업하고 아버지처럼 법대에 갈 계획이었어요.
Therro: Achidachiphi jónūn go<u>dūm</u> raquiorūr jorobphago abójitchóróm bóbtee gar guerrueguióssóiô.
준수: 네, 당신은 항상 아버지처럼 변호사가 되고 싶어 했지요.
Junsu: ne, dām chinūn rām sām abójitchóróm biónrrosaga dego chiphórrejjiiô.
태호: 그랬었죠. 그런데 지금은 뚜렷한 확신이 없어요. 그게 문제예요.
Therro: Gūressójjô. Gūrónde jigūmūn turióthan ruacchini óbssóiô. Gūgue munjeieiô.
» Veja a tradução desse diálogo na p. 269

10.8 Preciso do seu conselho sobre um assunto (Frases-chave)
조언이 필요하다 (주요 구문)
Joóni phiriorrada (juio gumun)

PEDINDO CONSELHO
조언 요청하기
joón iot<u>chóm</u> raguí

...대한 조언을 해줄 수 있어요? **...derran joónūr rejurssu issóiô?** – Você pode me dar conselho sobre...?
...대한 당신의 의견은 무엇인가요? **...derran d<u>ām</u> chinūi ūiguiónūn muóchingaiô?** – Qual a sua opinião sobre...?
당신은 제가 어떻게 해야 한다고 생각하나요? **D<u>ām</u> chinūn jega ótókhe reia randago <u>sem</u> gacrranaiô?** – O que você acha que eu deveria fazer?
당신이 제 입장이라면 어떻게 하시겠나요? **D<u>ām</u>chini je ibjjām iramión ótókhe rachiguennaiô?** – O que você faria se estivesse em meu lugar?

DANDO CONSELHOS
조언하기
joónrraguí

제가 당신이라면... **Jega d<u>ām</u> chiniramión...** – Se eu fosse você, eu...
제가 당신이라면 그렇게 안 했을 거예요. **Jega d<u>ām</u> chiniramión gūrókhe an ressūr cóeiô.** – Se eu fosse você, eu não faria isto.
제가 당신 입장이라면... **jega d<u>ām</u> chin ibjjam iramión...** – Se eu estivesse em seu lugar, eu...
당신은 왜...? **D<u>ām</u> chinūn ué...?** – Por que você não...?
제 생각에는 당신이... **je <u>sem</u> gaguenūn d<u>ām</u> chiní...** – Eu acho que você deveria...
만약에 당신이... **Manhague d<u>ām</u> chiní...** – E se você...

155

10.9 Posso falar com o gerente, por favor? (Diálogo)
관리자와 이야기해도 되겠습니까? (대화)
Guarlijauá i iáguirredo dueguessūmnicá? (derruá)

🔊 **Faixa 59**

점원: 안녕하세요! 무엇을 도와 드릴까요?
Jómuón: annhóm raseiô! Muósūr doua dūrircaiô?

은지: 매니저와 말하고 싶어요.
Ūnji: Menijóua mar rago chiphóiô.

점원: 그런데 혹시 무슨 일인지 제게 말씀해 주실 수 있나요?
Jómuón: Gūrónde rocchi musūn irinji jege marssūmrre juchirssu innaiô?

은지: 네, 어제 여기서 믹서기를 구입했는데 오늘 아침에 제대로 작동되지 않더라고요.
Ūnji: Ne, óje ióguisó micssóguirūr gu ibrrennūnde onūr atchime jedero jactōm deji anthóragoiô.

점원: 영수증을 가지고 오셨어요?
Jómuón: ióm sujūm ūr gajigo ochióssóiô?

은지: 네, 여기 있습니다.
Ūnji: Ne, iógui issūmnidá.

점원: 불편을 드려 죄송합니다. 다른 것으로 교환하기를 원하십니까? 아니면 환불을 원하십니까?
Jómuón: Burphiónūr dūrió jesōmrramnidá. Darūn gósūro guiorruanrraguirūr uónrrachimnicá? Animión ruanburūr uónrrachimnicá?

은지: 다른 것으로 교환해 주세요. 믹서기가 꼭 필요해요.
Ūnji: Darūn gósūro guiorruanrre juseiô. Micssóguiga coc phiriorreiô.

점원: 알겠습니다. 잠시만 기다려 주세요. 새로운 것으로 가지고 오겠습니다.
Jómuón: arguessūmnidá. Jamchiman guidarió juseiô. Seroun gósūro gajigo oguessūmnidá.

은지: 도와 주셔서 감사합니다!
Ūnji: doua juchiósó gamsarramnidá!
» Veja a tradução desse diálogo na p. 269

» 10.10 Posso falar com o gerente, por favor? (Frases-chave)
관리자와 이야기해도 되겠습니까? (주요 구문)
Guarlijaua i iáguirredo deguessūmnicá? (juio gumun)

RECLAMANDO
불평
burphióm

...에 대한 문제를 항의하고 싶어요. **...e derran munjerūr rām ūirrago chiphóió.** – Queria fazer uma reclamação sobre...
어제 산 텔레비전이/CD 플레이어가 작동하지 않아요. **Óje san therlebijóni/CD-player ga jactōm raji anaiô.** – A televisão/aparelho de CD que comprei aqui ontem não está funcionando.
며칠 전에 구입한 DVD 플레이어를 환불하고 싶어요. **Miótchir jóne gu iphan dibidi phūrleiórūr ruanbur rago chiphóió.** – Queria devolver este DVD que comprei aqui há alguns dias.
그 점원은 너무 불친절했어요. **Gū jómuónūn nómu burtchinjór ressóiô.** – O vendedor que nos atendeu foi muito grosseiro.
그는 너무 예의가 없었어요. **Gūnūn nómu ieūiga óbssóssóiô.** – Ele foi muito mal-educado.
손님들을 대하는 태도가 정말 안 좋아요. **Sonnimdūrūr derranūn thedoga jómmar an joaiô.** – Não acredito que vocês tratem as pessoas assim.
당신은 정말 무례했어요. **Dām chinūn jóm mar murerressóiô.** – Foi muito grosseiro da sua parte.

RESPONDENDO A RECLAMAÇÕES
불만 답변
burman dab bión

죄송합니다. 우리의 정책은 "만족 보장 아니면 환불해주기" 입니다. **Jesōmrramnidá. Uriūi jóm tchegūn "manjoc bojām animión ruanbur rejugui" imnidá.** – Sem problemas! Nossa política é "Satisfação garantida ou seu dinheiro de volta".
그 일에 대해서는 정말 죄송합니다. **Gū ire derresónūn jóm mar jesōm ramnidá.** – Sentimos muito pelo ocorrido.
불편을 끼쳐 드려 죄송합니다. **Burphiónūr quitchó dūrió jesōm ramnidá.** – Desculpe pelo incômodo.
오해가 있었던 것 같습니다. **Orrega issótóngód gassūmnidá.** – Deve ter havido algum mal-entendido.
불편을 끼쳐 드려 죄송합니다. 그 일에 대한 보상은 어떻게 해 드릴까요? **Burphiónūr quitchó dūrió jesōm ramnidá. Gū ire derran bosām ūn óthókhe re dūrircaiô?** – Sentimos muito pelo incômodo, como podemos compensá-lo pelo que aconteceu?

10.11 Por mim tudo bem! (Diálogo)
나는 좋아! (대화)
nanūn joa! (derruá)

⏸️ Faixa 60

호진: 우리 오늘밤에 우진씨 집에 가면 어떨까요? 우진씨를 너무 오랫동안 못 봤어요.
Rojin: Uri onūrpame ujinssi jibe gamión ótórcaiô? Ujinssirūr nómu oret<u>ōm</u> an mod boassóiô.

민호: 그래요, 좋은 생각이에요. 우진씨가 어떻게 지내는지 무척 궁금하네요.
Minrro: Gūreiô, joūn <u>sem</u>gaguieiô. Ujinssiga ótókhe jinenūnji mutchóc <u>gum</u>gūmrraneiô.

호진: 저녁 7시, 괜찮아요?
Rojin: Jónhóc irgobchi, guentchanaiô?

민호: 좀더 늦게 만나면 안 될까요, 저녁 8시?
Minrro: jomdó nūque mannamión an dercaiô, jónhóc iódórchí?

호진: 네, 좋아요. 데리러 갈까요?
Rojin: Ne, joaiô. Deriró garcaiô?

민호: 그렇게 해 주면 좋죠. 저녁은 한식으로 할까요?
Minrro: Gūrókhe re jumión jotchô. Jónhógūn ranchigūro rarcaiô?

호진: 저는 상관없어요! 우진씨도 좋아할 것같아요. 그는 한식 팬이거든요. 그럼, 저녁8시에 봐요.
Rojin: jónūn <u>sām</u> guan óbssóiô! Ujinssido joarrarcó gathaiô. Gūnūn ranchic phenigódūnnhô. Gūróm jónhóc iódórchie boaiô.

» Veja a tradução desse diálogo na p. 270

10.12 Por mim tudo bem! (Frases-chave)
나는 좋아! (주요 구문)
nanūn joa! (juio gumun)

CONCORDANDO
동의하기
<u>dōm</u> ūi ragui

전적으로 동의합니다. **Jónjjógūro dōm ūi ramnidá.** – Concordo plenamente.
이 문제에 대해 완전히 동의합니다. **I munjee derre uanjóni <u>dōm</u> ūi ramnidá.** – Concordo plenamente com você neste assunto.
당신이 옳은 것 같아요. **Dām chini orūngód gathaiô.** – Acho que você está certo.
그래요. **Gūreiô.** – É mesmo.
저는 괜찮아요! **Jónūn guentchanaiô!** – Por mim tudo bem!

DISCORDANDO
동의하지 않기
dōm ūi raji ankhí

전 동의하지 않습니다. **Jón dom ūi raji anssūmnidá.** – Não concordo com você.

글쎄요, 그건 잘 모르겠어요. **Gūrsseiô, gūgón jar morūguessóiô.** – Não tenho certeza se concordo com você sobre aquilo.

아마도. 조금 더 생각해 보고 싶어요. **Amado. Jogūm dó sem gakhe bogo chiphóiô.** – Talvez. Gostaria de pensar um pouco mais.

10.13 Novos tempos, novos trabalhos (Diálogo)
새로운 시간, 새로운 일! (대화)
Seroun chigan, seroun ir! (derruá)

🎧 **Faixa 61**

우민: 당신은 앞으로 20년 후의 세계를 어떻게 봐요?
Umin: Dām chinūn aphuro ichibnhón ruūi seguerūr ótókhe boaiô?

문수: 글쎄요, 상상하기 어렵네요. 모든 것이 너무 빠르게 변하고 있어서요.
Munsu: Gūrsseiô, sām sām ragui órióbneiô. Modūngóchi nómu parūgue biónrrago issósóiô.

우민: 제 생각에, 앞으로는 더 이상 직장으로 출퇴근하지 않을 것 같아요. 어떻게 생각하세요?
Umin: Je sem gague, aphūronūn dó isām jicjjām ūro tchurthegūnrraji anūrcód gathaiô. Ótókhe sem gacrraseiô?

문수: 그러게요, 많은 사람들이 집에서 일을 할 것 같아요. 그렇게 일하는 사람이 제 주위에도 두 명이나 있어요.
Munsu: gūrógueiô, manūn saramdūri jibesó irūr rarcó gathaiô. Gūrókhe ir ranūn sarami je juūie do durina issóiô.

우민: 그리고 직업은요? 앞으로 어떤 직업이 사라질 거라고 생각하나요?
Umin: gūrigo jigóbūnnhô? Aphuro ótón jigóbi sarajir córago sem gacrranaiô?

문수: 글쎄요, 재단사? 요즘도 힘든 직업이죠.
Munsu: Gūrsseiô, jedansá? lojūmedo rimdūn jigóbijiô.

우민: 맞아요. 그리고 웹디자이너처럼 새로운 직업이 생기기도 할거예요.
Umin: Majaiô. Gūrigo uebdijainó tchóróm seroun jigóbi semguiguido rarcóieiô.

» Veja a tradução desse diálogo na p. 270

159

II. VOCABULÁRIO
어휘

órrui

VOCABULÁRIO 1: OCUPAÇÕES
어휘 1: 직업
órrui 1: jigób

advogado: 변호사 biónosá
agente de viagens: 여행사 직원 iórrem sa jiguón
agrônomo: 농학자 nõm racjjá
analista de sistemas: 시스템 분석가 chisūthem bunsócá
arquiteto: 건축가 góntchucá
assistente social: 사회 복지사 sarruê bocjjisá
ator: 배우 beú
atriz: 여배우 ió beú
balconista: 점원 jómuón
bancário: 은행원 ūnrrem uón
banqueiro: 은행장 ūnrrem jām
barbeiro: 이발사 ibarssá
bibliotecário: 사서 sasó
biólogo: 생물학자 sem mur racjjá
cabeleireiro: 헤어디자이너/미용사 reódijainó/miiõmsá
cantor: 가수 gasú
chefe de cozinha: 요리사 iorisá
comissário de bordo: 승무원 sūm mu uón
comprador: 구매자 gumejá
consultor: 컨설턴트 khónssór thónthū
dançarino: 댄서 denssó
dentista: 치과의사 tchicua ūisá
diretor administrativo: 대표이사 dephio isá
diretor comercial: 상업이사 sām ób isá
diretor financeiro: 재무이사 jemu isá
diretor de marketing: 마케팅이사 makhethim isá
diretor de recursos humanos: 인적자원부 이사 injjóc jauónbu isá
dona de casa: 주부 jubú
economista: 경제학자 guióm je racjjá
eletricista: 전기공 jónguigõm
empresário: 기업가 guióbcá
engenheiro: 엔지니어 enjinió
encanador: 배관공 beguangõm
enfermeiro: 간호사 ganrrosá
escritor: 작가 jaccá
farmacêutico: 약사 iacssá
faxineiro: 환경미화원 ruanguióm mirruauón

163

fisioterapeuta: 물리치료사 murli tchiriosá
fotógrafo: 사진 작가 sajin jacá
funcionário público: 공무원 gõm muuón
garçom: 웨이터 ueithó
gerente: 매니저 menijó
guia turístico: 투어 가이드 thuó gaidū
intérprete: 통역사 thõm iócssá
jornalista: 기자 guijá
médico: 의사 ūisá
motorista de ônibus: 버스 기사 bóssū guisá
motorista de táxi: 택시 기사 thecchi guisá
personal trainer: 개인 트레이너 guein thūreinó
piloto de avião: 비행기 조종사 birrem gui jojōm sá
professor: 교사 guiosá
projetista: 디자이너 dijainó
promotor de vendas: 영업 사원 ióm ób sauón
psicólogo: 심리학자 chimni racjjá
químico: 화학자 ruarracjjá
recepcionista: 안내원 anneuón
responsável por um site na internet: 웹 마스터 ueb masūthó
secretário: 비서 bisó
técnico: 기술자 guisurjjá
tradutor: 번역가 bónhóccá
vendedor: 판매원 phanmeuón
veterinário: 수의사 suūisá
vigia: 경비원 guióm biuón
zelador: 관리인 guarliín

VOCABULÁRIO 2: PAÍSES E NACIONALIDADES
어휘 2: 국가와 국적
órrui 2: gucca ua gucjóc

Nas nacionalidades são acrescentadas a palavra 인 (in) ou 사람 (saram) atrás do país.

Ex: 남아프리카 공화국인 ou 남아프리카 공화국 사람

PAÍS	국가	NACIONALIDADE	국적	GUCCA UA GUCJÓC
África do Sul	남아프리카 공화국	Sul-africano(a)	남아프리카 공화국인/사람	namaphūrikha Gōm ruaguc in/saram
Alemanha	독일	Alemão/Alemã	독일인/사람	doguir in/saram
Argentina	아르헨티나	Argentino(a)	아르헨티나인/사람	ar renthina in/saram
Austrália	호주	Australiano(a)	호주인/사람	roju in/saram
Áustria	오스트리아	Austríaco(a)	오스트리아인/사람	ossūthūria in/saram
Bélgica	벨기에	Belga	벨기에인/사람	berguie in/saram
Bolívia	볼리비아	Boliviano(a)	볼리비아인/사람	borlibia in/saram
Brasil	브라질	Brasileiro(a)	브라질인/사람	būrajir in/saram
Bulgária	불가리아	Búlgaro(a)	불가리아인/사람	burgaria in/saram
Canadá	캐나다	Canadense	캐나다인/사람	khenada in/saram
Cingapura	싱가포르	Cingapuriano(a)	싱가포르인/사람	chimgaphorū in/saram
Chile	칠레	Chileno(a)	칠레인/사람	tchile in/saram
China	중국	Chinês/esa	중국인/사람	jum guc in/saram
Colômbia	콜롬비아	Colombiano(a)	콜롬비아인/사람	kholombia in/saram
Coreia do Norte	북한	Norte-coreano(a)	북한인/사람	bukhan in/saram
Coreia do Sul	대한민국 (한국)	Sul-coreano(a)	한국인/사람	ranguc in/saram
Cuba	쿠바	Cubano(a)	쿠바인/사람	khuba in/saram
Dinamarca	덴마크	Dinamarquês/esa	덴마크인/사람	denmakhū in/saram
Egito	이집트	Egípcio(a)	이집트인/사람	ijibthū in/saram
Equador	에콰도르	Equatoriano(a)	에콰도르인/사람	ekhuadorū in/saram
Escócia	스코틀랜드	Escocês/esa	스코틀랜드인/사람	sūkhothūlendū in/saram
Espanha	스페인	Espanhol(a)	스페인인/사람	sūphein in/saram
Estados Unidos	미국	Norte-americano(a)	미국인/사람	miguc in/saram
Filipinas	필리핀	Filipino(a)	필린핀인/사람	philiphin in/saram
Finlândia	핀란드	Finlandês(esa)	핀란드인/사람	phinlandū in/saram
França	프랑스	Francês/esa	프랑스인/사람	phūramssū in/saram
Grécia	그리스	Grego(a)	그리스인/사람	gūrisū in/saram

Groenlândia	그린란드	Groenlandês/esa	그린란드인/사람	Gūrinlandū in/saram
Guatemala	과테말라	Guatemalteco(a)	과테말라인/사람	Guathemala in/saram
Haiti	아이티	Haitiano(a)	아이티인/사람	Aithi in/saram
Holanda	네덜란드	Holandês/esa	네덜란드인/사람	Nedólandū in/saram
Honduras	온두라스	Hondurenho(a)	온두라스인/사람	ondurassū in/saram
Hungria	헝가리	Húngaro(a)	헝가리인/사람	róm gari in/saram
Índia	인도	Indiano(a)	인도인/사람	indo in/saram
Indonésia	인도네시아	Indonésio(a)	인도네시아인/사람	indonechia in/saram
Inglaterra	영국	Inglês/esa	영국인/사람	ióm guc in/saram
Irã	이란	Iraniano(a)	이란인/사람	iran in/saram
Iraque	이라크	Iraquiano(a)	이라크인/사람	irakhū in/saram
Irlanda	아일랜드	Irlandês/esa	아이랜드인/사람	ailendū in/saram
Islândia	아이슬란드	Islandês/esa	아이슬란드인/사람	aissūlandū in/saram
Israel	이스라엘	Israelense	이스라엘인/사람	isūraer in/saram
Itália	이탈리아	Italiano(a)	이탈리아인/사람	ithalia in/saram
Jamaica	자메이카	Jamaicano(a)	자메이카인/사람	jameikha in/saram
Japão	일본	Japonês/esa	일본인/사람	irbon in/saram
Kuwait	쿠웨이트	Kwaitiano(a)	쿠웨이트인/사람	khueithū in/saram
Líbano	레바논	Libanês(esa)	레바논인/사람	~rebanon in/saram
Marrocos	모로코	Marroquino(a)	모로코인/사람	morokho in/saram
México	멕시코	Mexicano(a)	멕시코인/사람	mecchikho in/saram
Nepal	네팔	Nepalês/esa	네팔인/사람	nephar in/saram
Nicarágua	니카라과	Nicaraguense	니카라과인/사람	nikharagua in/saram
Nigéria	나이지리아	Nigeriano(a)	니이지리아인/사람	naijiria in/saram
Noruega	노르웨이	Norueguês/esa	노르웨이인/사람	norūeii in/saram
Nova Zelândia	뉴질랜드	Neozelandês/esa	뉴질랜드인/사람	nhujirlendū in/saram
Panamá	파나마	Panamenho(a)	파나마인/사람	phanama in/saram
Paquistão	파키스탄	Paquistanês/esa	파키스탄인/사람	phakhisūthan in/saram
Paraguai	파라과이	Paraguaio(a)	파라과이인/사람	pharaguai in/saram
Peru	페루	Peruano(a)	페루인/사람	pheru in/saram
Polônia	폴란드	Polonês/esa	폴란드인/사람	phorlandū in/saram
Porto Rico	푸에르토리코	Porto-riquenho(a)	푸에르토리코인/사람	phuerūtho ~rikho in/saram
Portugal	포르투갈	Português/esa	포르투갈인/사람	phorūthugar in/saram
Romênia	루마니아	Romeno(a)	루마니아인/사람	~rumania in/saram
Rússia	러시아	Russo(a)	러시아인/사람	~róchia in/saram
Suécia	스웨덴	Sueco(a)	스웨덴인/사람	sūueden in/saram
Suíça	스위스	Suíço(a)	스위스인/사람	sūuisū in/saram
Turquia	터키	Turco(a)	터키인/사람	thókhi in/saram
Uruguai	우루과이	Uruguaio(a)	우루과이인/사람	Uruguai in/saram
Venezuela	베네수엘라	Venezuelano(a)	베네수엘라인/사람	benesuela in/saram

VOCABULÁRIO 3: NÚMEROS CARDINAIS E ORDINAIS
어휘 3: 기수와 서수
órrui 3: guisu ua sósu

NÚMEROS CARDINAIS (기수 GUISU)	NÚMEROS ORDINAIS (서수 SÓSU)
1: 일 ir/하나 raná	1º: 첫째 tchójje/첫번째 tchópónjje
2: 이 i/둘 dur	2º: 둘째 durjje/두번째 dubónjje
3: 삼 sam/셋 sed	3º: 셋 째 sejje/세번째 sebónjje
4: 사 sa/넷 ned	4º: 넷째 nejje/네번째 nebónjje
5: 오 o/다섯 dasód	5º: 다섯째 dasójje/다섯번째 dasópónjje
6: 육 iuc/여섯 iósód	6º: 여섯째 iósójje/여섯번째 iósópónjje
7: 칠 tchir/일곱 irgob	7º: 일곱째 irgobjje/일곱번째 irgopónjje
8: 팔 phar/여덟 iódór	8º: 여덟째 iórdórjje/여덟번째 iódórpónjje
9: 구 gu/아홉 arrôb	9º: 아홉째 arrobjje/아홉번째 arrobpónjje
10: 십 chib/열 iór	10º: 열 째 iórjje/열번째 iórpónjje
11: 십일 chibir/열하나 iór raná	11º: 열한번째 iór ranbónjje
12: 십이 chibi/열둘 iórtúr	12º: 열두번째 iór dubónjje
13: 십삼 chibssam/열셋 iórsêd	13º: 열세번째 iór sebónjje
14: 십 chibssa/열 넷 iór ned	14º: 열네번째 iór nebónjje
15: 십오 chibo/열다섯 iór dasód	15º: 열다섯번째 iór dasópónjje
16: 십육 chib iuc/열여섯 iór ióssód	16º: 열여섯번째 iór ósópónjje
17: 십칠 chibtchir/열일곱 iór irgôb	17º: 열일곱번째 iór irgopónjje
18: 십팔 chiphar/열여덟 iór iódór	18º: 열여덟번째 iór iódórpónjje
19: 십구 chibcu/열아홉 iór arrôb	19º: 열아홉번째 iór arrob pónjje
20: 이십 ichib/스물 sūmur	20º: 스무번째 sūmubónjje
21: 이십일 ichibir/스물하나 sūmúr raná	21º: 스물한번째 sūmur rranbónjje
22: 이십이 ichibi/스물둘 sūmurtúr	22º: 스물두번째 sūmur dubónjje
23: 이십삼 ichibsam/스물셋 sūmurssêd	23º: 스물세번째 sūmur sebónjje
24: 이십사 ichibsa/스물넷 sūmurnêd	24º: 스물네번째 sūmur nebónjje
25: 이십오 ichibo/스물다섯 sūmurdassód	25º: 스물다섯번째 sūmur dasódpónjje
26: 이십육 ichib iuc/스물여섯 sūmur ióssód	26º: 스물여섯번째 sūmur ióssópónjje
27: 이십칠 ichibtchir/스물일곱 sūmur irgob	27º: 스물일곱번째 sūmur irgopónjje
28: 이십팔 ichibphar/스물여덟 sūmur iódór	28º: 스물여덟번째 sūmur iódór pónjje
29: 이십구 ichibcu/스물아홉 sūmur arrôb	29º: 스물아홉번째 sūmur arrob pónjje
30: 삼십 samchib/서른 sórun	30º: 서른번째 sórūnbónjje
31: 삼십일 samchibir/서른하나 sórūnrraná	31º: 서른한번째 sórūnrranbónjje
32: 삼십이 samchibi/서른둘 sórūndúr	32º: 서른두번째 sórūndubónjje
33: 삼십삼 samchibsam/서른셋 sórūnsêd	33º: 서른세번째 sórūnsebónjje
34: 삼십사 samchibssa/서른넷 sórūnnêd	34º: 서른네번째 sórūnnebónjje
35: 삼십오 samchibo/서른다섯 sórūndassód	35º: 서른다섯번째 sórūndasópónjje
36: 삼십육 samchib iuc/서른여섯 sórūn iósód	36º: 서른여섯번째 sórūn iósópónjje

37: 삼십칠 samchib tchir/서른일곱 sórūn irgôb	37º: 서른일곱번째 sórūn irgobpónjje
38: 삼십팔 samchib phar/서른여덟 sórūn iódór	38º: 서른여덟번째 sórūn iódórpónjje
39: 삼십구 samchib cu/서른아홉 sórūn arrôb	39º: 서른아홉번째 sórūn arrobpónjje
40: 사십 sachib/마흔 marrūn	40º: 마흔번째 marrūnpónjje
50: 오십 ochib/쉰 chin	50º: 쉰번째 chinbónjje
60: 육십 iucchib/예순 iesún	60º: 예순번째 iesunpónjje
70: 칠십 tchirchib/일흔 irrūn	70º: 일흔번째 irrūnpónjje
80: 팔십 pharchib/여든 iódūn	80º: 여든번째 iódūnpónjje
90: 구십 guchib/아흔 arrūn	90º: 아흔번째 arrūnpónjje
100: 백 bec/백 bec	100º: 백번째 becpónjje
101: 백일 beguír	101º: 백한번째 becrranbónjje
200: 이백 ibéc	200º: 이백번째 ibecpónjje
300: 삼백 sambéc	300º: 삼백번째 sambecpónjje
400: 사백 sabéc	400º: 사백번째 sabecpónjje
500: 오백 obéc	500º: 오백번째 obecpónjje
600: 육백 iupéc	600º: 육백번째 iupecpónjje
700: 칠백 tchirbéc	700º: 칠백번째 tchirbecpónjje
800: 팔백 pharbéc	800º: 팔백번째 pharbecpónjje
900: 구백 gubéc	900º: 구백번째 gubecpónjje
1,000¹: 천 tchón	1,000º: 천번째 tchónbónjje
1,999: 천 구백 구십 구 tchón gubec guchib cu	1,999º: 천구백아흔아홉번째 tchón gubec arrūn arrob pónjje
2,000: 이천 itchón	2,000º: 이천번째 itchónbónjje
3,000: 삼천 samtchón	3,000º: 삼천번째 samtchónbónjje
4,000: 사천 satchón	4,000º: 사천번째 satchónbónjje
5,000: 오천 otchón	5,000º: 오천번째 otchónbónjje
6,000: 육천 iuc tchón	6,000º: 육천번째 iuc tchón
7,000: 칠천 tchir tchón	7,000º: 칠천번째 tchir tchón bónjje
8,000: 팔천 phar tchón	8,000º: 팔천번째 phar tchón bónjje
9,000: 구천 gu tchón	9,000º: 구천번째 gu tchón bónjje
10,000: 만 man	10,000º: 만번째 manbónjje
20,000: 이만 imán	20,000º: 이만번째 imanbónjje
30,000: 삼만 sammán	30,000º: 삼만번째 sammanbónjje
40,000: 사만 samán	40,000º: 사만번째 samanabónjje
50,000: 오만 omán	50,000º: 오만번째 omanbónjje
60,000: 육만 iucmán	60,000º: 육만번째 iucmanbónjje
70,000: 칠만 tchirmán	70,000º: 칠만번째 tchirmanbónjje
80,000: 팔만 pharmán	80,000º: 팔만번째 pharmanbónjje
90,000: 구만 gumán	90,000º: 구만번째 gumanbónjje
100,000: 십만 chibmán	100,000º: 십만번째 chibmanbónjje
200,000: 이십만 ichibmán	200,000º: 이십만번째 ichibmanbónjje
300,000: 삼십만 samchibmán	300,000º: 삼십만번째 samchibmanbónjje

400,000: 사십만 sachibmán	400,000º: 사십만번째 sachibmanbónjje
500,000: 오십만 ochibmán	500,000º: 오십만번째 ochibmanbónjje
600,000: 육십만 iucchibmán	600,000º: 육십만번째 iucchibmanbónjje
700,000: 칠십만 tchirchibmán	700,000º: 칠십만번째 tchirchibmanbónjje
800,000: 팔십만 pharchibmán	800,000º: 팔십만번째 pharchibmanbónjje
900,000: 구십만 guchibmán	900,000º: 구십만번째 guchibmanbónjje
1,000,000: 백만 becmán	1,000,000º: 백만번째 becmanbónjje
10,000,000: 천만 tchónmán	10,000,000º: 천만번째 tchónmanbónjje
100,000,000: 억 óc	

VOCABULÁRIO 4: INFORMANDO AS HORAS
어휘 4: 시간을 알려주면서
órrui 4: chigarŭr arliójumiónsó

Que horas são?
몇 시예요?
Mióchi ieiô?

São sete horas da manhã. 오전 7시예요. Ojón irgobchi ieiô.
São sete horas da noite. 저녁 7시예요. Jónhóc irgobchi ieiô.
São sete e cinco. 7시 5분이에요. Irgobchi obunieiô.
São sete e quinze. 7시 15분이에요. Irgobchi chibobunieiô.
São sete e meia. 7시 반이에요. Irgobchi banieiô.
É meio-dia. 정오예요. Jóm o ieiô.
É meia-noite. 자정이에요. Jajóm ieiô.

Vocabulário adicional: Horas
추가 어휘: 시간
Tchuga órrui: chigan

relógio de pulso - 손목 시계 sonmoc chiguê.
relógio de parede - 벽 시계 bióc chiguê.
meu relógio está adiantado - 제 시계가 빨라요. Je chiguega parlaiô.
meu relógio está atrasado - 제 시계가 느려요. Je chiguega nŭrióiô.
sete horas em ponto - 7시 정각이에요. Irgobchi jóm gaguieiô.

VOCABULÁRIO 5: RELAÇÕES FAMILIARES
어휘 5: 가족 관계
órrui 5: gajoc guangue

avô: 할아버지 rarabójí
avó: 할머니 rar mó ní
bisavô: 증조부 jūm jobú
bisavó: 증조모 jūm jo mô
bisneta: 증손녀 jūm son nhó
bisneto: 증손자 jūm son já
cunhada: 시누이, 형수, 제수, 시동생, 처형, 처제, 올케 chinuí, rióm sú, jesú, chidōm sem, tchórrióm, tchójê, orkhê
cunhado: 매부, 형부, 처남, 동서 mebú, rióm<u>b</u>ú, tchónám, <u>d</u>ōm só
enteada: 의붓딸 ūibutár
enteado: 양아들 iām a dūr
esposa: 부인 buín
filha: 딸 tar
filho: 아들 adūr
filhos: 자녀 janhó
genro: 사위 saui
irmã mais velha: 언니, 누나 ónní, nuná
irmão mais velho: 오빠, 형 opá, rióm
irmã mais nova: 여동생 ió dōm sem
irmão mais novo: 남동생 nam dōm sem
madrasta: 새엄마/새어머니 seómmá/seómóní
mãe: 엄마/어머니 ómmá/ómóní
marido: 남편 nam phión
neta: 손녀 sonnhó
neto: 손자 sonjá
noiva: 신부 chinbú
noivo: 신랑 chir<u>l</u>ām
nora: 며느리 miónurí
padrasto: 새아빠/새아버지 seapá/seabójí
pai: 아빠/아버지 apá/abójí
pais: 부모 bumô
parentes: 친척 tchin tchóc
primo: 사촌 sa tchôn
sobrinho: 조카 jokhá
sogra: 시어머니, 장모님 chiómóní, jām moním
sogro: 시아버지, 장인어른 chiabójí, jām inórūn
tia: 고모, 이모, 숙모 gomô, imô, sucmô
tio: 고모부, 이모부, 삼촌, 숙부 gomobú, imobú, sam tchôn, sucpú

171

VOCABULÁRIO 6: O AUTOMÓVEL
어휘 6: 자동차
órrui 6: jadōmtchá

acelerador: 가속기 gasoquí
airbag: 에어백 eóbéc
banco de motorista: 운전석 unjónsóc
banco da frente: 앞좌석 ab ja sóc
banco de passageiro: 뒷좌석 duijjasóc
buzina: 경적 guióm jóc
cinto de segurança: 안전 벨트 an jón ber thū
combustível: 연료 iórliô
embreagem: 클러치 khūrlótchí
escapamento: 배기관통 beguiguanthōm
espelho retrovisor externo: 사이드미러 saidūmiró
espelho retrovisor interno: 백미러 pecmiró
estepe: 스페어 (타이어) sūpheó (thaió)
faróis dianteiros: 헤드 라이트 reóraithū
freio: 브레이크 būreikhū
freio de mão: 핸드 브레이크 rendū būreikhū
limpadores de para-brisa: 앞 유리 와이퍼 ab iuri uaiphó
painel: 패널 phenór
para-brisa: 앞 유리 ab iurí
para-choque: 펜더 phendó
pneu: 타이어 thaió
porta-luvas: 운전석 서랍 unjónsóc sóráb
porta-malas: 트렁크 thūrómkhū
roda: 바퀴 bakhí
teto solar: 선루프 sónruphū
velocímetro: 속도계 soctoguê

VOCABULÁRIO 7: ROUPAS E CALÇADOS
어휘 7: 옷과 신발
órrui 7: odgua chinbar

agasalho: 스웨터 sūuethó
blusa: 블라우스 būrlaussū
boné: 야구 모자 iagu mojá
botas: 부츠 butchū
cachecol: 스카프 sūkhaphū
calça: 바지 bají
calcinha: 팬티 (여자 속옷) phenthí (iója sogôd)
camisa: 셔츠/와이셔츠 chiótchū/uaichiótchū
camisa polo: 폴로 pholô
camiseta: 티셔츠 thichiótchū
casaco: 코트 khothū
chapéu: 모자 mojá
chinelo: 슬리퍼 sūrliphó
chuteiras: 클리트 khūlithū
colete: 조끼 joquí
cuecas: 팬티 (남자 속옷) phenthí (namja sogôd)
gravata: 넥타이 necthaí
jaqueta de couro: 가죽 자캣 gajuc jakhéd
jeans: 청바지 tchóm bají
maiô: 수영복 suióm bôc
meias: 양말 iām már
minissaia: 미니 스커트 mini sūkhóthū
moletom: 트레이닝복 바지 thūreinim boc bají
saia: 치마 tchimá
sandália: 샌들 sendūr
sapatos: 신발 chinbár
suéter: 스웨터 sūuethó
sutiã: 브래지어 būrejió
tênis: 운동화 undōmrruá
terno: 양복 iām bôc
vestido: 드레스 dūressū

VOCABULÁRIO 8: ESPORTES
어휘 8: 스포츠

órrui 8: sūphotchū

Asa-delta: 행글라이딩 rem gūr laidím
Alpinismo: 등산 dūm sán
Atletismo: 운동 경기 undōm guióm guí
Basquetebol: 농구 nōm gú
Beisebol: 야구 iagú
Boliche: 볼링 bolím
Boxe: 권투 guónthú
Caratê: 카라테 kharathê
Ciclismo: 사이클링 saikhūlím
Corrida: 조깅 joguím
Esqui: 스키 sūkhí
Futebol: 축구 tchucú
Futebol americano: 럭비 ~rócpí
Ginástica: 체조 tchejô
golfe: 골프 gorphū
Handebol: 핸드볼 rendūbôr
Hóquei: 하키 rakhí
Levantamento de peso: 역도 ióctô
Mergulho: 다이빙 daibím
Natação: 수영 suióm
Patinação: 인라인 스케이팅 inlain sūkheithím
Patinação de gelo: 아이스 스케이팅 aissū sūkheithím
Pesca: 낚시 nacchí
Skatismo: 스케이트 보드 sūkheithū bodū
Squash: 스쿼시 sūkhuóchí
Surfe: 서핑 sóphím
Tênis: 테니스 thenissū
Tênis de mesa: 탁구 thaccú
Trilha: 트래킹 thūrekhím
Velejar: 요트 iothū
Voleibol: 배구 begú
Windsurf: 윈드 서핑 uindū sóphím

174

VOCABULÁRIO 9: AFAZERES DOMÉSTICOS E OUTRAS ATIVIDADES
어휘 9: 가사 및 기타 활동
órrui 9: gasa mid guithá ruart<u>õm</u>

Cozinhar: <u>요리하기</u> iorirraguí
Fazer a cama: <u>침대 정리하기</u> tchimde j<u>óm</u> nirragui
Fazer um bolo: <u>케이크 만들기</u> kheikhū mandūrguí
Lavar as roupas: <u>빨래하기</u> parlerraguí
Lavar os pratos: <u>설거지하기</u> sórgójirraguí
Passar o aspirador: <u>진공 청소기 돌리기</u> jing<u>õm</u> tch<u>óm</u> sogui dorliguí
Passar roupas: <u>다림질하기</u> darimijir raguí
Pôr a mesa: <u>상 차리기</u> s<u>ãm</u> tchariguí
Regar as plantas: <u>화초 물주기</u> ruatcho murjuguí
Tirar o pó: <u>먼지 털기</u> mónji thórguí
Varrer o chão: <u>바닥 청소하기</u> badac tch<u>óm</u> sorraguí

Vocabulário adicional
추가 어휘
tchuga órrui

Aspirador de pó: <u>진공 청소기</u> jing<u>õm</u> tch<u>óm</u> soguí
Máquina de lavar: <u>세탁기</u> sethacquí
Secadora: <u>건조기</u> gónjoguí
Tábua de passar roupa: <u>다리미</u> darimí

VOCABULÁRIO 10: COMIDA E BEBIDA
어휘 10: 음식과 음료수
órrui 10: ūmchicqua ūmnhosú

CAFÉ DA MANHÃ E LANCHE
아침 식사와 간식
Atchim chicssaua ganchíc

Açúcar: 설탕 sórthām
Adoçante: 감미료 gam miriô
Biscoito doce: 달콤한 쿠키 darkhomrran khukhí
Biscoito salgado: 크래커 khūrekhó
Bolo: 케이크 kheikhū
Café: 커피 khóphí
Café com leite: 카페라테 khapherathê
Cereal: 시리얼 siriór
Geleia: 젤리 gelí
Iogurte: 요구르트 iogurūthū
Leite: 우유 uiú
Manteiga: 버터 bóthó
Margarina: 마가린 magarín
Milk-shake: 밀크 쉐이크 mirkhū chueikhū
Ovos com bacon: 베이컨과 계란 beikhóngua guerán
Ovos com presunto: 햄과 계란 rem gua guerán
Ovos mexidos: 으깬 계란 ūquen guerán
Panqueca: 팬케이크 phen kheikhū
Pão com manteiga: 버터 빵 bóthó pām
Presunto: 햄 rem
Queijo: 치즈 tchijū
Requeijão: 크림치즈 khūrim tchijū
Ricota: 리코타 ~rikhotha tchijū (diferente da Coreia)
Rosquinha: 도넛(도너츠) donód (donótchū)
Suco: 주스 jussū
Suco de laranja: 오렌지 주스 orenji jussū
Suco de uva: 포도 주스 phodo jussū
Torrada: 토스트 thossūthū

ALMOÇO E JANTAR
점심 및 저녁
jómchim mid jónhóc

Arroz: 밥 bab
Acompanhamento: 반찬 ban tchan

Batata frita: 감자 튀김 gamja thiguim
Berinjela temperada: 가지 볶음 gaji bocūm
Camarão: 새우 seú
Espaguete: 스파게티 sūphaguethí
Macarrão: 국수 gucssú
Massas: 파스타 phasūthá
Lasanha: 라자냐 ~rajanhá
Omelete: 오믈렛 omūrléd
Ovos cozidos: 삶은 계란 sarmūn guerán
Ovos fritos: 계란 후라이 gueran rrurai
Ovos de codorna: 메추리알 me tchuriár
Pão de alho: 마늘 빵 manūr păm
Patê de queijo: 크림 치즈 khūrim tchijū
Patê de atum: 참치 마요네즈 tcham tchi maionejū
Salada de alface: 양상추 샐러드 iām săm tchu serlódū
Sopa: 스프/국 sūphū/guc
Canja de galinha: 닭고기 스프 daccogui sūphū
Sopa de legumes: 야채 스프 iatche sūphū
Sopa de missô: 된장국 denjăm cuc (*diferente do japonês)
refeição: 식사 sicssá
almoço: 점심 식사 jóm chim sicssá
jantar: 저녁 식사 jónhóc sicssá

CARNE
고기
goguí

Bife de frango: 치킨 스테이크 tchikhin sūtheikhū
Carne: 고기 goguí
Carne de vaca: 소고기 so goguí
Carne de porco: 돼지 고기 deji goguí
Carne moída: 다진 고기 dajin goguí
Carneiro: 양고기 iām goguí
Costeletas de porco: 돼지 갈비 deji garbí
Frango: 치킨 tchikhín
Frango assado: 통닭 구이 thõm dac gu í
Linguiça: 소시지 sosiji (순대 sunde)
Pato: 오리고기 요리 origogui iorí
Peito de frango: 닭가슴살 dac gasūmssár
Peru assado: 칠면조 구이 tchirmiónjo gu í
Vitela: 송아지 고기요리 sōm aji gogui iorí

FRUTOS DO MAR E PEIXES
해산물과 생선
resanmurgua sem són

atum: 참치 tcham tchí
Bacalhau: 대구 degú
Camarão: 새우 seú
Lagosta: 가재 gaje
Ostra: 굴 gur
Peixe: 생선 sem són
Salmão: 연어 iónó
Sardinha: 정어리 jóm órí
Truta: 송어 sōm ó

LEGUMES
야채
ia tche

abóbora: 호박 robác
Abobrinha: 애호박 errobác
Aipo: 샐러리 selórí
Alface: 상추 sām tchú
Alho: 마늘 manūr
Aspargo: 아스파라거스 assūpharagóssū
Azeitona: 올리브 orlibū
Batata: 감자 gamjá
Berinjela: 가지 gají
Brócolis: 브로콜리 būrocorlí
Cebola: 양파 iām phá
Cenoura: 당근 dām gūn
Cogumelo: 버섯 bósód
Couve-flor: 콜리 플라워 khorli phūrlauó
Ervilhas: 완두콩 uandukhōm
Espinafre: 시금치 chigūmtchí
Feijão: 콩 khōm
Milho cozido: 구운 옥수수 guún ocssussú
Nabo: 순무 sunmú
Palmito: 야자 나무순 iaja namusún
Pepino: 오이 oí
Pimentão: 파프리카 phaphūrikhá
Quiabo: 오크라 okhūrá
Salsicha: 소시지 sosijí
Tomate: 토마토 thomathô

Repolho: 양배추 iām betchú
vagem: 강낭콩 gām nām khōm

FRUTAS
과일
guaír

Abacate: 아보카도 abokhadô
Abacaxi: 파인애플 phainephúr
Ameixa: 자두 jadú
Banana: 바나나 bananá
Cereja: 체리 tcherí
Coco: 코코넛 khokhonód
Damasco: 다마스쿠스 damassūkhussū
Figo: 무화과 murruaguá
Goiaba: 구아바 guabá
Laranja: 오렌지 orenjí
Limão: 레몬 ~remon
Maçã: 사과 saguá
Mamão: 파파야 phaphaiá
Manga: 망고 mām gô
Melancia: 수박 subác
Melão: 멜론 melôn
Mexerica: 귤 guiúr
Morango: 딸기 targuí
Pêssego: 복숭아 bocssum á
Pera: 배 be
Uvas: 포도 phodô

SOBREMESAS
후식
ruchic

Bolo: 케이크 kheikhū
Bolo de chocolate: 초콜릿 케이크 tchokhorlid kheikhū
Salada de fruta: 과일 샐러드 guaír serlódū
Sorvete de creme: 바닐라 아이스크림 banila aissūkhūrim
Sorvete de chocolate: 초콜릿 아이스크림 tchokholid aissūkhūrim
Torta de maçã: 사과 파이 sagua phaí
Torta de queijo: 치즈 케이크 tchijū kheikhū

FRUTAS SECAS E CASTANHAS
건과일과 견과류
gónguairgua guiónguariu

ameixa seca: 말린 자두 marlín jadú
Amêndoa: 아몬드 amondū
Amendoim: 땅콩 tām khõm
Castanha: 밤 bam
Nozes: 호두 rodú
Pistache: 피스타치오 phisūthatchiô
Uva-passa: 건포도 gónphodô

TEMPERO E CONDIMENTOS
조미료 및 양념
jomiriô mid iām nhóm

azeite: 올리브 기름 orlibū guirūm
Canela: 계피 guephí
Condimento: 조미료 jomiriô
ketchup: 케첩 khetchób
Maionese: 마요네즈 maionejū
Molho de tomate: 토마토 소스 thomatho sossū
Molho apimentado: 매운 소스 meun sossū
Mostarda: 겨자 guiójá
Pimenta do reino: 후추 rutchú
Sal: 소금 sogūm
Tempero: 양념 iām nhóm
Vinagre: 식초 chic tchô

LANCHES
간식
ganchíc

cachorro quente: 핫도그 ratogū
Hambúrguer: 햄버거 rembógó
Pizza: 피자 phijá
Sanduíche de atum: 참치 샌드위치 tcham tchi sendū uitchí
Sanduíche de frango: 치킨 샌드위치 tchikhin sendū uitchí
Sanduíche de queijo: 치즈 샌드위치 tchijū sendu uitchí

BEBIDAS
음료수
ūmnhosú

Água mineral: 물 mur
Água mineral com gás: 탄산수 thansansú

Café: 커피 khóphí
Café com leite: 카페라떼 khapheratê
Café puro: 블랙 커피 būrlec khóphí
Cappuccino: 카푸치노 khaphu tchinô
Chá: 차 tcha
Leite: 우유 uiú
Leite achocolatado: 초코 우유 tchokho uiú
Limonada: 레모네이드 ~remoneidū
Milk-shake: 밀크 쉐이크 mirkhū cheikhū
Refrigerante: 탄산 음료 thansan ūmnhô
Suco: 주스 jussū

BEBIDAS ALCÓLICAS
술
sur

Cerveja: 맥주 mecjjú
Chope: 생맥주 sem mecjjú
Conhaque: 브랜디/꼬냑 būrendí/conhác
Coquetel: 칵테일 khactheír
Gim: 진 jin
Martíni seco: 드라이 마티니 dūrai mathiní
Vinho branco: 백포도주 bec phodojú
Vinho tinto: 적포도주 jóc phodojú
Vodca: 보드카 bodūkhá
Uísque: 위스키 uisūkhí

VOCABULÁRIO 11: O ROSTO
어휘 11: 얼굴
órrui 11: órgúr

Amígdalas: 편도선 phióndosón
Boca: 입 ib
Bochecha: 볼 bor
Cabelo: 머리칼 mórikhár
Cílios: 속눈썹 soc nunssób
Dentes: 치아/이 tchia/i
Garganta: 목젖 moc jód
Gengiva: 잇몸 inmôm
Lábios: 입술 ibssúr
Língua: 혀 rió
Maxilar: 턱뼈 thóc pió
Nariz: 코 kho
Olhos: 눈 nun
Orelha: 귀 gui
Pálpebra: 눈꺼풀 nuncóphúr
Pescoço: 목 moc
Queixo: 턱 thóc
Sobrancelha: 눈썹 nunssób
Testa: 이마 imá

VOCABULÁRIO 12: O CORPO
어휘 12: 몸
órrui 12: mom

Artéria: 동맥 dõm mec
Barriga: 배 be
Bexiga: 방광 bām guām
Braço: 팔 phar
Cabeça: 머리 mórí
Calcanhar: 발꿈치 bar cum tchí
Cintura: 허리 rórí
Coluna vertebral: 등뼈 dūm pió
Coração: 심장 chim jām
Costas: 등 dūm
Costela: 늑골 nūc côr
Cotovelo: 팔꿈치 phar cum tchí
Coxa: 허벅지 róbócjjí
Dedo anular: 약손가락/약지 iacssoncarác/iacjjí
Dedo indicador: 집게 손가락/검지 jibque soncarác/gómjí
Dedo médio: 가운데 손가락/중지 gaunde soncarác/jumjí
Dedo mínimo, mindinho: 새끼 손가락 sequi soncarác
Dedo da mão: 손가락 soncarác

Dedo do pé: 발가락 barcarác
Estômago: 위 ui
Fígado: 간 gan
Joelho: 무릎 murūb
Mão: 손 son
Músculo: 근육 gūnhuc
Nádegas: 엉덩이 óm dóm i
Ombro: 어깨 óque
Órgãos: 신체기관 chintche guiguán
Peito: 가슴 gasūm
Pé: 발 bar
Perna: 다리 darí
Polegar: 엄지(손가락) ómji soncarác
Pulmões: 폐 phe
Pulso: 손목 sonmôc
Quadril: 골반 gorbán
Rins: 신장 chinjām
Seio: 유방 iubām
Tornozelo: 발목 barmôc
Unha: 손톱 sonthôb
Veia: 정맥 jóm méc

VOCABULÁRIO 13: NO MÉDICO: SINTOMAS E DOENÇAS
어휘 13: 진료실에서: 증상과 질병
órrui 13: jirlio chiresó: <u>jūm sām</u> gua jir <u>bióm</u>

Alergia: 알레르기 alerūguí
Amigdalite: 편도선염 phióndosón ióm
Apendicite: 맹장염 mem jām ióm
Artrite: 관절염 guan jórlióm
Asma: 천식 tchón chíc
Ataque epiléptico: 발작 barjjác
Bolha: 물집 murjjib
Bronquite: 기관지염 guiguanjiióm
Cãibra: 쥐 jui
Câncer: 암 am
Catapora: 수두 sudú
Check-up: 매년 검진 menhón gómjín
Coceira: 가려움 garióum
Cólicas estomacais: 위경련 uiguióm nhón
Diabetes: 당뇨병 <u>dām</u> nho pióm
Diarreia: 설사 sórssá
Efeito colateral: 부작용 bujaguiōm
Enjoo: 구역질 gu iócjjir
Enxaqueca: 편두통 phión duthōm
Gastrite: 위염 ui ióm
Gripe: 독감 docám
Inchaço: 붓기 buquí
Infarte: 심장마비 chimjām mabí

Infecção: 감염 gam ióm
Injeção: 주사 jusá
Insônia: 불면증 bur miónjjūm
Laringite: 후두염 rudu ióm
Machucado: 타박상 thabacsām
Náusea: 멀미 mórmí
Parada cardíaca: 심장마비 chim jām ma bí
Paralisia infantil: 소아마비 soamabí
Picada de inseto: 벌레 물림 bórle murlím
Pneumonia: 폐렴 pherióm
Pronto-socorro: 응급 처치 ūm gūb tchótchí
Queimada: 화상 ruasām
Reumatismo: 류머티즘 ~rumóthijūm
Resfriado: 감기 gamguí
Rubéola: 풍진 phum jín
Sangramento: 출혈 tchurrrióm
Sangue: 피 phi
Sarampo: 홍역 rōm ióc
Sinusite: 정맥 두염 jóm mec du ióm
Suturar: 봉합 bōm rráb
Tontura: 현기증 riónguijjūm
Úlcera: 궤양 gue iām
Varíola: 천연두 tchón ión dú

TIPOS DE MÉDICO
의사 종류
ūisa <u>jōmnhú</u>

cardiologista: 심장병 전문의
  chimjāmpióm jónmunūi
Cirurgião geral: 일반외과 의사
  irban uecua ūisá
Clínico geral: 내과 의사 necua ūisá
Dentista: 치과 tchi cuá
Dermatologista: 피부과 의사
  phibucua ūisá
Ginecologista: 산부인과 의사
  sanbuincua ūisá

Neurologista: 신경과 의사
  chinguióm cua ūisá
Oftalmologista: 안과 의사 ancua ūisá
Ortopedista: 정형외과 의사
  jóm rrióm uecua ūisá
Otorrinolaringologista: 이비인후과 의사
  ibiinrrucua ūisá
Pediatra: 소아과 의사 soacua ūisá

VOCABULÁRIO 14: NO DENTISTA
어휘 14: 치과에서
órrui 14: tchicuaesó

Anestesia: 마취 matchí
Antisséptico bucal: 구강 세정제 gugāmse jóm jê
Arrancar um dente: 이 뽑기 i pobquí
Bochechar: 입을 헹구다 ibūr remgudá
Broca de dentista: 치과 드릴 tchicua dūrir
Canal: 신경 치료 chinguióm tchiriô
Cárie: 충치 tchum tchí
Coroa: 치관 tchi guán
Dentadura: 틀니 thūrlí
Dente: 치아 tchiá
Dente de leite: 유치 ui tchí
Dente de siso: 사랑니 sarām ní
Escova de dente: 칫솔 tchissôr
Escovar os dentes: 양치질하다 iām tchi jir radá
Fio dental: 치실 tchi chir
Gargarejo: 가글 gagūr
Hora marcada no dentista: 치과 예약 tchicua ieiác
Obturar um dente: 치아를 치료하다 tchiarūr tchirio rradá
Passar fio dental: 치실을 쓰다 tchi chirūr sūdá
Pasta de dente: 치약 tchi iác

VOCABULÁRIO 15: ARTIGOS DE DROGARIA
어휘 15: 약국 항목
órrui 15: aicuc rām môc

Acetona: 아세톤 acethôn
Água oxigenada: 과산화수소 guasanrruasusô
Algodão: 솜 som
Analgésico: 진통제 jinthôm jê
Aparelho de barbear: 면도기 miôndoguí
Aspirina: 아스피린 assūphirín
atadura: 붕대 bum de
Barbeador elétrico: 전기 면도기
   jóngui miôndoguí
Batom: 립스틱 ~ribssūthíc
Bronzeador: 자외선 차단제
   jauesón tchadanjê
Calmante: 진통제 jinthōmjê
Colírio: 안약 anhác
Condicionador de cabelos: 린스 ~rinssū
Cortador de unhas: 손톱깎이 sonthob caquí
Cotonete: 면봉 miôn bōm
Creme de barbear: 면도 크림 miôndo khūrím
Curativo adesivo: 압박 붕대 apac bumdé
Desodorante em bastão: 데오도란트 (스틱)
   deodoranthū sūthíc
Escova de cabelos: 머리 빗는 솔 (솔빗)
   Móri binnūn sor (sorbíd)
Escova de dente: 칫솔 tchissôr
Esmalte: 매니큐어 menikhiuó

Espuma de barbear: 면도 거품
   miôndo góphúm
Estojo de primeiros socorros: 구급 상자
   gugūb sām já
Fio dental: 치실 tchichír
Gaze: 거즈 gójū
Grampo de cabelo: 헤어 클립 (머리핀)
   reó khūrlíb (móriphín)
Lâmina de barbear: 면도날 miôndonár
Lenço de papel: 크리넥스 (티슈)
   khūrinecssū (thichú)
Papel higiênico: 화장지 ruajām jí
Pasta de dente: 치약 tchi iác
Pente: 빗 bid
Pomada: 연고 ióngô
Preservativo: 콘돔 khondôm
Protetor solar: 선크림 són khūrím
Remédio: 약 iac
Sabonete: 비누 binú
Seringa: 주사기 jusaguí
Supositório: 좌약 juaiác
Talco: 탤컴 파우더 therkhóm phaudó
Tesoura: 가위 gaui
Xampu: 샴푸 xamphú
Xarope: 물약 murlhác

186

VOCABULÁRIO 16: A CASA
어휘 16: 집
órrrui 16: jib

Antena: 안테나 anthená
Banheiro: 욕실 iocchír
Cerca: 울타리 urtharí
Chaminé: 굴뚝 gurtúc
Cozinha: 부엌 buóc
Dormitórios: 침실 tchim chír
Garagem: 차고 tchagô
Jardim: 정원 jóm uón
Lavanderia: 세탁실 sethacquí
Piscina: 수영장 su ióm jām
Porão: 지하 jirrá
Portão: 대문 demún
Quintal: 뒤뜰, 마당 duitūr, madām
Sala de estar: 거실 góchír
Sótão: 다락방 daracpām

VOCABULÁRIO 17: COISAS E OBJETOS DA SALA DE ESTAR
어휘 17: 거실에 있는 것
órrui 17: góchire innūngód

Abajur: 전등 jóndūm
Almofada: 방석 bām sóc
Aparelho de DVD: DVD 플레이어 dibidi phūrleió
Equipamento de som: 음향 장비 ūmrriām jāmbí
Estante: 선반 sónbán
Lareira: 난로 nalô
Mesa de centro: 작은 탁자 jagūn thacjjá
Poltrona: 안락 의자 anrac ūijá
Sofá: 소파 sophá
Tapete: 카펫 khaphét
Televisão: 텔레비전 thelebijón

VOCABULÁRIO 18: COISAS E OBJETOS DA COZINHA
어휘18: 부엌에 있는 것
órrui 18: buógue innūngód

armário: 찬장 tchanjjām
Colher: 숟가락 sucarác
Congelador: 냉동실 nem dõm chir
Copo: 컵 khób
Faca: 칼 khar
Forno: 오븐 obūn
Forno de micro-ondas: 전자 레인지 jónjareinjí
Garfo: 포크 phokhū
Geladeira: 냉장고 nem jăm gô
Máquina de lavar pratos: 식기 세척기 chicqui setchócquí
Pia: 싱크대 chim khū dé
Prato: 접시 jóbchí
Torneira: 수도꼭지 sudococjjí
Torradeira: 토스트기 thossūthūguí
Xícaras: 찻잔 tchajján

Vocabulário adicional
추가 어휘
tchuga órrui

Comida congelada: 냉동 식품 nem dõm chic phúm
Descongelar: 녹이다 noguidá
Esquentar: 데우다/덥히다 deudá/dóphidá
Talheres: 식기 chicquí
Lavar os pratos: 설거지하다 sórgójirradá

VOCABULÁRIO 19: COISAS E OBJETOS DE DORMITÓRIO
어휘 19: 침실에 있는 것
órrui 19: tchim chire innŭngód

Cabides: 옷걸이 ocórí
Cadeira: 의자 ŭijá
Cama: 침대 tchimdé
Cobertor: 담요 damnhô
Criado-mudo: 탁상용 스탠드 tchac<u>s</u>ãm nhõm <u>s</u>ŭthendŭ
Despertador: 알람 시계 arlam chiguê
Guarda-roupa: 옷장 ojjām
Lençol: 시트 chithŭ
Mesa: 탁자 thacjjá
Travesseiro: 베개 begué

Vocabulário adicional
추가 어휘
tchuga órrui

Dobrar o cobertor: 이불 개기 ibur gueguí
Fazer a cama: 침대 정리하기 tchimde jómnirraguí
Pendurar as roupas: 옷 걸기 ocórí
Programar o despertador: 알람 시계 맞추기 arlam chigue matchuguí
Trocar os lençóis: 시트 갈기 chithŭ garguí

VOCABULÁRIO 20: COISAS E OBJETOS DO BANHEIRO
어휘 20: 화장실에 있는 것
órrui 20: ruajāmchire innūngód

Banheira: 욕조 ioc jjô
Chuveiro: 샤워기 chauóguí
Escova de dente: 칫솔 tchissôr
Pasta de dente: 치약 tchiiác
Pia: 세면대 semióndé
Sabonete: 비누 binú
Secador de cabelos: 헤어 드라이어 (드라이기) reó dūraió (dūraiguí)
Toalha: 수건 sugón

Vocabulário adicional
추가 어휘
tchuga órrui

Dar descarga: 변기 물 내리기 bióngui mur neriguí
Escovar os dentes: 양치질하기 iām tchijir raguí
Lavar o rosto: 세수하기 sesurraguí
Olhar-se no espelho: 거울보기 góur boguí
Pentear os cabelos: 머리빗기 móribiquí
Secar o cabelo: 머리말리기 mórimarliguí
Tomar um banho de banheira: 목욕하기 moguioc raguí
Tomar uma ducha: 샤워하기 chauó raguí

VOCABULÁRIO 21: BICHOS E ANIMAIS DE ESTIMAÇÃO
어휘 21: 동물 및 애완 동물
ÓRRUI 21: <u>DÔM</u> MUR MID EUAN <u>DÔM</u> MÚR

Bode: 염소 ió<u>ms</u>ô
Boi: <u>소</u> so
Cachorro: <u>개</u> gue
Cavalo: <u>말</u> mar
Canguru: 캥거루 <u>khem</u> gó rú
Cisne: 고니 (백조) goní (becjjô)
Cobra: 뱀 bem
Coelho: 토끼 khoquí
Falcão: 매 me
Galinha: 암탉 am thác
Galo: 수탉 su thác
Gato: 고양이 goi<u>ãm</u> í
Girafa: 기린 guirín
Hamster: 햄스터 rem<u>ssū</u>thó

Leão: 사자 sajá
Macaco: 원숭이 uón <u>sum</u> í
Papagaio: 앵무새 em mu sé
Pássaro: 새 se
Pato: 오리 ori
Pavão: 공작 g<u>õm</u> jác
Peixe: 물고기 mur coguí
Ovelha: 양 i<u>ãm</u>
Rato: 쥐 jui
Rinoceronte: 코뿔소 kho purssô
Tigre: 호랑이 ror<u>ãm</u> í
Vaca: 암소 <u>ams</u>ô
Zebra: 얼룩말 órlucmár

Vocabulário adicional
추가 어휘
tchuga órrui

Coleira de cachorro: 개 목줄 gue mocjjúr
Gaiola: 새장 sej<u>ãm</u>
Latir: 개가 짖다 guega jitá
Miar: 야옹하고 울다 ia<u>õm</u> rago urdá
Morder: 물다 murdá
Picar: 쏘다 sodá
Pulgas: 벼룩 biórúc
Veterinário: 수의사 su<u>ūi</u>sá

VOCABULÁRIO 22: O ESCRITÓRIO
어휘22: 사무실
ÓRRUI 22: SAMUCHÍR

Arquivo: 파일 phaír
Calculadora: 계산기 guesanguí
Calendário: 달력 darlióc
Cestinho de lixo: 쓰레기통 süreguithōm
Clipe: 클립 khürlíb
Computador: 컴퓨터 khómphiuthó
Copiadora: 복사기 bocssaguí
Durex: 스카치테이프 sükhatchitheiphü
Escâner: 스캐너 sükhenó
Fax: 팩스 phecssü
Furador: 송곳 sōm gôd
Gavetas: 서랍 sóráb
Grampeador: 스테플러 süthephüló
Grampo: 스테플심 süthephurchím
Impressora: 프린터(인쇄기) phürinthó (insegui)
Mesa: 탁자/책상 thacjjá/tchecssām
Pasta arquivo: 폴더 phordó

Vocabulário adicional
추가 어휘
tchuga órrui

Deixar um recado na secretária eletrônica: 자동 응답기에 메시지남기기 jadōm üm dabquie messejirür namguiguí
Enviar um fax: 팩스 보내기 phecssü boneguí
Escanear: 스캔하기 sükhen raguí
Imprimir: 인쇄하기 inserraguí

VOCABULÁRIO 23: DITADOS E PROVÉRBIOS
어휘23: 옛 말 및 속담
órrui 23: ied mar mid soctám

가는 말이 고와야 오는 말이 곱다: 자기가 먼저 남에게 잘 대해줘야 남도 자기에게 잘 대해준다.
Ganūn mari gouaiá onūn mari gobtá: jaguiga mónjó namegue jar derrejuóia namdo jar derrejundá.
Quando a fala é suave, volta suave: Você precisa servir primeiro para ser servido.

강물도 쓰면 준다: 아무리 많아도 쓰면 곧 줄어드니까 아껴 써라.
Gãm murdo sūmión jundá: amuri manado god juródūnica aquió sórá.
O rio também, se usar, diminui: Mesmo que tenha bastante, se usar muito, diminui, por isso economize.

거미도 줄을 쳐야 벌레를 잡는다: 모든 일은 준비가 있어야 결실을 얻을 수 있다.
Gómido jurūr tchóia bórlerūr jabnūndá: modūn irūn junbiga issóia guiórchirūr ódūrssu itá.
A aranha precisa fazer a teia para pegar insetos: Tudo precisa de um esforço para que se obtenha bons resultados.

걷기도 전에 뛰려고 한다: 쉽고 작은 일도 못하면서 더 어렵고 큰 일을 하려 한다.
Góquido jóne tuirióo randá: chibco jagūn irdo mothamiónsó dó órióbco khūn irūr randá.
Tenta saltar antes de caminhar: Quer tentar resolver grandes coisas se nem consegue resolver pequenos problemas.

굶어보아야 세상을 안다: 실제로 배고파 고생해본 사람은 세상살이가 얼마나 어려운가를 안다.
Gurmóboaia sesãm ūr andá: chirjjero begopha gosem rebon saramūn sesãmsariga órmana órióungarūr andá.
Conhece o mundo através da fome: Só quem já passou fome entende como é difícil viver.

남의 떡이 커 보인다: 자기 것에 만족하지 못하고 남이 가진 것을 부러워한다.
Namūi tógui khó boinda: jagui góse manjocrraji mothago nami gajin gósūr buróuórranda.
O pão do outro parece melhor: Nunca está satisfeito com as suas coisas e sente inveja dos outros.

낮 말은 새가 듣고 밤 말은 쥐가 듣는다: 아무도 남몰래 하는 말이라도 말은 퍼지기 마련이니 말 조심해라.
Nanmarūn sega dūco bam marūn jiga dūnnūndá: amudo nammorle ranūn marirado marūn phójigui mariónini mar jochimrrerá.
De dia os pássaros ouvem e de noite os ratos ouvem: Mesmo que pense que ninguém está ouvindo, as palavras se espalham.

내일은 해가 서쪽에서 뜨겠네: 평소 행실과 다르게 행동하는 것이 놀랍다.
Neirūn rega sójjoc esó tūguenné: <u>phiómso</u> <u>rem</u>chirgua darūgue <u>remdōm</u> ranūn góchi norlabtá.
Amanhã o sol nascerá no oeste: Quando acontece o inesperado.

누울 자리 봐가며 발 뻗어라: 모든 것을 미리 살펴, 다가올 결과를 생각해 가면서 일을 시작하라.
Nuur jari bagamió bar pódórá: modūn gósūr sarphió dagaor guiórguarūr <u>sem</u>gakhe gamiónsó irūr chijacrrará.
Observe onde você vai se deitar antes de esticar as pernas: Observe todos os detalhes antes de começar a trabalhar.

다 된 밥에 재 뿌리기: 잘 되어가던 일이나 거의 다 마무리한 일을 갑자기 망쳤을 때.
Da den babe je puriguí: jar deógadón irina góūi da mamurirran irūr gabjjagui <u>mām</u> tchóssūrté.
Estragar a comida que está quase pronta: Quando estraga um trabalho quase pronto.

도둑이 제 발 저린다: 지은 죄가 있는 사람이 누가 뭐라 하기도 전에 조마조마해 한다.
Dodugui je bar jórinda: jiūn jega innūn sarami nuga muóra raguido jóne jomajomarre randá.
O ladrão pisa no seu próprio pé: O culpado, sem saber, mostra as suas falhas.

돌다리도 두드려보고 건너라: 아무리 확실하다 하더라도 주의깊게 살피고 신중히 행동하라.
Dordarido dudūrióbogo gónnórá: amuri ruacchir rada radórado juūiguibque sarphigo chin<u>jum</u>rri <u>rem</u>dōmrrará.
Observe antes de atravessar, mesmo numa ponte de pedra: Observe todas as situações antes de agir.

등잔 밑이 어둡다: 너무 가까운 곳에서 생긴 일은 오히려 알기 어렵다.
<u>Dūm</u> jan mitchi ódubta: nómu gacaun gosesó <u>sem</u> guin irūn orririó argui órióbtá.
É mais escuro debaixo da lanterna: É mais difícil perceber o que acontece ao seu redor.

떡 줄 사람은 생각도 않는데 김칫국부터 마신다: 해 줄 사람은 생각도 않는데 일이 다 된 것처럼 여기고 미리부터 기대한다.
Tóc jur saramūn <u>sem</u> gacto annūnde guimtchicuc buthó machindá: re jur saramūn <u>sem</u>gacto annūnde iri da den gótchóróm ióguigo miributhó guiderrandá.
A pessoa nem confirmou nada, mas já pensa que deu certo: A pessoa pensa que deu tudo certo e fica na expectativa.

말 안하면 귀신도 모른다: 마음 속으로만 생각하지 말고 말을 해야 사람들이 안다.
Mar anrramión guichindo morūndá: maūm sogūroman semgackhaji margo marūr reia saramdūri andá.
Se não falar, nem o fantasma saberá: É preciso falar para que as pessoas saibam e não guardar no coração.

모르는 게 약: 차라리 아무것도 모르면 마음이 편할 것을 알고 있으면 걱정이 생겨 편치 않다.
Morūnūngue iác: tcharari amugóto morūmión maūmi phiónrrar cósūr argo issūmión gócjjóm i semguió phióntchi anthá.
Se não souber, é remédio: Se não se sabe nada, é tranquilo, mas se souber, começa a se preocupar.

물에 빠진 놈 건져놓으니 보따리 내놓으라 한다: 은혜를 모르고 설치는 사람을 욕하는 말.
Mure pajin nom gónjónoūni botari nenoūra randá: ūnrrerūr morūgo sórtchinūn saramūr iocrranūn mar.
Salvou e pede até a mala: Expressão usada para as pessoas que não sabem agradecer.

믿는 도끼에 발등 찍힌다: 철통같이 믿고 있었던 일이나 사람이 기대에 어긋났을 때.
Minnūn doquie bardūm jjikhindá: tchórthōm gatchi mico issóton irina sarami guidee ógūnnassūrté.
É cortado com o próprio machado: Quando uma pessoa em quem confiava sai das suas expectativas.

바늘 가는데 실 간다: 꼭 붙어서 다니는 관계를 말한다.
Banūr ganūnde chir gandá: coc buthósó daninūn guanguerūr mar randá.
Onde vai a agulha, vai a linha: Fala da relação de duas pessoas que são inseparáveis e que sempre andam grudadas.

바늘 도둑이 소 도둑 된다: 작은 악행을 고치지 않으면 장차 큰 악행을 저지르게 된다.
Banūr dodugui so doduc denda: jagūn a<u>khem</u> ūr gotchiji anūmión <u>jām</u> tcha khūn a<u>khem</u> ūr jójirūgue dendá.
O ladrão de agulha vira ladrão de boi: Se não corrigir pequenos erros, cometerá grandes crimes.

병 주고 약 준다: 남의 일을 망치게 해 놓고 도와 주는 척하는 행동을 뜻함.
<u>Bióm</u> jugo iac jundá: name irūr <u>mām</u> tchigue re nokho doua junūn tchóc ranūn <u>rem dōm</u> ūr tūtham.
Dá doença e dá remédio: Quando estraga a situação alheia e finge que está ajudando.

불난 집에 부채질 한다: 성난 사람을 더욱 성나게 하는 경우.
Burnan jibe butchejir randa: <u>sóm</u> nan saramūr dóuc <u>sóm</u> nague ranūn <u>guióm</u> u.
Abala em casa que está pegando fogo: Quando se deixa mais brava uma pessoa que já está irritada.

뿌린 만큼 거둔다: 무슨 일이든 자기가 노력하고 투자한 만큼의 대가를 얻게 마련이라는 뜻.
Purin mankhūm gódundá: musūn iridūn jaguiga noriockhago thujarran mankhūmūi decarūr óque marión iranūn tūd.
Colhe o que semeia: O resultado depende do seu esforço e dedicação.

사공이 많으면 배가 산으로 간다: 저마다 이러쿵저러쿵 참견하면 일이 제대로 안 된다.
Sagōm i manūmión bega sanūro ganda. Jómada irókhum jórókhum tchamguiónrramión iri jedero an denda.
Se tem muitos marinheiros, o barco vai para a montanha: Se há muitos que opinam, não se chega a nenhum resultado.

세 살 버릇 여든까지 간다: 어릴 때 몸에 밴 버릇은 늙어도 고치기 힘들다는 뜻.
Se sar bórūd iódūncaji gandá: órir te mome bem bórūsūn nūrgódo gotchigui rimdūrdanūn tūd.
A mania de 3 anos vai até 80 anos: A mania de infância, se não for corrigida, dura até a morte.

소 잃고 외양간 고친다: 준비를 소홀히 하다가 실패한 후에야 후회하고 뒤늦게 수습하는 경우.
So irkho ueiām can gotchindá: junbirūr sorrori radaga chirpherran rueia ruerrago dui nūque susūbrranūn guióm u.
Perde o seu boi e arruma o curral: Quando o trabalho não deu certo por falta de preparos, não adianta se arrepender.

아는 길도 물어 가라: 매사에 신중해야 함을 강조한 말.
Anūn guirdo muró gara: mesae chinjum reia ramūr gām jorran mar.
Pergunte, mesmo sabendo o caminho: Seja sempre cauteloso.

얌전한 고양이가 부뚜막에 먼저 올라간다: 겉보기에는 조신해 보여도 속은 엉큼한 사람을 뜻하는 말.
Iamjónrran goiām iga butumague mónjó orlagandá: gópoguienūn jochine boiódo sogūn óm khūmrran saramūr tūthanūn mar.
O gato manso sobe primeiro no fogão: As aparências enganam.

열 번 찍어 안 넘어가는 나무 없다: 꾸준히 지속적으로 노력하면 결국에는 이룰 수 있다.
Iórpón jjigó an nómóganūn namu óbtá: cujuni jisocjógūro noriocrramión guiórguguenūn irurssu itá.
Não existe árvore que não caia na décima vez: Se persistir, terá bons resultados.

오르지 못할 나무는 쳐다보지도 말아라: 될 수 없는 일이라면 처음부터 바라지도 마라.
Orūji mothar namunūn tchóda bojido mararā: derssu óbnūn iriramión tchóūm buthó barajido mará.
Nem olhe para uma árvore em que não consiga subir: Se acha que não vai dar certo, nem comece.

옷이 날개다: 꾸미기에 따라서 사람이 달라 보인다.
Ochi narguedá: cumiguie tarasó sarami darla boindá.
A roupa é a asa: A pessoa aparenta ser diferente, dependendo de como se arruma.

원수는 외나무다리에서 만난다: 원한을 맺거나 싫은 사람을 꼭 다시 만난다는 뜻으로 남과 원한을 맺지 마라.
Uónsunūn uenamudariesó mannandá: uónrranūr mecóna chirūn saramūr coc dachi mannandanūn tūsūro namgua uónrranūr mejji mará.
O inimigo se encontra debaixo da ponte: Significa que sempre se encontra de novo com o seu inimigo e, por isso, não guarde rancores dos outros.

작은 고추가 맵다: 몸집이 작은 사람이 큰 사람보다 재주가 뛰어나고 야무짐을 비유적으로 이르는 말.
Jagūn gotchuga mebtá: momjibi jagūn sarami khūn saramboda jejuga tuiónago iamujimūr biiujógūro irūnūn mar.
A pimentinha é mais forte: Quando uma pessoa pequena é mais esperta que uma pessoa grande.

저 먹자니 싫고 남 주자니 아깝다: 나에게 필요없는데도 남에게 주기는 싫다는 뜻으로 몹시 인색하고 욕심이 많은 사람을 말한다.
Jó mócjjani chirkho nam jujani acabtá: naegue phirioóbnūndedo namegue juguinūn chirthanūn tūsūro mobchi inseckhago iocchimi manūn saramūr mar randá.
Não quer comer, mas também não quer dar: Fala de um pessoa egoísta que, mesmo que não precise, não dá para os outros.

제 눈에 안경이다: 남은 어떻게 보든 자기 마음에 들면 그걸로 족하다.
Je nune anguióm idá: namūn ótókhe bodūn jagui maūme dūrmión gūgórlo jocrradá.
Óculos dos meus olhos: Se é bom para mim, não importa o que os outros pensam.

지렁이도 밟으면 꿈틀한다: 약한 사람일지라도 지나치게 업신여기면 성을 낸다.
Jiróm ido barbūmión cumthūr randá: iacrran saramirjjirado jinatchigue óbchinhóguimión sóm ūr nendá.
Mesmo que seja uma minhoca, se é pisada, ela se mexe: Mesmo que seja uma pessoa fraca, se é provocada, fica brava.

집에서 새는 바가지 밖에서도 샌다: 매사에 덤벙대거나 천성이 나쁜 사람은 어디 가든지 똑같다.
Jibesó senūn bagaji baquesódo sendá: Mesae dómbómdegóna tchónsóm i napun saramūn ódi gadūnji tocatá.
Balde que está furado em casa, vaza lá fora também: Pessoa com maus costumes é igual em qualquer lugar.

천릿길도 한 걸음부터: 아무리 큰 일이라도 처음에는 작은 일부터 시작된다.
Tchónli guirdo ran górūm buthó: amuri khūn irirado tchóūmenūn jagūn irbuthó chijacdendá.
Passo a passo para chegar a mil passos: Mesmo que seja um trabalho muito grande, no início é importante começar aos poucos.

코에 걸면 코걸이, 귀에 걸면 귀걸이: 보는 입장에 따라 이렇게 할 수 있고 저렇게 할 수 있는 경우.
Khoe górmión khogórí, guie górmión guigórí: bonūn ibjjām e tara irókhe rarssu ico jórókhe rarssu innūn guióm u.
Se colocar no nariz é piercing, se colocar na orelha é brinco: Depende do ponto de vista.

콩 심은 데 콩 나고 팥 심은 데 팥 난다: 원인에 따라 결과가 생긴다.
Khõm chimūn de **khõm** nagô phad chimun de phad nanda: uónine tara guiórguaga sem guindá.
Onde se planta soja nasce soja e onde se planta feijão nasce feijão: O resultado depende da causa.

티끌 모아 태산: 아무리 작은 것이라도 모이면 큰 것이 된다.
Thicūr moa thesán: amuri jagūn góchirado moimión khūn góchi dendá.
De grão em grãos: Mesmo que seja algo pequeno, se juntar, vira uma coisa grande.

하늘의 별 따기: 이루기 매우 어렵다.
Ranūrūi biór taguí: irugui meu órióbtá.
Pegar estrela do céu: Uma coisa difícil de se realizar.

하늘이 무너져도 솟아날 구멍이 있다: 아무리 큰 재난에 부딪히더라도 극복할 길은 있다.
Ranūri munójódo sosanar gumóm i itá: amuri khūn jenane buditchidórado gūcpocrrar guiri itá.
Mesmo que o céu desabe, tem como se salvar: Mesmo em tragédias, há caminho para a superaração.

호랑이는 죽어서 가죽을 남기고 사람은 죽어서 이름을 남긴다: 사람은 생전에 쌓은 공적으로 명예를 남기게 되므로 생전에 보람 있는 일을 해놓는 것이 중요하다.
Rorãm inūn jugósó gajugūr namguigo saramūn jugósó irūmūr namguindá: saramūn semjóne saūn gōmjjógūro mióm ierūr namguigue demūro semjóne boram innūn irūr renonūn góchi jum iorradá.
Quando um tigre morre, deixa o seu couro, e quando uma pessoa morre, deixa seu nome: É importante a pessoa em vida fazer boas obras para ser honrado após a morte.

형만 한 아우 없다: 아무리 동생이 잘난 것 같아도 형이 생각도 더 깊고 어른스러운 행동을 한다는 뜻
Rióm manrran au óbtá: amuri dōm sem i jarnangód gathado rióm i semgacto dó guibco órūnsūróun rem dōm ūr randanūn tūd
Não existe um irmão mais novo que seja melhor que o mais velho: Mesmo que o mais novo seja bom, o mais velho é sempre mais sábio e maduro.

혹 떼러 갔다가 혹 붙여 온다: 자기가 진 짐을 덜어내려고 하다가 더 큰 짐을 지게 된 경우.
Roc teró gataga roc butchó ondá: jaguiga jin jimūr dóróneriógo radaga dó khūn jimūr jigue den guióm u.
Foi tirar caroço, mas voltou com mais: Quando uma pessoa quer descarregar o seu peso, mas volta com mais peso.

화장실 들어갈 때 마음 다르고 나올 때 마음 다르다: 급할 때는 매달리다가 일이 무사히 마치면 모른 체 한다.

Ruajãm chir dūrógarte maūmdarūgo naorte maūm darūdá: gūphartenūn medalidaga iri musarri matchimión morūn tche randá.

Quando entra no banheiro, pensa de um jeito e quando sai, pensa de outro jeito: Quando precisa de ajuda, você insiste, mas quando resolve, ignora.

VOCABULÁRIO 24: EXPRESSÕES COMUNS DO DIA A DIA
어휘24: 일상 생활 표현
órrui 24: ir sãm sem ruar phiorrión

Acabou? – 끝났어요? Cūnnassóiô?
Acelera! – 밟아요! Barbaiô!
A conclusão é... – 결론은... guiórlonūn...
Aconteça o que acontecer! – 무슨 일이 일어나든! Musūn iri irónadūn!
Acredite se quiser! – 믿거나 말거나! Micóna margóná!
Adivinha o quê! – 맞춰 보세요! Matchuó boseiô!
Aguenta firme aí! – 힘내세요! Rimneseiô!
A propósito... – 말 나온 김에... mar naon guimé...
Aqui está! – 여기 있어요! Iógui issóiô!
Até aqui tudo bem! – 지금까지 정말 좋아요! Jigūmcaji jómmar joaiô!
A vida é assim mesmo! – 인생은 다 그런 거예요! Insem ūn da gūrón góieiô!
À vista ou no cartão? – 현찰로 하시겠어요? 카드로 하시겠어요?
　　Rióntcharlo rachiguessóiô? Khadūro rachiguessóiô?
Bem feito! – 혼날 짓을 했어! Ronnar jisūr ressó!
Cara ou coroa? – 동전 앞면 뒷면? Dōmjón abmión duinmión?
Com certeza! – 확실해요! Ruacchir reiô!
Como é que pode! – 이럴수가! Irórssugá!
Com o passar do tempo... – 시간이 지나면... chigani jinamión...
Contenha-se! – 진정하세요! Jinjóm raseiô!
Controle-se! – 참으세요! Tchamūseiô!
Conseguiu? – 잘 됐어요? Jardessóiô?
Cuide da sua vida! – 네 걱정이나 해! Ni gócjjóm inarré!
Dá para perceber! – 알겠다! Arguetá!
Daqui para a frente... – 앞으로... aphūrô...
Dá uma olhada! – 한번 봐요! Ranbón boaiô!
Dá um tempo! – 시간을 갖자! Chiganūr gajjá!
De agora em diante... – 이제부터... ije buthó...
Deixa para lá! – 놔 둬요! Nua duóiô!
De jeito nenhum! – 절대로 안돼! Jórterô andé!
Desembucha! – 털어놔 봐! Thórónuabuá!
Deu tudo certo no final. – 다 잘 됐어. Da jar dessó.
Dois é bom, três é demais! – 둘은 적당하고 셋은 무리야! Durūn jóctāmrrago sesūn muriiá!
E agora? – 어떡하지? Ótókhají?
É a sua vez! – 네 차례야! Ni tchareiá!
E daí? – 그래서 뭐? Gūresó muó?
É isso aí! – 그래 맞아! Gūre majá!
É mesmo! – 그래! Gūré!

É por minha conta! – 내가 한 턱 쏠게! **Nega ranthóc sorquê!**
É para o seu próprio bem! – 너를 위해서야! **Nórŭr uirresóiá!**
Era uma vez... – 옛날 옛날에... **iennar iennaré...**
É só uma brincadeirinha! – 장난이야! **jām naniiá!**
É uma droga! – 짜증나요! **jjajŭmnaiô!**
Eu idem! – 나도 동감! **Nado dōmgám!**
Eu já vou embora! – 지금 갈 거야! **Jigūm garcóiá!**
Eu também! – 나도! **Nadô!**
Fala logo! – 빨리 말해 봐! **Parli mar re boá!**
Falar é fácil, difícil é fazer! – 말하기는 쉽기만 실행하기는 어려워요!
   Mar raguinūn chibjjiman chir rem raguinūn órióuóiô!
Fique à vontade! – 편하게 계세요! **Phiónrrague gueseiô!**
Foi demais! – 정말 좋았어요! **Jóm mar joassóiô!**
Há quanto tempo a gente não se vê! – 정말 오랜만이야! **jómmar orenmaniiá!**
Isso dá! – 이거면 돼! **Igómión dé!**
Isso é bobagem. – 이건 어리석은 일이야. **Igón órisógŭn iriiá.**
Isso é mentira. – 이건 거짓말이야. **Igón gójinmariiá.**
Isso é um roubo! – 이건 사기야! **Igón saguiiá!**
Isso que é vida! – 이게 인생이야! **Igue insem iá!**
Isso serve! – 이거면 돼! **Igómión dé!**
Isso te lembra alguma coisa? – 이거 뭐 생각나니? **Igó muó sem gac naní?**
Já volto! – 금방 올게! **Gūmbām orquê!**
Juro por Deus. – 맹세할게. **Mem se rarquê.**
Legal! – 좋아! **Joá!**
Mas e se...? – 하지만... ~다면? **Rajiman... ~damión?**
Me deixa em paz! – 나 좀 내버려둬! **Na jom nebórióduó!**
Missão cumprida! – 임무 끝! **Immu cūd!**
Muito bem! – 잘 했어! **Jar ressó!**
Nada é de graça! – 공짜가 아니야! **Gōmjjaga aniiá!**
Nada feito! – 동의 못해! **Dōm i mothé!**
Não é da sua conta! – 네가 상관할 일이 아니야! **Niga sām guan rrar iri aniiá!**
Não esquenta! – 열 받지 마세요! **Iór bajji maraiô!**
Não importa! – 상관없어요! **Sām guan óbssóiô!**
Não me entenda mal. – 오해하지 마세요. **Orrerraji maseiô.**
Não posso acreditar! – 믿을 수 없어요! **Midŭrssu óbssóiô!**
Não se preocupe! – 걱정하지 마세요! **Gócjjóm raji maseiô!**
Não tem importância. – 중요하지 않습니다. **Jum io raji anssŭmnidá.**
Não tenho a mínima ideia. – 어떻게 해야 할지 전혀 모르겠어요.
   Ótókhe reia rarjji jónrrió morŭguessóiô.
Não tenho pressa. – 바쁘지 않아요. **Bapŭji anaiô.**
Negócio fechado! – 거래 완료! **Góre uarliô!**
O que adiantaria isso! – 그게 무슨 소용이야! **Gūgue musŭn soiōm iá!**

201

O que eu ganho com isso? – 그 일로 내가 얻는 건 뭐예요? Gū irlo nega ódūn gón muóieiô?
O que foi que você disse? – 무슨 말을 했나요? Musūn marūr rennaiô?
O que há com você? – 무슨 일이에요? Musūn iriieiô?
O que você está tramando? – 무슨 일을 꾸미고 있나요? Musūn irūr cumigo innaiô?
O que você quer dizer? – 무엇을 의미합니까? Muósūr ūimirramnicá?
Parabéns! – 축하합니다! Tchukharramnidá!
Para com isso! – 그만해요! Gūmanrreiô!
Para de brincar! – 그만 장난쳐요! Gūman jăm nantchóiô!
Pelo amor de Deus! – 맙소사! Mabssosá!
Pé na tábua! – 밟아요! Barbaiô!
Pode crer! – 믿어 봐요! Midóboaiô!
Por outro lado... – 반면... banmión...
Primeiro as damas! – 숙녀 먼저! Sucnhó mónjó!
Puxa vida! – 이런! Irón!
Qual é a graça? – 뭐가 웃겨요? Muóga uquióiô?
Qual é o placar? – 몇 대 몇입니까? Mióte mióchimnicá?
Qual é a pressa? – 바쁘십니까? Bapūchimnicá?
Qual é o problema? – 무슨 문제입니까? Musūn munjeimnicá?
Que eu saiba... – 내가 알기론... nega arguirôn...
Que eu me lembre... – 내 기억에는... ne guióguenūn...
Que mundo pequeno! – 참 세상 좁다! Tcham sesām jobtá!
Que vergonha! – 정말 창피하네요! Jóm mar tcham phi raneiô!
Resumindo... – 그러니까... gūrónicá...
Sabe de uma coisa? – 그거 알아요? Gūgó araiô?
Se eu estivesse na sua pele/no seu lugar... – 내가 당신이라면... nega dāmchiniramión...
Segura as pontas! – 끝까지 참아요! Cūcaji tchamaiô!
Sei lá! – 정말 모르겠어요! Jóm mar morūguessóiô!
Sem dúvida! – 한치의 의심도 없어요! Rantchiūi ūichimdo óbssóiô!
Sem ressentimentos. – 뒤끝 없이. Duicūd óbchí.
Sério? – 정말? Jóm mar?
Sinta-se em casa! – 편하게 지내요! Phiónrrague jineiô!
Sirva-se! – 드세요! Dūseiô!
Some daqui! – 여기에서 나가요! Ióguiesó nagaiô!
Só por cima do meu cadáver! – 절대 안돼! Jórte andé!
Sorte sua! – 너 운이 좋다! Nó uni jothá!
Tanto faz! – 뭐든! muódūn!
Te vejo por aí! – 또 보자! To bojá!
Tô brincando! – 농담이야! Nõm damiiá!
Vá com calma! – 침착하게 해! Tchimtchacrraguerré!
Vai dar tudo certo! – 다 잘 될 거야! Da jar dercóiá!
Vai te fazer bem! – 너한테 좋을 거야! Nórranthe joūrcóiá!
Vale a pena! – 할만해! Rarmanrré!

Vamos entrando! – 들어가자! **Dūrógajá!**
Você é quem manda! – 네가 알아서 해! **Niga arasórré!**
Você está falando sério? – 정말이야? **Jóm mar iá?**
Você tem fogo? – 불 있어요? **Bur issóiô?**
Vivendo e aprendendo! – 살면서 배우면서! **Sarmiónsó beumiónsó!**

VOCABULÁRIO 25: VOCABULÁRIO COMERCIAL
어휘25: 비즈니스 어휘
órrui 25: bijūnissū órrui

abono: 수당 sudām
Abordagem: 접근 jóbcūn
Acionista: 주주 jujú
Ações de empresa: 회사의 주식 ruesaūi juchíc
Ações de mercado: 공유 gōm iu
Acordo: 협상 rióbsām
Agência de publicidade: 광고 대행사 guāmgo derrem sá
Agenda: 일정 irjjóm
Agiota: 대금업자 degūm óbjjá
Alfândega: 세관 seguán
Amostra: 견본 guiónbôn
Anunciar: 광고하다 guām gorradá
Anúncio: 광고 guām gô
Aplicar dinheiro: (돈을) 투자하다 (donūr) thujarradá
Apólice de seguros: 보험 borróm
Aposentar-se: 은퇴하다 ūntherradá
Aposentado: 은퇴 ūnthé
Atender a uma demanda: 수요를 충족 하다 suiorūr tchum jocrradá
Atingir o ponto de equilíbrio: 평형 점에 도달하다 phióm rrióm jóme dodar radá
Atividade principal de uma empresa: 회사의 주요 활동 ruesaūi juio ruartōm
Aumentar: 증가 gūm gá
Aumentar o preço: 가격이 오르다 gaguiógui orūdá
Aumento de preços: 가격 증가 gaguióc gūmgá
Avaliação: 평가 phióm cá
Avalista: 보증인 bogūm ín
Balancete: 대차 대조표 detcha dejophiô
Balanço: 균형 guiunrrióm
Balanço comercial: 무역 수지 muióc sují
Benefícios: 장점 jām jjóm
Bolsa de valores: 증권 거래소 jūm cuón góresô
Campanha de publicidade: 홍보 활동 rombo ruartōm
Candidato: 후보자 rubojá
Candidato a um emprego: 입사 지원 ibssa jiuón
Capital de giro: 자본 jabôn
Carro da empresa: 회사차 ruesa tchá
Cédula: 지폐 jiphê
Comprador: 구매자 gumejá

Compromisso: 선약 sónhác
Conciliação: 조정 jojóm
Concorrente: 경쟁자 guióm jem já
Concorrência: 경쟁 guióm jém
Conta: 계좌 guejá
Contador: 회계사 rueguesá
Contas a pagar: 미지급금 miji gūbgūm
Contas a receber: 미수금 misugūm
Contratar: 고용하다 goiõm rradá
Contrato: 계약 gueiac
Corretor: 중개업자 jumgueóbjjá
Corretor de seguros: 보험 설계사 borróm sórguesá
Crescimento rápido: 급속한 성장 gūbssokhan sómjām
Cumprir um prazo: 마감일에 맞추다 magamire matchudá
Currículo: 이력서 iriócssó
Custo de vida: 생활비 sem rruar bí
Dar aviso prévio: 통지하다 thōm ji rradá
Data de vencimento: 유통 기간 iuthōm guigán
Demitir: 해고하다 rego rradá
Desenvolver-se rapidamente: 신속하게 개발하다 chinsónrrague guebar rradá
Desvalorização: 평가 절하 phiómca jór rrá
Dinheiro (moeda corrente): 돈 (화폐) don (ruaphê)
Diretoria: 이사회 isarrué
Discriminação de itens: 차별 항목 tchabiór rām môc
Emprego em meio período: 비정규직 bijómguiujíc
Emprego em tempo integral: 정규직 jómguiujíc
Empresa iniciante: 창업 tchām ób
Empréstimo bancário: 은행 융자 ūnrrem ium já
Entrada: 입구 ibcu (local)
Escritório central: 중앙 사무실 jum ām samuchír
Especialidade: 전문 jónmún
Expansão econômica: 경제 성장 guióm je sóm jām
Extrato bancário: 은행 잔고 ūn rrem jāmgô
Fabricante: 제조업자 jejo óbjjá
Fabricar: 제조하다 jejorradá
Fazer publicidade: 광고하다 guām go rradá
Fechar um negócio: 거래를 하다 górerūr rradá
Fiador: 보증인 bojūm ín
Filial: 지사 jisá
Fornecedor: 공급자 gōm gūb jjá
Franqueado: 프랜차이즈 phū ren tchaijū
Franquia: 독점 판매권 docjjóm phanmecuón

Frete: 화물 ruamúr
Frete aéreo: 항공화물 rām gōm rua múr
Funcionário: 종업원 jōm óbuón
Fusão: 퓨전 phiujón
Hipoteca: 저당 jódām
Hora marcada: 약속 시간 iacssôc chigan
Horário comercial: 영업 시간 ióm ób chigán
Importância: 중요성 jum io sóm
Imposto: 세금 segūm
Instalações comerciais: 상업 시설 sām ób chi sór
Instruções: 방향 bām riām
Investir: 투자하다 thuja rradá
Isento de impostos aduaneiros: 관세 면제 guanse miónjê
Laudo de avaliação: 평가 보고서 phióm ca bogosó
Licença-maternidade: 출산 휴가 tchur san riu gá
Licitação: 입찰 ibtchár
Linha de montagem: 조립 라인 jorib ~raín
Lista de tópicos que serão discutidos: 논의 할 주제 목록 nonirrar juje mōmnôc
Logotipo: 상표 sāmphiô
Lucro: 이익 iíc
Mão de obra: 노동력 nodōmnhóc
Margem de lucro: 수익률 suicnhúr
Matéria-prima: 원자재 uónjajé
Matriz: 본점 bonjóm
Melhor indicador: 가장 좋은 지표 gajām joūn jiphiô
Mercado de ações: 증권 시장 jūm cuón chijām
Mercadoria: 상품 sām phúm
Moeda corrente: 통화 thōm rruá
Nicho de mercado: 틈새 시장 thūm se chijām
Nota: 주의 juūi
Número de identificação pessoal: 개인 식별 번호 guein sicbiór bónrrô
O mais breve possível: 가능한 빨리 ganūm rran parlí
Oportunidades de promoção: 세일 기회 seir guirrué
Orçamento: 예산 iesán
Organização não governamental (ONG): 비정부기구 (NGO) bijóm buguigú
Organização sem fins lucrativos: 비영리적인 biiómnijóguín
Pagamento inicial: 계약금 gueiacūm
Participação no mercado: 시장 점유율 chijām jóm iuiúr
Peso bruto: 총중량 tchom jum nhām
Peso líquido: 순중량 sun jum nhām
Pessoa com maior autoridade em uma empresa: 관리자 guarlijá
Pessoa viciada em trabalho: 일 중독 ir jum dôc

Plano de carreira: 채용 계획 Tcheiõm guerruéc
Plano de pensão: 연금 ióngūm
Ponto de equilíbrio: 평형 phiómrrióm
Ponto de referência: 경계표 guióm gue phiô
Preço de custo: 비용 가격 biiõm gaguióc
Prestações: 분납금 bun nab cūm
Produto básico, primário: 기본 제품 guibôn jephúm
Produto interno bruto: 국내 총 생산 gucné tchôm sem sán
Propaganda: 홍보 rõmbô
Prosperar: 번창하다 bón tchãm rradá
Publicidade: 광고 guãmgô
Quantia de dinheiro: 금액 gūméc
Quebra de contrato: 계약 위반 gueiác uibán
Recolocação de executivos: 임원 재배치 imuón jebetchí
Redução da força de trabalho (número de funcionários de uma empresa):
  인력(회사의 직원 수)의 감소 ilhóc (ruesaūi jiguón su) ūi gamsô
Relação custo-benefício: 비용대비 효율 관계 biiõmdebi rioiur guangué
Rescisão de contrato: 계약 종료 gueiac jõmnhô
Resumo: 개요 gueiô
Saldo bancário: 은행 잔고 ūnrrém jangô
Seguro médico: 의료 보험 ūiriô borróm
Sindicato: 노동조합 nodõm jorráb
Superlotação (avião, trem etc.): 혼잡 (비행기, 기차 등등...) ronjáb (birremguí, guitchá dūm dūm...)
Tarifas de frete: 운임 uním
Taxa: 세금 segūm
Taxa de juros: 부가세 bugase
Tendências do mercado: 시장 동향 chijám dõm rriám
Unidade monetária: 화폐 단위 ruaphé dan uí
Valor agregado: 값 gab
Zona de livre comércio: 자유 무역 지구 jaiú muióc jigú

VOCABULÁRIO 26: CORES
어휘 26: 색깔
órruí 26: seccár

Amarelo: 노란색 noranséc
Azul: 파란색 pharanséc
Azul-claro: 하늘색 ranürsséc
Azul-escuro: 남색 namséc
Branco: 하얀색 raianséc
Castanho: 밤색 bamséc
Cinza: 회색 rueséc
Laranja: 주황색 jurruãmséc
Lilás: 연보라색 iónboraséc
Marrom: 갈색 garsséc
Preto: 검정색 gómjóm séc
Rosa: 분홍색 bunrrõm séc
Roxo: 보라색 bora séc
Verde: 초록색 tchoroc séc
Verde-claro: 연두색 ióndu séc
Vermelho: 빨간색 parganséc

III. GUIA DE REFERÊNCIA GRAMATICAL
문법에 대한 안내
munpóbé derrán anné

III. GUIA DE REFERÊNCIA GRAMATICAL
문법에 대한 안내
munpóbé derrán anné

O objetivo desta seção é apresentar um panorama da estrutura de língua coreana e servir de apoio e referência a todas as frases e diálogos apresentados no livro.

O conteúdo desta seção também será útil para você compreender melhor (e relembrar) conceitos fundamentais do idioma – como as formas de tratamento formal e informal, o uso de pronomes e a conjugação de verbos regulares e irregulares – e esclarecer dúvidas relativas aos principais aspectos gramaticais do idioma.

Lembre-se de que a estrutura gramatical de qualquer língua é o esqueleto que sustenta todas as frases e diálogos no idioma, daí a importância dos quadros esquemáticos aqui apresentados.

Antes de apresentar as principais regras gramaticais, gostaria de mencionar alguns aspectos importantes da língua coreana:

» Na língua coreana não existe a regra da tonicidade e, por isso, as palavras são lidas acentuando-se a **última sílaba**.
» Não existe a distinção das palavras em **masculino** e **feminino**.
» **Não existe a letra maiúscula e minúscula.**
» A formação das frases são: **sujeito + complementos (objetos) + tempos verbais**
» As frases sempre **terminam com os tempos verbais**.
» Para todos os pronomes pessoais é usado o mesmo verbo (não há conjugação para os pronomes pessoais). Ex: vou, vai, vamos, vão = 가요 (o mesmo verbo para todos os pronomes pessoais)
» Existem **escalas de formalidade** nos tempos verbais (a maioria dos diálogos deste livro estão no modo formal e aqueles que estão no modo informal estão marcados com *)
» As palavras terminadas com a letra "O" e "E" não são pronunciadas como letra "U" e "I" como lemos em português. Ex: **sapo**(u) /**fome**(i)
» Na língua coreana não existe os sons de "F" e "Z".
» As palavras da família silábica "D" (DA, DE, DI, DO, DU) devem ser lidas com a pronúncia "original" e não como lemos algumas palavras como: **dia**, **sede**, **tarde**, etc.
» A pronúncia de todas as palavras da família silábica "S" (SA, SE, SI, SO, SU) são lidas como se fossem no começo das palavras, como: 사과 **saguá**/주사 **jusá**
» A pronúncia das letras "B", "D", "G", "J", "S" devem ser lidas mais suavemente que o normal. Ex: 바지 **baji**/다리 **dari**/가지 **gaji**/자두 **jadu**/사자 **saja** (+)
» A letra "ū", que não existe no português, é muito usada na Coreia e seu som se aproxima de um "u" deitado. com o formato da boca em "—".
» As palavras pronunciadas com terceira letra em "o" (ex: 강 **gām**) em coreano (som de til) serão grifadas nas falas para distinguir do som de "M".
» Todas as falas em coreano deste livro tem a sua **pronúncia escrita em português** do lado das falas para auxiliar na leitura. (mas existem algumas **pronúncias que não existem** na língua portuguesa e, portanto, é importante também compará-las com o áudio).

Índice de assuntos do Guia de referência gramatical

1 – Alfabeto coreano (pronúncia)
2 – Formação de frases (sujeito + complementos + verbo)
3 – Tempos verbais (Conjugação de verbos)
4 – Presente – Verbo ser: ~이에요/예요/입니다 ~i e io/ieio/imnida.
5 – Complemento nominal (partícula do sujeito): ~은/는/이/가 ~ūn/nūn/i /ga
6 – Verbos "estar em~/não estar em": ~에 있다/없다 ~e idta/óbta
7 – Preposição "com": ~하고 ~rago
8 – Preposição "também": ~도 ~do
9 – Preposição 1 "por"(quantidade): ~에 1 ~e 1
10 – Presente simples: ~습니다/ㅂ니다 ~sūmnida/b nida
11 – Imperativo formal 1: ~(으)세요 1 ~(ū)seio 1
12 – Imperativo formal 2: ~(으)세요 2 ~(ū)seio 2
13 – Negativo: ~지 않다 ~ ji antha
14 – Pretérito perfeito: 았/었/였~ ad/ód/iód ~
15 – Preposição 2 "à(s)": ~에 2 ~e 2
16 – Preposição "mas": 하지만/~지만/그러나/~나 rajimán/~jimán/gūróná/~na
17 – Uso do Vamos + verbo: ~(으)ㅂ시다 ~(ū)ㅂ chidá
18 – Uso do "Que tal?": ~(으)ㄹ 까요? ~(ū)r caiô?
19 – Preposição "em": ~에서 ~esó
20 – Uso de "gostaria de~": ~고 싶다 ~go chibtá
21 – Futuro 1: ~(으)ㄹ것이다 ~ (ū)r góchidá
22 – Futuro 2: ~(으)ㄹ게요 ~(ū) r queiô
23 – Uso do verbo "poder": ~(으)ㄹ 수 있다/없다 ~(ū)r su idtá/óbtá
24 – Uso do "se": ~(으)면 ~(ū)mión
25 – Preposição "para algum lugar": ~(으)로 ~(ū)rõ
26 – Uso dos verbos "preciso/tem que": ~아/어/여야 하다 ~a/ó/ió iá raá
27 – Preposição "e": ~고 ~go /co
28 – Preposição "de": ~한테(서)/~에게(서) ~ranthesó/~eguesó
29 – Uso do verbo "ir" (presente) + verbo no futuro: 가서 + ~(으)ㄹ 거예요 gasó + ~(ū)r cóieiô
30 – Presente contínuo: ~고 있다 ~go itá
31 – Passado contínuo: ~고 있었다 ~go issótá
32 – Futuro contínuo: ~고 있을 것이다 ~go issūrcóchidá
33 – Uso dos verbos "acho/parece que": ~(으)ㄹ 것 같다 ~r cód gathá
34 – Conjunção "antes que": ~기 전에 ~gui jóné
35 – Uso do verbo "poderia"?: ~아/어/여 주시겠어요? ~a/ó/ió juchiguessóiô?
36 – Preposição "para alguém": ~에게/~한테/~께 ~egué/~ranthé/~quê
37 – Uso do pronome "quando"?: 언제? ónjê?
38 – Uso do pronome "o que"?: 무엇?/뭐? muód?/muó?
39 – Uso do advérbio "aonde"?: 어디? ódí?
40 – Uso do pronome "como"?: 어떻게? ótókhé?

41 – Uso do pronome "por que"?: 왜? **ué?**
42 – Uso do pronome "quem"?: 누구?/누가? **nugú? nugá?**
43 – Uso dos pronomes "isto/este/esta": 이것이/이게/이것은/이건/이~ **Igóchí/iguê/igósūn/igón/i~**
44 – Uso dos pronomes "aquilo/aquele/aquela": 저것이/저게/저것은/저건/저~ **jógóchi/jógué/jógósūn/jógón/jó~**
45 – Uso da expressão "não é"?: (이)지요? **(i) jiiô?**
46 – Uso da expressão "é": (이)ㄴ인데요 **indeiô**
47 – Preposição "e": ~와/~과 **~ua/~guá**
48 – Uso da expressão "mais que": ~보다 **~bodá**
49 – Preposição "de": ~의 **~ūi**
50 – Preposição "ou": ~(이)나/또는 **~(i)na/tonūn**
51 – Locuções "a partir de ~até às": ~부터 ~까지 **~buthó ~cají**
52 – Expressão "por causa de": (왜냐하면) ~기 때문에 **(uenharramión) ~gui temuné**
53 – Expressão "verbo ir no presente + verbo infinitivo": ~러 가요 **~ró gaiô**
54 – Expressão "gostar/não gostar de": 좋아하다/싫어하다 **joarradá/chirórradá**
55 – Expressão "se chama~": ~라고 하다 **~ragô rradá**
56 – Uso de "contagem" de coisa/pessoa/veículo/idade/calçado/animal/xícara/livro/folha/flor: ~개/~명/~대/~살/~켤레/~마리/~잔/~권/~종이/~송이
~**gue**/~**mióm**/~**de**/~**sar**/~**khiórle**/~**mari**/~**jan**/~**guón**/~**jōm** i/~**sōm** i
57 – Uso de "horas" (시간 **chigan**): ~시 **~chi**

1. Alfabeto coreano (pronúncia)

1.1 Vogais

As 10 vogais simples são:

ㅏ, ㅑ, ㅓ, ㅕ, ㅗ, ㅛ, ㅜ, ㅠ, ㅡ, ㅣ

ㅏ	[a]	아기	aguí	bebê
ㅑ	[ia]	야구	iagú	beisebol
ㅓ	[ó]	어머니	ómóní	mãe
ㅕ	[ió]	여우	ióu	raposa
ㅗ	[o]	오이	oí	pepino
ㅛ	[io]	요리	iorí	culinária
ㅜ	[u]	우유	uiú	leite
ㅠ	[iu]	유리	iurí	vidro
ㅡ	[ū]	크기	kūguí[1]	tamanho
ㅣ	[i]	이마	imá	testa

As 11 vogais derivadas são:

ㅐ, ㅒ, ㅔ, ㅖ, ㅘ, ㅙ, ㅚ, ㅝ, ㅞ, ㅟ, ㅢ

ㅐ	[e]	개미	guemí	formiga
ㅒ	[ié]	얘기	ieguí	conversa
ㅔ	[e]	신체	chintchê	corpo
ㅖ	[iê]	예	iê	sim
ㅘ	[uá]	와인	uaín	vinho
ㅙ	[ué]	왜?	ué?	por quê?
ㅚ	[uê]	외부	uebú	exterior
ㅝ	[uó]	미워	miuó	é feio
ㅞ	[ue]	웨이터	ueithó	garçom
ㅟ	[ui]	위	ui	cima
ㅢ	[ūi]	의사	ūisá	médico

1. som da letra "u" deitado com formato da boca em —

1.2 Consoantes (+ – alguns sons mais suaves):

As 14 consoantes básicas são:

ㄱ, ㄴ, ㄷ, ㄹ, ㅁ, ㅂ, ㅅ, ㅇ, ㅈ, ㅊ, ㅋ, ㅌ, ㅍ, ㅎ

ㄱ	[guiióc – som de g+/k]	고기/축구	goguí/tchukú	carne
ㄴ	[niūn – som de n]	나비/손	nabí/son	borboleta/mão
ㄷ	[digūd – som de d+/t]	다리/있다	darí/itá	perna-ponte/tem
ㄹ	[riūr – som de ~ r/l]	라디오/콜라	~radiô/kholá	rádio/coca
ㅁ	[miūm – som de m]	무/곰	mu/gom	nabo/urso
ㅂ	[biūb – som de b+/p]	바다/먹보	badá/mócpô	mar/comilão
ㅅ	[chiod – som de s+/ch]	사자/도시	sajá/dochí	leão/cidade
ㅇ	[iūm – som de h (sem som)]	아기	aguí	bebê
ㅈ	[jiūd – som de j+/jj]	자두/걱정	jadú/gócjjóm	ameixa/preocupação
ㅊ	[tchiūd – som de tch]	차	tchá	carro/chá
ㅋ	[khiūd – som de kh]	키	khi	altura
ㅌ	[thiūd – som de th]	타조	thajô	ema
ㅍ	[phiūb – som de ph]	파	pha	cebolinha
ㅎ	[riūm – som de rr]	하마/공부하다	ramá/gōm burradá	hipopótamo/estudar

As 5 Consoantes Duplas são:

ㄲ, ㄸ, ㅃ, ㅆ, ㅉ

ㄲ	[ssām guiióc – som de k]	꼬리	korí	rabo
ㄸ	[ssām digūd – som de t]	땅	tām	terra
ㅃ	[ssām biūb – som de p]	아빠	apá	pai
ㅆ	[ssām chiod – som de ss]	비싸다	bissadá	ser caro
ㅉ	[ssām jiūd – som de jj]	찌개	jjigué	ensopado

1.3 As 7 pronúncias das consoantes depois das vogais são (CVC):

ㄱ ㄲ ㅋ	[som de k/c]	각 갂 갃	gak	ex: 맥주	mecjju	cerveja
ㄴ	[som de n]	난	nan	ex: 산	san	mão
ㄷ,ㅌ,ㅅ ㅆ ㅈ ㅊ ㅎ	[som de d]	닫 닽 닷 닸 닺 닻 닿	dad	ex: 꽃	cod	flor
ㄹ	[som de ~r]	달	dar	ex: 발	bar	pé
ㅁ	[som de m]	맘	mam	ex: 감	gam	caqui
ㅂ ㅍ	[som de b]	밥 앞	bab/ab	ex: 법/무릎	bób/murūb	lei/joelho
ㅇ	[som de til -ãm/ng]	앙	ãm²	ex: 공	gõm	bola

1.4 Tabela de intensidade na pronúncia (som) de algumas consoantes:

		Som mais suave (+)		
ㄱ	가 – ga	가지	gaji	beterraba
ㄷ	다 – da	다리	darí	perna
ㅂ	바 – ba	바지	bají	calça
ㅅ	사 – sa	사과	saguá	maçã
ㅈ	자 – ja	자두	jadú	ameixa
		Som médio (com sopro)		
ㅋ	카 – kha	카드	khadū	cartão
ㅌ	타 – tha	타조	thajô	ema
ㅍ	파 – pha	파도	phadô	onda
ㅊ	차 – tcha	차	tchá	chá
		Som mais forte		
ㄲ	까 – ka	까마귀	camaguí	corvo
ㄸ	따 – ta	땀	tam	suor
ㅃ	빠 – pa	아빠	apá	papai
ㅆ	싸 – ssa	쌀	ssar	arroz
ㅉ	짜 – jja	짜다	jjada	ser salgado

2. Este último som será grifado em todas as palavras para distinguir do som da letra 'M' fechado.

Tabela do alfabeto coreano

Esta tabela mostra a maioria das pronúncias possíveis do alfabeto coreano e tem muitas letras que não são usadas na prática, mas podem ser pronunciadas.

	ㅏ	ㅑ	ㅓ	ㅕ	ㅗ	ㅛ	ㅜ	ㅠ	ㅡ	ㅣ	ㅐ	ㅒ	ㅔ	ㅖ	ㅘ	ㅙ	ㅚ	ㅝ	ㅞ	ㅢ
ㄱ	가	갸	거	겨	고	교	구	규	그	기	개	걔	게	계	과	괘	괴	궈	궤	긔
ㄴ	나	냐	너	녀	노	뇨	누	뉴	느	니	내	냬	네	녜	놔	놰	뇌	눠	눼	늬
ㄷ	다	댜	더	뎌	도	됴	두	듀	드	디	대	댸	데	뎨	돠	돼	되	둬	뒈	듸
ㄹ	라	랴	러	려	로	료	루	류	르	리	래	럐	레	례	롸	뢔	뢰	뤄	뤠	릐
ㅁ	마	먀	머	며	모	묘	무	뮤	므	미	매	먜	메	몌	뫄	뫠	뫼	뭐	뭬	믜
ㅂ	바	뱌	버	벼	보	뵤	부	뷰	브	비	배	뱨	베	볘	봐	봬	뵈	붜	붸	븨
ㅅ	사	샤	서	셔	소	쇼	수	슈	스	시	새	섀	세	셰	솨	쇄	쇠	숴	쉐	싀
ㅇ	아	야	어	여	오	요	우	유	으	이	애	얘	에	예	와	왜	외	워	웨	의
ㅈ	자	쟈	저	져	조	죠	주	쥬	즈	지	재	쟤	제	졔	좌	좨	죄	줘	줴	즤
ㅊ	차	챠	처	쳐	초	쵸	추	츄	츠	치	채	챼	체	쳬	촤	쵀	최	춰	췌	츼
ㅋ	카	캬	커	켜	코	쿄	쿠	큐	크	키	캐	컈	케	켸	콰	쾌	쾨	쿼	퀘	킈
ㅌ	타	탸	터	텨	토	툐	투	튜	트	티	태	턔	테	톄	톼	퇘	퇴	퉈	퉤	틔
ㅍ	파	퍄	퍼	펴	포	표	푸	퓨	프	피	패	퍠	페	폐	퐈	퐤	푀	풔	풰	픠
ㅎ	하	햐	허	혀	호	효	후	휴	흐	히	해	햬	헤	혜	화	홰	회	훠	훼	희
ㄲ	까	꺄	꺼	껴	꼬	꾜	꾸	뀨	끄	끼	깨	꺠	께	꼐	꽈	꽤	꾀	꿔	꿰	끠
ㄸ	따	땨	떠	뗘	또	뚀	뚜	뜌	뜨	띠	때	떄	떼	뗴	똬	뙈	뙤	뚸	뛔	띄
ㅃ	빠	뺘	뻐	뼈	뽀	뾰	뿌	쀼	쁘	삐	빼	뺴	뻬	뼤	뽜	뾔	뾔	뿨	쀄	쁴
ㅆ	싸	쌰	써	쎠	쏘	쑈	쑤	쓔	쓰	씨	쌔	썌	쎄	쎼	쏴	쐐	쐬	쒀	쒜	씌
ㅉ	짜	쨔	쩌	쪄	쪼	쬬	쭈	쮸	쯔	찌	째	쨰	쩨	쪠	쫘	쫴	쬐	쭤	쮀	쯰

(Consoantes)

2. Formação de frases (sujeito + complementos + verbo)

2.1 Sujeito + 은 ūn/는 nūn (partícula do sujeito)

ex: 지금은 아침입니다. jigūmūn atchimimnidá. Agora é de manhã.
    저는 학생입니다.   jónūn racssém imnidá. Eu sou estudante.

Sujeito + 이 i/가 ga (partícula do sujeito)

ex: 제가 지호입니다.   jegá jirrôimnidá.   Eu sou Jirro.
    제 동생이 오고 있어요. Jê dōm sem i ogô issóiô. O meu irmãozinho está chegando.

218

	Pronomes pessoais (formal /informal*)
Eu	저는, 제가/나는*, 내가* Jónūn, jega/nanūn, negá
Ele, ela, você	그분은, 당신은 /너는* Gūbunūn, dāmchinūn/nónūn
Nós	저희는/우리는* jórrinūn/urinūn*
Ele, ela, vocês	그분들은, 당신들은/너희들은* Gūbūndūrūn, dāmchindūrūn/nórridūrūn*
Pronomes possessivos (formal- informal*)	
Meu, Minha	저의, 제/나의*, 내 * Jóūi, jê/naūi*, ne*
dele, dela, Seu, Sua	그분의, 당신의/너의* Gūbunūi, dāmchinūi/nóūi*
Nosso, Nossa	저희의/우리의* jórriūi/urinūi*
Seus, Suas, deles, delas	그분들의, 당신들의/너희들의* Gūbūndūrūi, dāmchindūrūi/nórridūrūi*

2.2 Complementos + 을 ūr/를 rūr (partícula do complemento)

ex: 나는 매일 빵을 사요. nanūn meír pām ūr saiô. Eu compro pão todos os dias.
    우리는 바나나를 먹어요. urinūn bananarūr mógóiô. Nós comemos banana.

2.3 Os verbos estão no final das frases

ex: 저는 우유를 마셔요. jónūn uiurūr machióiô. Eu bebo leite.
    우리는 학교에 가요. urinūn racguioé gaiô. Nós vamos para a escola.
    진주는 공원에서 jinjunūn gōm uónesó Jinju anda de bicicleta no parque.
    자전거를 타요. jajóngórūr thaiô.

3. Tempos verbais (Conjugação de verbos)

3.1 Alguns verbos no presente:

ser	~이다	idá	~이에요	ieiô	~입니다	imnidá
ir	가다	gadá	가요	gaiô	갑니다	gamnidá
vir	오다	odá	와요	uaiô	옵니다	omnidá
comer	먹다	móctá	먹어요	mógóiô	먹습니다	mócssūmnidá
beber	마시다	machidá	마셔요	machióiô	마십니다	machimnidá

3.2 Alguns tempos verbais no passado

ser	이다	idá	~이었어요	issóssóiô	~이었습니다	issóssūmnidá
ir	가다	gadá	갔어요	gassóiô	갔습니다	gassūmnidá
vir	오다	odá	왔어요	uassóiô	왔습니다	uassūmnidá
comer	먹다	móctá	먹었어요	mógóssóiô	먹었습니다	mógóssūmnidá
beber	마시다	machidá	마셨어요	machióssóiô	마셨습니다	machióssūmnidá

3.3 Alguns tempos verbais no futuro

ser	이다	idá	~ㄹ 거예요	~r cóieiô	~ㄹ 겁니다	~r cómnidá
ir	가다	gadá	갈 거예요	garcóieiô	갈 겁니다	garcómnidá
vir	오다	odá	올 거예요	orcóieiô	올 겁니다	orcómnidá
comer	먹다	móctá	먹을 거예요	mógūrcóieiô	먹을 겁니다	mógūrcómnidá
beber	마시다	machida	마실 거예요	machircóieiô	마실 겁니다	machircómnidá

4. Presente – Verbo ser: ~이에요/예요/입니다 (~i e iô/ieiô/imnidá)

ex: 저는 학생이에요.
   jónūn rac<u>ssém</u> **ieiô**.
   Eu sou aluno.

   우리는 자매예요.
   urinūn jame**ieiô**.
   Nós somos irmãs.

   저는 변호사입니다.
   jónūn biónrrosá **imnidá**.
   Eu sou advogado.

5. Complemento nominal (partícula do sujeito): ~은/는/이/가 (~ūn/nūn/i/ga)

ex: 제 삼촌은 선생님입니다.
   Jê samtchon<u>ūn</u> són<u>sém</u> ním imnidá.
   O meu tio é professor.

   마리아는 학생입니다.
   maria<u>nūn</u> rac<u>ssém</u> imnidá.
   Maria é estudante.

은지가 텔레비전을 보고 있어요.
Ūnjigá thelebijónūr bogô issóiô.
Ūnji está assistindo televisão.

제 형이 나갔어요.
Jê rióm i nagassóiô.
O meu irmão mais velho saiu.

6. Verbos "estar em~/não estar em": ~에 있다/없다 (~e itá/óbtá)

ex: 수건이 화장실에 있어요.
sugóní ruajāmchiré issóiô.
A toalha está no banheiro.

핸드폰이 가방에 없어요.
rendūphoní gabām é óbssóiô.
O celular não está na mala.

7. Preposição "com": ~하고 (~ragô)

ex: 친구하고 커피를 마셔요.
tchingurragô khóphirūr machióiô.
Eu tomo café com um amigo.

8. Preposição "também": ~도 (~do)

ex: 나도 수영 할 거예요.
nadô suióm rarcóieiô.
Eu também vou nadar.

9. Preposição 1 "por" (quantidade): ~에 1 (~e 1)

ex: 세 개에 3천원이에요.
segueé sam tchóuonieio.
São 3 mil won por três.

10. Presente simples: ~습니다/ㅂ니다 (~sūmnidá/b nidá)

ex: 미나는 빵을 먹습니다.
Minanūn pām ūr mócssūmnidá.
Mina come pão.

저는 우유를 마십니다.
jónūn uiurūr machimnidá.
Eu tomo leite.

11. Imperativo formal 1: ~(으)세요 1 (~(ū)seio 1)

ex: 빨리 하세요!
parli raseio!
Faça rápido!

12. Imperativo formal 2: ~(으)세요 2 (~(ū)seio 2)

ex: 안녕히 주무세요!
Anhóm rí jumuseiô!
Durma bem!

13. Negativo: ~지 않다 (~ ji anthá)

ex: 이 상자는 크지 않아요.
I sām janūn khūji anaiô.
Esta caixa não é grande.

14. Pretérito perfeito: 았/었/였 ~ (ass/óss/ióss ~)

ex: 어제는 정말 좋았어요.
Ójenūn jóm már joassóio.
Ontem foi muito bom.

다 먹었어요.
da mógóssóio.
Já comi tudo.

문이 열렸어요.
muni iólióssóio.
A porta se abriu.

15. Preposição 2 "à(s)": ~에 2 (~e 2)

ex: 친구들과 산에 가요.
tchingudūr guá sané gaiô.
Vou à serra com os amigos.

16. Preposição "mas": 하지만/~지만/그러나/~그렇지만
(rajimán/~jimán/gūróna/~gūrótchimán)

ex: 아이가 넘어졌어요. 하지만 울지 않았어요.
   Aigá nómójóssóiô. Rajimán urjí anassóiô.
   A criança caiu, mas não chorou.

   저는 수영장에 갔지만 수영을 못했어요.
   jónūn suióm jām é gajjimán suióm ūr mothessóiô.
   Eu fui para a piscina, mas não pude nadar.

   친구를 만나러 갔어요. 그러나 못 만났어요.
   Tchingurūr mannaró gassóiô. Gūróná mod mannassóiô.
   Fui encontrar um amigo, mas não o encontrei.

   영화가 재미있었어요. 그렇지만 슬펐어요.
   Ióm ruagá jemí issóssóiô. Gūrótchimán sūrphóssóiô.
   O filme foi divertido, mas era triste.

17. Uso do Vamos + verbo: ~(으)ㅂ시다 (~ (ū) ㅂ chidá)

ex: 공원에 자전거 타러 갑시다.
   gõm uóné jajóngórūr tharó gabchidá.
   Vamos andar de bicicleta no parque.

18. Uso do "Que tal?/será que": ~(으)ㄹ 까요? (~r caiô?)

ex: 이 영화를 볼까요?
   i ióm ruarūr borcaiô?
   Que tal assistir a esse filme?

   담배 피워도 될까요?
   Dambe phiuódo dercaiô?
   Será que posso fumar?

19. Preposição "em": ~에서 (~esó)

ex: 제 어머니는 미용실에서 머리를 자르고 계세요.
   Jê ómónināun miiõmchiresó mórirūr jarūgô gueseiô.
   Minha mãe está cortando o cabelo no salão de beleza.

20. Uso de "gostaria de~": ~고 싶다 (~go chibtá)

ex: 나는 지금 축구하고 싶다.
   nanūn jigūm tchucurragô chibtá.
   Eu gostaria de jogar futebol agora.

21. Futuro 1: ~(으)ㄹ 것이다 (~ (ūr) r cóchidá)

ex: 열심히 공부할 것이다.
   iórchimi gōmbú rarcóchidá.
   Vou estudar muito.

22. Futuro 2: ~(으)ㄹ게요 (~(ū) r queiô)

ex: 나중에 마실게요.
   naj<u>um</u> é machirqueiô.
   Vou tomar depois.

23. Uso do verbo "poder": ~(으)ㄹ 수 있다/없다 (~(ū)r su idtá/óbtá)

ex: 나는 지금 나갈 수 있어요.
   jónūn jigūm nagarssú issóiô.
   Posso sair agora.

   우리는 내일 만날 수 없어요.
   urinūn neír mannarssú óbssóiô.
   Não podemos nos encontrar amanhã.

24. Uso do "se": ~(으)면 (~(ū)mión)

ex: 이 옷을 입으면 예쁠 거예요.
   i o sūr ibūmión iepūrcóieiô.
   Se vestir essa roupa, vai ficar bonita.

25. Preposição "para algum lugar": ~(으)로 (~(ū)rô)

ex: 아이들이 학교로 갑니다.
   aidūrí raquiorô gamnidá.
   As crianças vão para a escola.

26. Uso do verbo "ter/precisar que": ~아/어/여야 하다 (~a/ó/ió iá rradá)

ex: 오늘은 일찍 자야 해요.
onūrūn irjjíc jaiá rreiô.
Hoje preciso dormir cedo.

27. Preposição "e": ~고 (~go /co)

ex: 제 아들은 빵을 먹고 공부를 했어요.
jê adūrūn pām ūr mócô gōmburūr ressóiô.
Meu filho comeu pão e estudou.

28. Preposição "de": ~한테(서)/~에게(서) (~rranthesó/~eguesó)

ex: 저는 친구한테(서) 편지를 받았어요.
jónūn tchingú rranthe(só) phiónjirūr badassóiô.
Recebi uma carta de um amigo.

당신은 남자친구에게(서) 꽃을 받았어요.
dāmchinūn namjatchingu eguesó cosūr badassóiô.
Você recebeu uma flor do namorado.

29. Uso do verbo "ir" (presente) + verbo no futuro:
가서 + ~(으)ㄹ 거예요 (gasó + ~(ū)r cóieiô)

ex: 쇼핑몰에 가서 영화를 볼 거예요.
Chiophím moré gasó ióm ruarūr bor cóieiô.
Vou ao shopping e assistirei a um filme.

30. Presente contínuo: ~고 있다 (~co itá)

ex: 저는 지금 점심을 먹고 있어요.
jónūn jigūm jómchimūr mócô issóiô.
Eu estou almoçando agora.

31. Passado contínuo: ~고 있었다 (~go issótá)

ex: 우리는 어제 운동을 하고 있었어요.
urinūn ójê undōm ūr ragô issóssóiô.
Nós estávamos nos exercitando ontem.

32. Futuro contínuo: ~고 있을 것이다 (~go issūrcóchida)

ex: 저는 내일 공부를 하고 있을 거예요.
jónūn neír gōm burūr rragô issūr cóieiô.
Eu estarei estudando amanhã.

33. Uso dos verbos "acho/parece que": ~(으)ㄹ 것 같다 (~r có gathá)

ex: 아기가 곧 잘 것 같아요.
aguigá god jar có gathaiô.
Acho que o bebê dormirá logo.

당신은 슬픈 것 같군요.
Dāmchinūn sūrphūngó gacunnhô.
Você parece triste.

34. Conjunção "antes que": ~기 전에 (~gui jóné)

ex: 어두워지기 전에 집에 돌아와라.
óduuó jiguí jóné jibé dorá uará.
Volte para casa antes que escureça.

35. Uso do verbo "poderia"?:
~아/어/여 주시겠어요? (~a/ó/ió juchiguessóiô?)

ex: 도와 주시겠어요?
douá juchiguessóiô?
Poderia me ajudar?

비켜 주시겠어요?
Bikhiójuchiguessóiô?
Poderia me dar licença?

전화 주시겠어요?
Jónrrua juchiguessóiô?
Poderia me ligar?

36. Preposição "para alguém": ~에게/~한테/~께 (formal) (~eguê/~ranthé/~que)

ex: 저는 친구에게 선물을 줬어요.
jónūn tchingúegué sónmurūr juóssóiô.
Eu dei um presente para um amigo.

226

내 동생한테 사탕을 주었다.
ne dōm sem ranthé sathām ūr juótá.
Dei bala para o meu irmão mais novo.

저는 선생님께 꽃을 드렸습니다.
jónūn són<u>sem</u> nimqué cosūr dūrióssūmnidá.
Dei uma flor para a professora.

37. Uso do pronome "quando"?: 언제? (ónjê?)

ex: 언제 왔어요?
ónjê uassóiô?
Quando você chegou?

언제 떠날 거예요?
Ōnje tónarcóieiô?
Quando você vai partir?

38. Uso do pronome "o que"?: 무엇?/뭐? (muód?/muó?)

ex: 무엇이/뭐가 재미있어요?
Muóchí/mógá jemi issóiô?
O que é divertido?

무엇을/뭘 찾으세요?
muóssūr/muór tchajūseiô?
O que está procurando?

39. Uso do pronome "aonde"?: 어디? (ódí?)

ex: 어디 가니?
ódi gani?
Aonde você vai? (informal)

어디 가세요?
ódi gaseiô?
Aonde você vai? (formal)

227

40. Uso do pronome "como"?: 어떻게? (ótókhé?)

ex: 어떻게 지내세요?
ótókhé jineseiô?
Como vai?

41. Uso do pronome "por que"?: 왜? (ué?)

ex: 왜 늦었어요?
ué nūjóssóiô?
Por que você se atrasou?

42. Uso do pronome "quem"?: 누구?/누가 (nugú?/nugá?)

ex: 누구세요?
nuguseiô?
Quem é?

___누가 불렀어요?
Nugá burlóssóiô?
Quem chamou?

43. Uso do pronome "isto/este/esta":
이것이/이게/이것은/이건/이~ (igóchi/igu/igósūn/igón/i~)

ex: 이것이/이게 장미꽃이에요
igóchí/igué jām micochieiô.
Isto é uma rosa.

이것은/이건 장미꽃이에요
igósūn/igón jām micochieiô.
Isto é uma rosa.

이 꽃이 예뻐요.
I cochí iepóiô.
Esta flor é bonita.

44. Uso dos pronomes "aquilo/aquele/aquela":
저것이/저게/저것은/저건/저~ (jógóchi/jógue/jógósūn/jógón/jó)

ex: 저것이/저게 나무예요.
jógóchi/jógué namuieiô.
Aquilo é uma árvore.

저것은/저건 나비예요.
jógósūn/jógón nabiieiô.
Aquilo é uma borboleta.

저 사람은 뚱뚱해요.
jó saramūn tum tum rreiô.
Aquela pessoa é gorda.

45. Uso da expressão "não é?": (이)지요? (jiiô)

ex: 여보세요, 거기 김 선생님 댁이지요?
ióboseiô, góguí guim són sem ním deguijiiô?
Alô, aí é a casa do professor Kim, não é?

46. Uso da expressão "é": (이)ㄴ인데요 (indeiô)

ex: 네, 김 선생님 댁인데요.
ne, guim sónsem nim deguindeiô.
Sim, é a casa do professor Kim.

47. Preposição "e": ~와/~과 (~ua/~gua)

ex: 교실에 의자와 책상이 있습니다.
Guiochiré ūijauá tchecsām í issūmnidá.
Tem cadeira e mesa na sala.

교실에 책상과 의자가 있습니다.
guiôchiré tchecsām guá ūijagá issūmnidá.
Tem mesa e cadeira na sala.

48. Uso da expressão "do que": ~보다 (~boda)

ex: 은지는 미나보다 키가 큽니다.
ūnjinūn minabodá khigá khūmnidá.
Ūnji é mais alta do que Mina.

49. Preposição "de": ~의 (~ūi)

ex: 아빠의 자동차는 커요.
apaūi jadôm chanūn khóiô.
O carro do meu pai é grande.

50. Preposição "ou": ~(이)나/또는 (~(i)na/tonūn)

ex: 기차나 버스를 타세요.
guitchaná bósūrūr thaseiô.
Ande de trem ou ônibus.

새 또는 물고기를 사자.
Se tonūn murcoguirūr sajá.
Vamos comprar pássaro ou peixe.

51. Locuções "a partir de ~até às": ~부터 ~까지 (~buthó ~cají)

ex: 이 가게는 9시부터 오후 2시까지 열어요.
I gadenūn arrobchí buthó orrú duchícají ióróiô.
Abre a partir das 9 horas até às 2 horas.

52. Expressão "por causa de:: 때문에 (temuné)

ex: 감기 때문에 학교에 못 갔어요.
gamguí temuné raquioê mod gassóiô.
Por causa da gripe não pude ir à escola.

53- Expressão "verbo ir no presente + verbo infinitivo": ~러 가요 (~ró gaiô)

ex: 저는 지금 고기를 사러 가요.
jónūn jigūm goguírūr saró gaiô.
Vou comprar carne agora.

54. Expressão "gostar/não gostar de": 좋아하다/싫어하다 (joarradá/chirórradá)

ex: 저는 고기를 좋아해요./제 동생은 생선을 싫어해요.
jónūn goguirūr joarreiô./je dōm sem ūn sem sónūr chirórreiô.
Eu gosto de carne/Meu irmãozinho não gosta de peixe.

55. Expressão "se chama~": ~라고 하다 (~rago rradá)

ex: 저는 하나<u>라고</u> 합니다.
 jónūn rana<u>ragô</u> ramnidá.
 Eu me chamo Rana.

56. Uso de "contagem": ~개 coisas/~명 pessoas/~대 veículos/~살 idade/ ~켤레 calçados/~마리 animais/~잔 xícara/~권 livros/~종이 folhas/~송이 flor
~gue/~<u>mióm</u>/~de/~sar/~<u>khiórle</u>/~mari/~jan/~<u>guón</u>/~<u>jōm</u> i/~<u>sōm</u> i

ex: 바나나 6개 주세요.
 bananá iósóqué juseiô.
 Eu queria 6 bananas.

교실에 학생이 3명 있습니다.
guiôchiré rac<u>ssem</u> í se<u>mióm</u> issūmnidá.
Há 3 alunos na sala.

길에 차가 5<u>대</u> 있습니다.
Tchagá dasóté issūmnidá.
Há 5 carros na rua.

저는 30<u>살</u>입니다.
jónūn sórūn sarimnidá.
Tenho 30 anos.

구두가 열 <u>켤레</u> 있어요.
Gudugá iór khiórlé issóiô.
Há 10 pares de sapato.

저는 강아지 네 <u>마리</u>를 키우고 있어요.
jónūn g<u>ām a</u> jí nemarirūr khiugô issóiô.
Estou criando 4 cachorros.

키피 한 <u>잔</u> 주세요.
Khóphí ran ján jusseiô.
Uma xícara de café, por favor.

책 한 <u>권</u> 샀어요.
Tchec ran guón sassóiô.
Comprei um livro.

231

흰 종이 백 장 있어요?
rin jōm i bec jjām issóiô?
Tem 100 folhas em branco?

꽃 두 송이 포장해 주세요.
cod du sōm i phojām rré juseiô.
Embrulha 2 flores, por favor.

57. Uso de "horas": ~시 (~chi)

ex: 지금 몇 시예요?
jigūm mió chieiô?
Que horas são agora?

지금은 2시예요.
jigūmūn du chi ieiô.
São 2 horas agora.

지금은 3시 반이에요.
jigūmūn se chi bán ieiô.
São 3 horas e 30 minutos agora.

Lista de verbos 동사표 (dõmsaphio)

	동사 (Verbo)	아/어요 – ㅂ/습니다 (Afirmativo)	아/어요? – ㅂ/습니까? (Interrogativo)	(으)세요 (Imperativo)
1	가다 (ir)	가요 – 갑니다	가요? – 갑니까?	가세요
2	가르치다 (ensinar)	가르쳐요 – 가르칩니다	가르쳐요? – 가르칩니까?	가르치세요
3	가져가다 (levar)	가져가요 – 가져갑니다	가져가요? – 가져갑니까?	가져가세요
4	걷다 (caminhar)	걸어요 – 걷습니다	걸어요? – 걷습니까?	걸으세요
5	게임을 하다 (jogar)	게임을 해요 – 게임을 합니다	게임을 해요? – 게임을 합니까?	게임하세요
6	계시다 (estar-formal)	계세요 – 계십니다	계세요? – 계십니까?	계세요
7	계획하다 (planejar)	계획해요 – 계획합니다	계획해요? – 계획합니까?	계획하세요
8	공부하다 (estudar)	공부해요 – 공부합니다	공부해요? – 공부합니까?	공부하세요
9	기다리다 (esperar)	기다려요 – 기다립니다	기다려요? – 기다립니까?	기다리세요
10	나가다 (sair)	나가요 – 나갑니다	나가요? – 나갑니까?	나가세요
11	노래하다 (cantar)	노래해요 – 노래합니다	노래해요? – 노래합니까?	노래하세요
12	놓다 (por)	놓아요 – 놓습니다	놓아요? – 놓습니까?	놓으세요
13	넣다 (colocar)	넣어요 – 넣습니다	넣어요? – 넣습니까?	넣으세요
14	다니다 (andar)	다녀요 – 다닙니다	다녀요? – 다닙니까?	다니세요
15	닫다 (fechar)	닫아요 – 닫습니다	닫아요? – 닫습니까?	닫으세요
16	대답하다 (responder)	대답해요 – 대답합니다	대답해요? – 대답합니까?	대답하세요
17	도착하다 (chegar)	도착해요 – 도착합니다	도착해요? – 도착합니까?	도착하세요
18	돈을 쓰다 (gastar dinheiro)	돈을 써요 – 돈을 씁니다	돈을 써요? – 돈을 씁니까?	돈을 쓰세요
19	드리다 (dar-formal)	드려요 – 드립니다	드려요? – 드립니까?	드리세요
20	들어가다 (entrar)	들어가요 – 들어갑니다	들어가요? – 들어갑니까?	들어가세요
21	마시다 (beber)	마셔요 – 마십니다	마셔요? – 마십니까?	마시세요
22	만나다 (encontrar)	만나요 – 만납니다	만나요? – 만납니까?	만나세요
23	먹다 (comer)	먹어요 – 먹습니다	먹어요? – 먹습니까?	드세요/잡수세요

	동사 (Verbo)	아/어요 – ㅂ/습니다 (Afirmativo)	아/어요? – ㅂ/습니까? (Interrogativo)	(으)세요 (Imperativo)
24	받다 (receber)	받아요 – 받습니다	받아요? – 받습니까?	받으세요
25	보내다 (enviar)	보내요 – 보냅니다	보내요? – 보냅니까?	보내세요
26	보다 (ver)	봐요 – 봅니다	봐요? – 봅니까?	보세요
27	사다 (comprar)	사요 – 삽니다	사요? – 삽니까?	사세요
28	사랑하다 (amar)	사랑해요 – 사랑합니다	사랑해요? – 사랑합니까?	사랑하세요
29	생각하다 (pensar)	생각해요 – 생각합니다	생각해요? – 생각합니까?	생각하세요
30	수영하다 (nadar)	수영해요 – 수영합니다	수영해요? – 수영합니까?	수영하세요
31	쉬다 (descansar)	쉬어요 – 쉽니다	쉬어요? – 쉽니까?	쉬세요
32	시작하다 (começar)	시작해요 – 시작합니다	시작해요? – 시작합니까?	시작하세요
33	쓰다 (escrever)	써요 – 씁니다	써요? – 씁니까?	쓰세요
34	씻다 (lavar)	씻어요 – 씻습니다	씻어요? – 씻습니까?	씻으세요
35	앉다 (sentar)	앉아요 – 앉습니다	앉아요? – 앉습니까?	앉으세요
36	열다 (abrir)	열어요 – 엽니다	열어요? – 엽니까?	여세요
37	오다 (vir)	와요 – 옵니다	와요? – 옵니까?	오세요
38	올라가다 (subir)	올라가요 – 올라갑니다	올라가요? – 올라갑니까?	올라가세요
39	운동하다 (exercitar)	운동해요 – 운동합니다	운동해요? – 운동합니까?	운동하세요
40	인사하다 (cumprimentar)	인사해요 – 인사합니다	인사해요? – 인사합니까?	인사하세요
41	일어나다 (levantar)	일어나요 – 일어납니다	일어나요? – 일어납니까?	일어나세요
42	읽다 (ler)	읽어요 – 읽습니다	읽어요? – 읽습니까?	읽으세요
43	자다 (dormir)	자요 – 잡니다	자요? – 잡니까?	주무세요
44	주다 (dar)	주어요/줘요 – 줍니다	줘요? – 줍니까?	주세요
45	치다 (tocar)	쳐요 – 칩니다	쳐요? – 칩니까?	치세요
46	타다 (andar)	타요 – 탑니다	타요? – 탑니까?	타세요
47	팔다 (vender)	팔아요 – 팝니다	팔아요? – 팝니까?	파세요
48	하다 (fazer)	해요 – 합니다	해요? – 합니까?	하세요

	동사 (Verbo)	(으)ㄹ까요? (Proposta)	았/었어요 - 았/었습니다 (Passado)	(으)ㄹ 거예요/(으)ㄹ 겁니다 (Futuro)
1	가다 (ir)	갈까요?	갔어요/갔습니다	갈 거예요/갈 겁니다
2	가르치다 (ensinar)	가르칠까요?	가르쳤어요/가르쳤습니다	가르칠 거예요/가르칠 겁니다
3	가져가다 (levar)	가져갈까요?	가져갔어요/가져갔습니다	가져갈 거예요/가져갈 겁니다
4	걷다 (caminhar)	걸을까요?	걸었어요/걸었습니다	걸을 거예요/걸을 겁니다
5	게임하다 (jogar)	게임할까요?	게임했어요/게임했습니다	게임할 거예요/게임할 겁니다
6	계시다 (estar-formal)	계실까요?	계셨어요/계셨습니다	계실 거예요/계실 겁니다
7	계획하다 (planejar)	계획할까요?	계획했어요/계획했습니다	계획할 거예요/계획할 겁니다
8	공부하다 (estudar)	공부할까요?	공부했어요/공부했습니다	공부할 거예요/공부할 겁니다
9	기다리다 (esperar)	기다릴까요?	기다렸어요/기다렸습니다	기다릴 거예요/기다릴 겁니다
10	나가다 (sair)	나갈까요?	나갔어요/나갔습니다	나갈 거예요/나갈 겁니다
11	노래하다 (cantar)	노래할까요?	노래했어요/노래했습니다	노래할 거예요/노래할 겁니다
12	놓다 (pôr)	놓을까요?	놓았어요/놓았습니다	놓을 거예요/놓을 겁니다
13	넣다 (colocar)	넣을까요?	넣었어요/넣었습니다	넣을 거예요/넣을 겁니다
14	다니다 (andar)	다닐까요?	다녔어요/다녔습니다	다닐 거예요/다닐 겁니다
15	닫다 (fechar)	닫을까요?	닫았어요/닫았습니다	닫을 거예요/닫을 겁니다
16	대답하다 (responder)	대답할까요?	대답했어요/대답했습니다	대답할 거예요/대답할 겁니다
17	도착하다 (chegar)	도착할까요?	도착했어요/도착했습니다	도착할 거예요/도착할 겁니다
18	돈을 쓰다 (gastar dinheiro)	돈을 쓸까요?	돈을 썼어요/돈을 썼습니다	돈을 쓸 거예요/돈을 쓸 겁니다
19	드리다 (dar-formal)	드릴까요?	드렸어요/드렸습니다	드릴 거예요/드릴 겁니다
20	들어가다 (entrar)	들어갈까요?	들어갔어요/들어갔습니다	들어갈 거예요/들어갈 겁니다
21	마시다 (beber)	마실까요?	마셨어요/마셨습니다	마실 거예요/마실 겁니다
22	만나다 (encontrar)	만날까요?	만났어요/만났습니다	만날 거예요/만날 겁니다
23	먹다 (comer)	먹을까요?	드셨어요/드셨습니다	드실 거예요/잡수실 거예요 드실 겁니다/잡수실 겁니다
24	받다 (receber)	받을까요?	받았어요/받았습니다	받을 거예요/받을 겁니다

	동사 (Verbo)	(으)ㄹ까요? (Proposta)	았/었어요 - 았/었습니다 (Passado)	(으)ㄹ 거예요/(으)ㄹ 겁니다 (Futuro)
25	보내다 (enviar)	보낼까요?	보냈어요/보냈습니다	보낼 거예요/보낼 겁니다
26	보다 (ver)	볼까요?	봤어요/봤습니다	볼 거예요/볼 겁니다
27	사다 (comprar)	살까요?	샀어요/샀습니다	살 거예요/살 겁니다
28	사랑하다 (amar)	사랑할까요?	사랑했어요/사랑했습니다	사랑할 거예요/사랑할 겁니다
29	생각하다 (pensar)	생각할까요?	생각했어요/생각했습니다	생각할 거예요/생각할 겁니다
30	수영하다 (nadar)	수영할까요?	수영했어요/수영했습니다	수영할 거예요/수영할 겁니다
31	쉬다 (descansar)	쉴까요?	쉬었어요/쉬었습니다	쉴 거예요/쉴 겁니다
32	시작하다 (começar)	시작할까요?	시작했어요/시작했습니다	시작할 거예요/시작할 겁니다
33	쓰다 (escrever)	쓸까요?	썼어요/썼습니다	쓸 거예요/쓸 겁니다
34	씻다 (lavar)	씻을까요?	씻었어요/씻었습니다	씻을 거예요/씻을 겁니다
35	앉다 (sentar)	앉을까요?	앉았어요/앉았습니다	앉을 거예요/앉을 겁니다
36	열다 (abrir)	열까요?	열었어요/열었습니다	열 거예요/열 겁니다
37	오다 (vir)	올까요?	왔어요/왔습니다	올 거예요/올 겁니다
38	올라가다 (subir)	올라갈까요?	올라갔어요/올라갔습니다	올라갈 거예요/올라갈 겁니다
39	운동하다 (exercitar)	운동할까요?	운동했어요/운동했습니다	운동할 거예요/운동할 겁니다
40	인사하다 (cumprimentar)	인사할까요?	인사했어요/인사했습니다	인사할 거예요/인사할 겁니다
41	일어나다 (levantar)	일어날까요?	일어났어요/일어났습니다	일어날 거예요/일어날 겁니다
42	읽다 (comer)	읽을까요?	읽었어요/읽었습니다	읽을 거예요/읽을 겁니다
43	자다 (dormir)	잘까요?	잤어요/잤습니다	잘 거예요/잘 겁니다
44	주다 (dar)	줄까요?	주었어요/줬어요 주었습니다/줬습니다	줄 거예요/줄 겁니다
45	치다 (tocar)	칠까요?	쳤어요/쳤습니다	칠 거예요/칠 겁니다
46	타다 (andar)	탈까요?	탔어요/탔습니다	탈 거예요/탈 겁니다
47	팔다 (vender)	팔까요?	팔았어요/팔았습니다	팔 거예요/팔 겁니다
48	하다 (fazer)	할까요?	했어요/했습니다	할 거예요/할 겁니다

Frases comuns da lista de verbos

1. 가다 (IR)

학교에 가요./갑니다. **Racquioé gaiô/gamnidá.** – Vou para a escola.
어디 가요?/갑니까? **ódí gaiô?/gamnicá?** – Aonde vai?
빨리 가세요. **parlí gaseiô.** – Vai logo.
내일 갈까요? **neír garcaiô?** – Que tal ir amanhã?
어제 갔어요./갔습니다. **ójê gassóiô./gassūmnidá.** – Fui ontem.
내일 갈 거예요./갈 겁니다. **neír gar cóieiô./gar cómnidá.** – Vou amanhã.

2. 가르치다 (ENSINAR)

저는 한국어를 가르쳐요./가르칩니다. **Jónūn rangugórūr garūtchóiô./garūtchimnidá.** – Ensino coreano.
무엇을 가르쳐요?/가르칩니까? **Muósūr garūtchóiô?/garūtchimnicá?** – O que você ensina?
천천히 가르치세요. **Tchóntchóní garūtchiseiô.** – Ensine devagar.
나중에 가르칠까요? **Najum e garūtchircaiô?** – Quer que ensine depois?
아이들에게 피아노를 가르쳤어요./가르쳤습니다. **Aidūregue phianorūr garūtchóssóiô./garūtchóssūmnidá.** – Ensinei piano para as crianças.
내일부터 태권도를 가르칠 거예요./가르칠 겁니다. **Neirbuthó thecuóndorūr garūtchircóieiô./garūtchircómnidá.** – A partir de amanhã vou ensinar taekwondo.

3. 가져가다 (LEVAR)

가방을 가져가요./가져갑니다. **Gabām ūr gajógaiô./gajógamnida.** – Levo a mala.
무엇을 가져가요?/가져갑니까? **Muósūr gajógaiô./gajógamnicá?** – O que leva?
다 가져가세요. **Da gajógaseiô.** – Leve tudo.
나중에 가져갈까요? **Najum e gajógarcaiô?** – Quer que leve depois?
책을 안 가져갔어요./가져갔습니다. **Tchegūr an gajógassóiô./gajógassūmnidá.** – Não levei livro.
내일 가져갈 거예요./가져갈 겁니다. **Neir gajógar cóieiô./gajógar cómnidá.** – Vou levar amanhã.

4. 걷다 (CAMINHAR)

우리는 주말마다 공원을 걸어요/걷습니다. **Urinūn jumarmada gōm uónūr góróiô./góssūmnidá.** – Andamos no parque todos os fins de semana.
자주 걸어요?/걷습니까? **Jaju góróiô?/góssūmnicá?** – Anda frequentemente?
항상 걸으세요. **Rām sām górūseio.** – Ande sempre.
같이 걸을까요? **Gatchi górūrcaio?** – Quer que ande junto?
너무 많이 걸었어요./걸었습니다. **Nómu mani góróssóio./góróssūmnida.** – Andei demais.
내일 바닷가를 걸을 거예요./걸을 겁니다. **Neir badacarūr górūrcóieiô./górūrcómnidá.** – Amanhã vou andar na praia.

237

5. 게임을 하다 (JOGAR)

컴퓨터 게임을 해요./합니다. **Khómphiuthó queimūr reiô./ramnidá.** – Faço jogo de computador.
무슨 게임을 해요?/합니까? **Musūn queimūr reiô?/ramnicá?** – Qual é o jogo?
적당히 게임을 하세요. **Jóctām ri queimūr raseiô.** – Jogue moderadamente.
무슨 게임을 할까요? **Musūn queimūr rarcaiô?** – Que jogo quer fazer?
두 시간 동안 게임을 했어요./했습니다. **Du chigan tōm an queimūr ressóiô./ressūmnidá.** – Joguei por duas horas.
내일 게임을 할 거예요./할 겁니다. **Neir queimūr rarcóieiô./rar cómnidá.** – Amanhã vou jogar.

6. 계시다 (ESTAR EM ALGUM LUGAR-FORMAL)

제 아버지께서는 방에 계세요./계십니다. **Abójiquesónūn bām e gueseiô./guechimnidá.** – O meu pai está no quarto.
어디 계세요?/계십니까? **Ódi gueseiô?/guechimnicá?** – Onde está?
편안히 계세요. **Phiónrrague gueseiô.** – Fique à vontade.
어머니는 어디 계실까요? **Ómónīnūn ódi guechircaiô?** – Onde será que está a mamãe?
할머니께서는 집에 계셨어요./계셨습니다. **Rarmóniquesónūn jibe guechióssóiô./guechióssūmnidá.** – A vovó estava em casa.
사장님은 내일 회사에 계실 거예요./계실 겁니다. **Sajām nimūn neir ruesae guechircóieiô./guechir cómnidá.** – O chefe vai estar na empresa amanhã.

7. 계획하다 (PLANEJAR)

하루 일과를 계획해요./계획합니다. **Raru irguarūr guerruecrreiô./guerruecramnida.** – Planejo as atividades do dia.
무엇을 계획해요?/계획합니까? **Muósūr guerruec reiô?/guerruec ramnicá?** – O que planeja?
미리 미리 계획하세요. **Miri miri guerruec raseiô.** – Planeje com antecedência.
다시 계획할까요? **Dachi guerruec rarcaiô?** – Quer que planeje de novo?
벌써 1년 전에 계획했어요./계획했습니다. **Bórssó irlión jóne guerruec ressóiô./guerruecressūmnidá.** – Já planejei faz um ano.
나중에 계획할 거예요./계획할 겁니다. **Najum e guerruec rarcóieiô.** – Vou planejar depois.

8. 공부하다 (ESTUDAR)

한국어를 공부해요./공부합니다. **Rangugórūr gōm burreiô./gōm burramnidá.** – Estudo coreano.
언제 공부해요?/공부합니까? **Ónje gōm burreiô?/gōm burramnicá?** – Quando estuda?
빨리 공부하세요. **Parli gōm burraseiô.** – Estude logo.
같이 공부할까요? **Gatchi gōm burrarcaiô?** – Quer que estude junto?
공부 많이 했어요./했습니다. **Gōm bu mani ressóiô./ressūmnidá.** – Estudei muito.
밥을 먹고 공부할 거예요./공부할 겁니다. **Babūr móco gōm burrarcóieiô./gōm burrarcómnidá.** – Vou estudar depois de comer.

9. 기다리다 (ESPERAR)

제 친구를 기다려요./기다립니다. **Je tchingurūr guidarióiô./guidarimnidá.** – Espero o meu amigo.

누구를 기다려요?/기다립니까? **Nugurūr guidarióiô?/guidarimnicá?** – Quem você espera?
잠시만 기다리세요. **Jamchiman guidariseiô.** – Espere um momento, por favor.
조금만 더 기다릴까요? **Jogūmman dó guidarircaiô?** – Vamos esperar só mais um pouco?
30분이나 기다렸어요./기다렸습니다. **Samchipunina guidarióssóiô./guidarióssūmnidá.** – Já esperei meia hora.
5분만 더 기다릴 거예요./기다릴 겁니다. **Obunman dó guidarircóieiô./guidarircómnidá.** – Vou esperar só mais cinco minutos.

10. 나가다 (SAIR)

교실에서 나가요./나갑니다. **Guiochiresó nagaiô./nagamnidá.** – Saio da sala.
왜 나가요?/나갑니까? **Ué nagaiô?/nagamnicá?** – Por que está saindo?
천천히 나가세요. **Tchóntchóni nagaseiô.** – Saio devagar.
지금 나갈까요? **Jigūm nagarcaio?** – Que tal sair agora?
일찍 나가셨어요./나가셨습니다. **Irjjic nagachióssóiô./nagachióssūmnidá.** – Saiu cedo.
밤에 나갈 거예요./나갈 겁니다. **Bame nagar cóieiô./nagar cómnidá.** – Vou sair à noite.

11. 노래하다 (CANTAR)

아빠하고 노래해요./노래합니다. **Aparrago norerreiô./norerramnidá.** – Canto com o pai.
누구하고 노래해요?/노래합니까? **Nugurrago norerreiô?/norerramnicá?** – Com quem você canta?
혼자 노래하세요. **Ronja norerraseiô.** – Cante sozinho.
함께 노래할까요? **Ramque norerrarcaiô?** – Vamos cantar juntos?
두시간 동안 노래했어요./노래했습니다. **Du chigan tōm an norerressóiô./norerressūmnidá.** – Cantamos durante 2 horas.
내일 무대에서 노래할 거예요/노래 할 겁니다. **Neír mude esó norerrar cóieiô./norerrar cómnidá.** – Amanhã vou cantar no palco.

12. 놓다 (PÔR)

책을 책상에 놓아요./놓습니다. **Tchegūr tchecssām e noaiô./nossūmnidá.** – Ponho o livro na mesa.
책을 어디에 놓아요?/놓습니까? **Tchegūr ódie noaiô?/nossūmnicá?** – Onde põe o livro?
제자리에 놓으세요. **Je jarie noūsseiô.** – Põe no seu lugar.
어디에 놓을까요? **Ódie noūrcaiô?** – Onde quer que ponha?
연필을 서랍에 놓았어요./놓았습니다. **Iónphirūr sórabe noassóiô./noassūmnidá.** – Pus o lápis na gaveta.
의자에 놓을 거예요./놓을 겁니다. **Ūijae noūr cóieiô./noūr cómnidá.** – Vou por na cadeira.

13. 넣다 (COLOCAR)

가방에 넣어요./넣습니다. **Gabām e nóóiô./nóssūmnidá.** – Coloco na mala.
왜 여기에 넣어요?/넣습니까? **Ue ióguie nóóiô?/nóssūmnicá?** – Por que coloca aqui?
조금씩 넣으세요. **Jogūmchic nóūseiô.** – Coloque pouco a pouco.
어디에 넣을까요? **Ódie nóūrcaiô?** – Onde quer que coloque?

카드를 지갑에 넣었어요./넣었습니다. **Khadūrūr jigabe nóóssóiô./nóóssūmnidá.** – Coloquei o cartão na carteira.
물을 냉장고에 넣을 거예요./넣을 겁니다. **Murūr <u>nem jām</u> goe nóūr cóieiô./nóūr cómnidá.** – Colocarei a água na geladeira.

14. 다니다 (ANDAR-FREQUENTAR)

이 회사에 다녀요./다닙니다. **I ruesae danhóiô./danimnidá.** – Ando nesta empresa.
어느 회사에 다녀요?/다닙니까? **Ónū ruesae danhóiô?/danimnicá?** – Em que empresa trabalha?
조심히 다니세요. **Jochimi daniseiô.** – Ande com cuidado.
이 학원에 다닐까요? **I raguóne danircaiô?** – Que tal frequentar este curso?
저 학교에 다녔어요./다녔습니다. **Jó raquioe danhóssóiô./danhóssūmnidá.** – Andei naquela escola.
이 회사에 다닐 거예요./다닐 겁니다. **I ruesae danir cóieiô./cómnidá.** – Vou andar nesta empresa.

15. 닫다 (FECHAR)

빨리 닫아요./닫습니다. **Parli dadaiô./dassūmnidá.** – Fecho rápido.
왜 창문을 닫아요?/닫습니까? **Ue <u>tchām</u> munūr dadaiô?/dassūmnicá?** – Por que fecha a janela?
시끄러우니까 문을 닫으세요. **Chicūróunica munūr dadūseiô.** – Feche a porta, pois está muito barulho.
지금 문을 닫을까요? **Jigūm munūr dadūrcaiô?** – Quer que feche a porta agora?
이 문을 닫았어요./닫았습니다. **I munūr dadassóiô./dadassūmnidá.** – Fechei esta porta.
조금 있다가 닫을 거예요./닫을 겁니다. **Jogūm itaga dadūr cóieiô./dadūr cómnidá.** – Vou fechar daqui a pouco.

16. 대답하다 (RESPONDER)

빨리 대답해요./대답합니다. **Parli dedabpheiô/dedabrramnidá.** – Respondo logo.
왜 대답 안 해요?/안 합니까? **Ue dedab an reiô?/an ramnicá?** – Por que não responde?
큰 소리로 솔직하게 대답하세요. **Khūn soriro sorjjickhague dedabphaseiô.** – Responda em voz alta com sinceridade.
지금 대답할까요? **Jigūm dedabrrarcaiô?** – Quer que responda agora?
미리 대답했어요./대답했습니다. **Miri dedabrressóiô./dedabrressūmnidá.** – Já respondi.
회의 시간에 대답할 거예요./대답할 겁니다. **Rueūi chigane dedabrrarcóieiô./dedabrrar cómnidá.** – Responderei na reunião.

17. 도착하다 (CHEGAR)

일찍 도착해요./도착합니다. **Irjjic dotchacrreiô./dotchacrramnidá.** – Chego cedo.
몇 시에 도착해요?/도착합니까? **Mióchie dotchacrreiô?/dotchacrramnicá?** – Que horas você chega?
일찍 도착하세요. **Irjjic dotchacrraseiô.** – Chegue cedo.
언제 도착할까요? **Ónje dotchacrrarcaiô?** – Quando quer que chegue?

오전에 도착했어요./도착했습니다. **Ojóne dotchacrressóiô./dotchacrressūmnidá.** – Cheguei de manhã.
내일 밤에 도착할 거예요./도착할 겁니다. **Neír bame dotchacrrar cóieiô./dotchacrrar cómnidá.** – Chegarei amanhã à noite.

18. 돈을 쓰다 (GASTAR DINHEIRO)

지금 100헤알을 써요./씁니다. **Jigūm bec rearūr sóiô./sūmnidá.** – Gasto 100 reais agora.
왜 이렇게 돈을 많이 써요?/씁니까? **Ue irókhe donūr mani sóiô?/sūmnicá?** – Por que você gasta tanto dinheiro?
돈을 아껴 쓰세요. **Donūr aquió sūseiô.** – Economize dinheiro.
오만원만 쓸까요? **Omanuónman sūrcaiô?** – Que tal gastar só 50.000 won?
1.000헤알을 썼어요./썼습니다. **Tchón rearūr sóssóiô./sóssūmnidá.** – Gastei 1.000 reais.
3만원만 쓸 거예요./쓸 겁니다. **Sammanuónman sūr cóieiô./sūr cómnidá.** – Gastarei só 30.000 won.

19. 드리다 (DAR-FORMAL)

어머니께 선물을 드려요./드립니다. **Ómónique sónmurūr dūrióiô./dūrimnidá.** – Dou presente para a mãe.
무엇을 드려요?/드립니까? **Muósūr dūrióiô?/dūrimnicá?** – O que você dá?
정성껏 드리세요. **Jómsómcód dūriseiô.** – Dê com carinho.
꽃을 드릴까요? **Cosūr dūrircaiô?** – Que tal dar flores?
옷을 드렸어요./드렸습니다. **Osūr dūrióssóio./dūrióssūmnida.** – Dei roupa.
부모님께 용돈을 드릴 거예요./드릴 겁니다. **Bumonimque iōmtonūr dūrir coieiô./dūrir cómnidá.** – Darei mesada para os pais.

20. 들어가다 (ENTRAR)

지금 사무실에 들어가요./들어갑니다. **Jigūm samuchire dūrógaiô./dūrógamnidá.** – Entro no escritório agora.
어디에 들어가요?/들어갑니까? **Ódie dūrógaiô?/dūrógamnidá?** – Onde entra?
빨리 들어가세요. **Parli dūrógaseiô.** – Entre logo.
같이 들어갈까요? **Gatchi dūrógarcaiô?** – Quer que entre junto?
먼저 들어갔어요./들어갔습니다. **Mónjó dūrógassóiô./dūrógassūmnidá.** – Entrou primeiro.
잠시 후 들어갈 거예요./들어갈 겁니다. **Jamchi ru dūrógar cóieiô./dūrógar cómnidá.** – Vou entrar daqui a pouco.

21. 마시다 (BEBER)

우유를 마셔요./마십니다. **Uiurūr machióiô./machimnidá.** – Bebo leite.
무엇을 마셔요?/마십니까? **Muósūr machióiô?/machimnicá?** – O que você bebe?
같이 마실까요? **Gatchi machircaiô?** – Que tal bebermos juntos?
주스를 마셨어요./마셨습니다. **Jusūrūr machióssóiô./machióssūmnidá.** – Bebi suco.
밥을 먹고 물을 마실 거예요./마실 겁니다. **Babūr móco murūr machir cóieiô./machir cómnidá.** – Vou comer e beber água.

22. 만나다 (ENCONTRAR)

친구를 만나요./만납니다. **Tchingurūr mannaiô./mannamnidá.** – Encontro um amigo.
누구를 만나요?/만납니까? **Nugurūr mannaiô?** – Com quem você se encontra?
좋은 사람을 만나세요. **Joūn saramūr mannaseiô.** – Encontre uma boa pessoa.
언제 만날까요? **Ónje mannarcaiô?** – Quando você quer encontrar?
친구들을 만났어요./만났습니다. **Tchingudūrūr mannassóiô./mannassūmnidá.** – Encontrei com os amigos.
내일 사장님을 만날 거예요./만날 겁니다. **Neir sajāmnimūr mannar cóieiô./mannar cómnidá.** – Amanhã vou encontrar o chefe.

23. 먹다 (COMER)

저는 고기를 먹어요./먹습니다. **Jónūn goguirūr mógóiô./mócssūmnidá.** – Eu como carne.
뭘 먹어요?/먹습니까? **Mór mógóiô?/mócssūmnicá?** – O que você come?
천천히 먹으세요. **Tchóntchónrri mógūseiô.** – Coma devagar.
같이 먹을까요? **Gatchi mógūrcaiô?** – Quer que coma junto?
밥을 먹었어요./먹었습니다. **Babūr mógóssóiô./mógóssūmnidá.** – Comi arroz.
과일을 먹을 거예요./먹을 겁니다. **Guairūr mógūr cóieiô./mógūr cómnidá.** – Comerei uma fruta.

24. 받다 (RECEBER)

선물을 받아요./받습니다. **Sónmurūr badaiô./bassūmnidá.** – Recebo presente.
무엇을 받아요?/받습니까? **Muósūr badaiô?/bassūmnicá?** – O que você recebe?
두 손으로 받으세요. **Du sonūro badūseiô.** – Receba com as duas mãos.
편지를 받았어요./받았습니다. **Phiónjirūr badassóiô./badassūmnidá.** – Recebi carta.
언제 받을 거예요?/받을 겁니까? **Ónje badūr cóieiô?/badūr cómnicá?** – Quando vai receber?

25. 보내다 (ENVIAR)

이메일을 보내요./보냅니다. **Imeirūr boneiô./bonemnidá.** – Envio email.
무엇을 보내요?/보냅니까? **Muósūr boneiô?/bonemnicá?** – O que envia?
당장 보내세요. **Dāmjām boneseiô.** – Envie já.
언제 보낼까요? **Ónje bonercaiô?** – Quando quer que envie?
벌써 보냈어요./보냈습니다. **Bórssó bonessóiô./bonessūmnidá.** – Já enviei.
다음에 보낼 거예요./보낼 겁니다. **Daūme boner cóieiô./boner cómnidá.** – Vou enviar depois.

26. 보다 (VER)

텔레비전을 봐요./봅니다. **Thelebijónūr boaiô./bomnidá.** – Assisto televisão.
무엇을 봐요?/봅니까? **Muósūr boaiô?/bomnicá?** – O que você vê?
이 영화를 보세요. **I iómrruarūr boseiô.** – Veja este filme.
뭘 볼까요? **Mór borcaiô?** – O que quer assistir?
이 프로그램을 봤어요./봤습니다. **I phūrogūremūr boassóiô./boassūmnidá.** – Vi este programa.
다시 볼 거예요./볼 겁니다. **Dachi bor cóieiô./bor cómnidá.** – Vou ver de novo.

27. 사다 (COMPRAR)

빵을 사요./삽니다. **Pãm** ūr saiô./samnidá. – Compro pão.
누가 사요?/삽니까? **Nuga saiô?**/samnicá? – Quem compra?
조금만 사세요. **Jogūmman saseiô.** – Compre um pouco.
뭘 살까요? **Mór sarcaiô?** – O que quer comprar?
여러 가지를 샀어요./샀습니다. **Ióró gajirūr sassóiô.**/sassūmnidá. – Comprei várias coisas.
몇 가지만 살 거예요./살 겁니다. **Miód cajiman sar cóieiô.**/sar cómnidá. – Comprarei algumas coisas.

28. 사랑하다 (AMAR)

저는 당신을 사랑해요./사랑합니다. **Jónūn dãmchinūr sarãmrreiô.**/sarãmrramnidá. – Eu te amo.
당신은 누구를 사랑해요?/사랑합니까? **Dãm** chinūn nugurūr sarãmrreiô?/sarãmrramnicá? – A quem você ama?
서로 서로 사랑하세요. **Sóro sóro sarãmrreiô.** – Ame uns aos outros.
그녀를 사랑했어요./사랑했습니다. **Gūnhórūr sarãmrressóiô.**/sarãmrressūmnidá. – Eu a amei.
당신을 사랑할 거예요./사랑할 겁니다. **Dãm**chinūr sarãmrrar cóieiô./sarãmrrar cómnidá. – Vou te amar.

29. 생각하다 (PENSAR)

이렇게 생각해요./생각합니다. **Irókhe semgacrreiô.**/semgacrramnidá. – Penso assim.
어떻게 생각해요?/생각합니까? **Ótókhe semgacrreiô?**/semgacrramnicá? – Como você pensa? (O que você acha?)
다시 생각하세요. **Dachi semgacrraseiô.** – Pense de novo.
곰곰히 생각했어요./생각했습니다. **Gomgomrri semgacrreiô.**/semgacrressūmnidá. – Pensei muito bem.
잘 생각할 거예요./생각할 겁니다. **Jar semgacrrar cóieiô.**/semgacrrar cómnidá. – Vou pensar direito.

30. 수영하다 (NADAR)

저는 바다에서 수영해요./수영합니다. **Jónūn badaesó suiómrreiô.**/suiómrramnidá. – Eu nado no mar.
어디에서 수영해요?/수영합니까? **Ódiesó suiómrreiô?**/suiómrramnicá? – Onde você nada?
건강을 위해 수영하세요. **Góngãm** ūr uirre suiómrraseiô. – Nade para ter saúde.
우리 같이 수영할까요? **Uri gatchi suiómrrarcaiô?** – Vamos nadar juntos?
어제 수영장에서 수영했어요./수영했습니다. **Óje suiómjãm esó suiómrressóiô.**/suiómrressūmnidá. – Ontem nadei na piscina.
바닷가에서 수영할 거예요./수영할 겁니다. **Badacaesó suiómrrar cóieiô.**/suiómrrar cómnidá. – Vou nadar no mar.

31. 쉬다 (DESCANSAR)

오늘 집에서 쉬어요./쉽니다. **Onūr jibesó chióiô./chimnidá.** – Hoje descanso em casa.
언제 쉬어요?/쉽니까? **Ónje chióiô?/chimnicá?** – Quando descansa?
하루만 쉬세요. **Raruman chiseiô.** – Descanse apenas um dia.
조금 쉴까요? **Jogūm chircaiô?** – Quer descansar um pouco?
많이 쉬었어요./쉬었습니다. **Mani chióssóiô./chióssūmnidá.** – Descansei muito.
며칠 쉴 거예요./쉴 겁니다. **Miótchir chir cóieiô./chir cómnidá.** – Vou descansar alguns dias.

32. 시작하다 (COMEÇAR)

우리 팀은 새로운 프로젝트를 시작해요./시작합니다. **Uri thimūn seroun phūrojecthūrūr chijacrreiô./chijacrramnidá.** – Nossa equipe começa um novo projeto.
무엇을 시작해요?/시작합니까? **Muósūr chijacrreiô?/chijacrramnicá?** – O que você começa?
지금 시작하세요. **Jigūm chijacrreiô.** – Comece agora.
언제 시작할까요? **Ónje chijacrrarcaiô?** – Quando quer que comece?
운동을 시작했어요./시작했습니다. **Und<u>ō</u>m ūr chijacrressóiô./chijacrressūmnidá.** – Comecei os exercícios.
잠시 후에 시작할 거예요./시작할 겁니다. **Jamchi rue chijacrrar cóieiô./chijacrrar cómnidá.** – Começaremos daqui a pouco.

33. 쓰다 (ESCREVER)

공책에 써요./씁니다. **Gōmtchegue sóiô./sūmnidá.** – Escrevo no caderno.
어디에 써요?/씁니까? **Ódie sóiô?/sūmnicá?** – Onde escreve?
바르게 쓰세요. **Barūgue sūseiô.** – Escreva direito.
편지를 쓸까요? **Phiónjirūr sūrcaiô?** – Quer que escreva carta?
누구에게 편지를 썼어요?/썼습니까? **Nugu egue phiónjirūr sóssóiô?/sóssūmnicá?** – Para quem escreveu a carta?
어머니께 편지를 쓸 거예요./쓸 겁니다. **Ómónique phiónjirūr sūr cóieiô./sūr cómnidá.** – Escreverei uma carta para a mamãe.

34. 씻다 (LAVAR)

손을 씻어요./씻습니다. **Sonūr sissóiô./sissūmnidá.** – Lavo as mãos.
언제 씻어요?/씻습니까? **Ónje sissóiô?/sissūmnicá?** – Quando lava?
자주 씻으세요. **Jaju sissūseiô.** – Lave-se frequentemente.
손을 씻을까요? **Sonūr sissūrcaiô?** – Quer lavar as mãos?
발을 씻었어요./씻었습니다. **Barūr sissóssóiô./sissóssūmnidá.** – Lavei o pé.
내일 아침에 씻을 거예요./씻을 겁니다. **Neir atchime sisūr cóieiô./sisūr cómnidá.** – Vou me lavar amanhã de manhã.

35. 앉다 (SENTAR)

의자에 앉아요./앉습니다. **Ūijae anjūseiô./anjūbchidá.** – Sento na cadeira.
어디에 앉아요?/앉습니까? **Ódie anjaiô?/anjūmnicá?** – Onde você se senta?
여기 앉으세요. **Iógui anjūseiô.** – Sente-se aqui.

같이 앉을까요? **Gatchi anjürcaiô?** – Vamos sentar juntos?
멀리 앉았어요/앉았습니다. **Mórli anjassóiô./anjassŭmnidá.** – Sentou-se longe.
가까이 앉을 거예요./앉을 겁니다. **Gacai anjür cóieiô./anjür cómnidá.** – Vou sentar perto.

36. 열다 (ABRIR)

제가 문을 열어요./엽니다. **Jega munūr ióróiô./iómnidá.** – Eu abro a porta.
누가 문을 열어요?/엽니까? **Nuga munūr ióróiô?/iómnicá?** – Quem abre a porta?
살짝 여세요. **Sarjjac ióseiô.** – Abra devagar.
문 좀 열까요? **Mun jom iórcaiô?** – Vamos abrir a porta?
창문을 열었어요./열었습니다. **Tchām munūr ióróssóiô./ióróssŭmnidá.** – Abri a janela.
가게 문을 일찍 열 거예요./열 겁니다. **Gague munūr irjjic iór cóieiô./iór cómnidá.** – Abrirei cedo a porta da loja.

37. 오다 (VIR)

빨리 와요. /옵니다. **Parli uaiô. /omnidá.** – Vem logo.
언제 와요?/옵니까? **Ónje uaiô?/omnicá?** – Quando vem?
어서 오세요. **Ósó oseiô.** – Seja bem-vindo.
다시 올까요? **Datchi orcaiô?** – Quer que venha de novo?
벌써 왔어요./왔습니다. **Bórssó uassóiô./uassŭmnidá.** – Já veio.
내일 일찍 올 거예요./올 겁니다. **Neír irjjic orcóieiô./or cómnidá.** – Venho amanhã cedo.

38. 올라가다 (SUBIR)

계단으로 올라가요./올라갑니다. **Guedanŭro orlagaiô./orlagamnidá.** – Subo de escada.
어디에 올라가요?/올라갑니까? **Ódie orlagaiô?/orlagamnicá?** – Onde sobe?
어서 올라가세요. **Ósó orlagaseiô.** – Suba logo.
언제 올라갈까요? **Ónje orlagarcaiô?** – Quando quer que subamos?
엘리베이터로 올라갔어요./올라갔습니다. **Elibeithóro orlagassóiô./orlagassŭmnidá.** – Subiu pela escada.
걸어서 올라갈 거예요./올라갈 겁니다. **Górósó orlagar cóieiô./orlagar cómnidá.** – Subirei a pé.

39. 운동하다 (EXERCITAR)

항상 운동해요./운동합니다. **Rām sām undōmrreiô./undōmrramnidá.** – Me exercito sempre.
언제 운동해요?/운동합니까? **ónje undōmrreiô?/undōmrramnicá?** – Quando se exercita?
매일 운동하세요. **Meir undōmrreiô.** – Exercite-se todos os dias.
같이 운동할까요? **Gatchi undōmrrarcaiô?** – Quer que exercite junto?
공원에서 운동했어요./운동했습니다. **Gōm uónesó undōmrressóiô./undōmrressŭmnidá.** – Me exercitei no parque.
일주일에 두번씩 운동할 거예요./운동할 겁니다. **Irjjuire dubónchic undōmrrar cóieiô./undōmrrar cómnidá.** – Me exercitarei duas vezes por semana.

40. 인사하다 (CUMPRIMENTAR)

선생님께 인사해요./인사합니다. **Són<u>sem</u> nimque insarreiô./insarramnidá.** – Cumprimento o professor.
누구에게 인사해요?/인사합니까? **Nugu egue insarreiô?/insarramnicá?** – Quem cumprimenta?
예의 바르게 인사하세요. **Iei barŭgue insarreiô.** – Cumprimente educadamente.
서로 인사할까요? **Sóro insarrarcaiô?** – Que tal se cumprimentarem?
서로 인사했어요./인사했습니다. **Sóro insarressóiô./insarressŭmnidá.** – Se cumprimentaram.
먼저 인사할 거예요./인사할 겁니다. **Mónjó insarrar cóieiô./insarrar cómnidá.** – Cumprimentarei primeiro.

41. 일어나다 (LEVANTAR)

항상 일찍 일어나요./일어납니다. **R<u>āmsām</u> irjjic irónaiô./irónamnidá.** – Me levanto sempre cedo.
언제 일어나요?/일어납니까? **Ónje irónaiô?/irónamnicá?** – Quando você se levanta?
일찍 일어나세요. **Irjjic irónaseiô.** – Levante-se cedo.
몇 시에 일어날까요? **Mióchie irónarcaiô?** – Que horas vamos nos levantar?
늦게 일어났어요./일어났습니다. **Nŭque irónassóiô./irónassŭmnidá.** – Levantei tarde.
6시에 일어날 거예요./일어날 겁니다. **Iósóchie irónar cóieiô./irónar cómnidá.** – Levantarei às 6 horas.

42. 읽다 (LER)

책을 읽어요./읽습니다. **Tchegŭr irgóiô./icssŭmnidá.** – Leio livro.
뭘 읽어요?/읽습니까? **Muór irgóiô?/icssŭmnicá?** – O que lê?
책을 많이 읽으세요. **Tchegŭr mani irgŭseiô.** – Leia muitos livros.
성경을 읽었어요./읽었습니다. **Sómguióm ŭr irgóssóiô./irgóssŭmnidá.** – Li a bíblia.
한국어 책을 읽을 거예요./읽을 겁니다. **Rangugó tchegŭr irgŭr cóieiô./irgŭr cómnidá.** – Lerei livro coreano.

43. 자다 (DORMIR)

소파에서 자요./잡니다. **Sophaesó jaiô./jamnidá.** – Durmo no sofá.
어디에서 자요?/잡니까? **Ódiesó jaiô?/jamnicá?** – Onde você dorme?
안녕히 주무세요. **Annhómrri jumuseiô.** – Durma bem.
어제 일찍 잤어요./잤습니다. **Óje irjjic jassóiô./jassŭmnidá.** – Dormi cedo ontem.
오늘도 일찍 잘 거예요./잘 겁니다. **Onŭrdo irjjic jar cóieiô./jar cómnidá.** – Dormirei cedo hoje também.

44. 주다 (DAR)

아이에게 사탕을 줘요./줍니다. **Aiegue sath<u>ām</u> ŭr juóiô./jumnidá.** – Dou bala para a criança.
누구에게 줘요?/줍니까? **Nugu egue juóiô?/jumnicá?** – Para quem você dá?
커피 한 잔 주세요. **Khóphi ran jan juseiô.** – Me dê uma xícara de café.
뭐 드릴까요? **Muó dŭrircaiô?** – O que quer que eu dê?

선물을 줬어요./줬습니다. **Sónmurŭr juóssóiô./juóssŭmnidá.** – Dei um presente.
사랑을 줄 거예요./줄 겁니다. **Sarām ŭr jur cóieiô./jur cómnidá.** – Darei amor.

45. 치다 (TOCAR)

피아노를 쳐요./칩니다. **Phianorŭr tchóiô./tchimnidá.** – Toco piano.
뭘 쳐요?/칩니까? **Muór tchóiô?/tchimnicá?** – O que você toca?
천천히 치세요. **Tchón tchóni tchiseiô.** – Toque devagar.
다시 칠까요? **Dachi tchircaiô?** – Quer que toque de novo?
많이 쳤어요./쳤습니다. **Mani tchóssóiô./tchóssŭmnidá.** – Toquei muito.
매일 칠 거예요./칠 겁니다. **Meir tchir cóieiô./tchir cómnidá.** – Tocarei todos os dias.

46. 타다 (ANDAR)

버스를 타요./탑니다. **Póssŭrŭr thaiô./thamnidá.** – Ando de ônibus.
무엇을 타요?/탑니까? **Muósŭr thaiô?/thamnicá?** – Do que você anda?
빨리 타세요. **Parli thaseiô.** – Ande logo.
택시를 탈까요? **Thecchirŭr tharcaiô?** – Quer andar de táxi?
차를 탔어요./탔습니다. **Tcharŭr thaiô./thamnidá.** – Andei de carro.
기차를 탈 거예요./탈 겁니다. **Guitcharŭr thar cóieiô./thar cómnidá.** – Vou andar de trem.

47. 팔다 (VENDER)

저는 옷을 팔아요./팝니다. **Jónŭn osŭr pharaiô./phamnidá.** – Eu vendo roupa.
어디에서 팔아요?/팝니까? **Ódiesó pharaiô?/phamnicá?** – Onde vende?
많이 파세요. **Mani phaseiô.** – Venda bastante.
따로 팔까요? **Taro pharcaiô?** – Quer que venda separado?
다 팔았어요./팔았습니다. **Da pharassóiô./pharassŭmnidá.** – Vendi tudo.
더 팔 거예요./팔 겁니다. **Dó phar cóieiô./phar cómnidá.** – Vou vender mais.

48. 하다 (FAZER)

나는 숙제를 해요./합니다. **Nanŭn sucjjerŭr reiô./ramnidá.** – Faço a lição de casa.
뭘 해요?/합니까? **Muór reiô?/ramnicá?** – O que faz?
즐겁게 하세요. **Jŭrgóbque raseiô.** – Faça com alegria.
같이 할까요? **Gatchi rarcaiô?** – Quer que faça junto?
잘 했어요./했습니다. **Jar ressóiô./ressŭmnidá.** – Fez bem.
또 할 거예요./할 겁니다. **To rar cóieiô./rar cómnidá.** – Vou fazer de novo.

IV. GUIA DE DICAS CULTURAIS
문화에 대한 안내
mumrruae derran anne

Dica cultural 1: Atividades ao ar livre p. 24
문화에 대한 도움말 1: 야외 활동
munrrúae derran doummar 1: iáué rúardōm

Dica cultural 2: Piso com aquecimento p. 25
문화에 대한 도움말 2: 온돌방
munrrúae derran doummar 2: ondor bām

Dica cultural 3: Seul p. 38
문화에 대한 도움말 3: 서울
munrrúae derran doummar 3: Sóur

Dica cultural 4: Café da manhã p. 44
문화에 대한 도움말 4: 아침 식사
munrrúae derran doummar 4: atchim sicssa

Dica cultural 5: Ilha de "Jeju" p. 51
문화에 대한 도움말 5: 제주도
munrruae derran doummar 5: Jeju-do

Dica cultural 6: Na lanchonete ou restaurante p. 71
문화에 대한 도움말 6: 빵집 아니면 식당에서
munrruae derran doummar 6: **pām** jjib animión chic**tām** esó

Dica cultural 7: Brunch p. 73
문화에 대한 도움말 7: 브런치(아점)
munrrúae derran doummar 7: Brunch (ajóm)

Dica cultural 8: Almoço p. 73
문화에 대한 도움말 8: 점심
munrrúae derran doummar 8: jómchim

Dica cultural 9: Bebidas p. 74
문화에 대한 도움말 9: 음료수
munrrúae derran doummar 9: ūmnhosu

249

Dica cultural 10: Café p. 75
문화에 대한 도움말 10: 커피
munrrúae derran doummar 10: khóphi

Dica cultural 11: Taekwondo p. 90
문화에 대한 도움말 11: 태권도
munrruae derran dounmar 11: thecuóndo

Dica cultural 12: O grande festival de colheita p. 100
문화에 대한 도움말 12: 추석
munrrúae derran doummar 12: tchu sók

Dica cultural 13: Dinheiro ou cartão? p. 119
문화에 대한 도움말 13: 현금 아니면 카드?
Munrrúae derran doummar 13: rióngūm animión khadū?

Dica cultural 14: Cédulas e moedas p. 120
문화에 대한 도움말 14: 지폐와 동전
Munrrúae derran doummar 14: jipheua **dōm**jón

Dica cultural 15: Comprimento do pé e medidas de roupa p. 124
문화에 대한 도움말 15: 발 크기와 옷 사이즈
munrruae derran doummar 15: bar khūguiua od saijū

V. GUIA DO VOCABULÁRIO ATIVO
어휘 활용 안내
orrui ruariõm anne

Vocabulário ativo: Pegando um táxi p. 39
어휘 활용: 택시를 타면서
orrui ruariõm: thec chirūr thamiónsó

Vocabulário ativo: Viagem aérea p. 46
어휘 활용: 항공 여행
orrui ruariõm: rãm gõm ió**rrem**

Vocabulário ativo: Roupas e calçados p. 60
어휘 활용: 옷과 신발
orrui ruariõm: od gua chinbar

Vocabulário ativo: Hora de festejar! p. 77
어휘 활용: 파티 시간!
orrui ruariõm: phathi chigan!

Vocabulário ativo: Férias p. 79
어휘 활용: 휴가
orrui ruariõm: riu ga

Vocabulário ativo: De dieta p. 86
어휘 활용: 다이어트
orrui ruariõm: daióthū

Vocabulário ativo: Mantendo-se em forma p. 91
어휘 활용: 몸매 관리
orrui ruariõm: momme guarli

Vocabulário ativo: Lar doce lar p. 95
어휘 활용: 화목한 집
orrui ruariõm: ruamocrran jib

Vocabulário ativo: Afazeres domésticos p. 96
어휘 활용: 가사
orrui ruariõm: gasa

251

Vocabulário ativo: Trabalho e carreira p. 108
어휘 활용: 직장과 경력
orrui ruariōm: jicjjām gua guióm nhóc

Vocabulário ativo: Uma reunião de negócios p. 111
어휘 활용: 비즈니스 미팅
orrui ruariōm: bijūnisū mithim

Vocabulário ativo: Ligações telefônicas p. 117
어휘 활용: 전화 통화
orrui ruariōm: jónrruá thōm ruá

Vocabulário ativo: O dinheiro movimenta o mundo p. 120
어휘: 경제가 세상을 움직인다
orrui ruariōm: guióm jega sesām ūr umjiguinda

Vocabulário ativo: Namorando p. 127
어휘 활용: 데이트
orrui ruariōm: deithū

Vocabulário ativo: Romance e sexo p. 135
어휘 활용: 사랑과 섹스
orrui ruariōm: sarām gua secsū

Vocabulário ativo: Usando computadores p. 148
어휘 활용: 컴퓨터 사용하기
orrui ruariōm: khómphiuthó saiōm ragui

VI. DIÁLOGOS TRADUZIDOS
대화문 번역
derruamun bónhóc

QUEBRANDO O GELO
José: Está frio mesmo hoje!
Ana: Sim! Não estou acostumada a este tempo.
José: Então você não é daqui?
Ana: Sim, eu vim do Brasil. Lá é muito mais quente do que na Coreia.
José: Desculpe, eu não me apresentei. Meu nome é José.
Ana: Prazer em te conhecer José! Meu nome é Ana. Você é daqui?
José: Não, na verdade eu nasci no México, mas cresci aqui. Minha família se mudou para a Coreia quando eu tinha 3 anos.
Ana: É a primeira vez que visito a Coreia e achei a cidade muito mais bonita do que imaginava. E o que você faz?
José: Eu trabalho com seguros.
» Veja a versão em coreano desse diálogo na p. 14

ACHO QUE VOCÊ NÃO CONHECE MINHA AMIGA
Baur: Junsu! Há quanto tempo!
Junsu: Baur! Há quanto tempo, como vai?
Baur: Tudo bem. Quero apresentar a minha amiga Mina.
Junsu: Prazer em conhecê-la, Mina!
Mina: O prazer é meu!
Junsu: E você, estuda aqui em Seul?
Mina: Não. Só estou visitando. Na verdade eu sou de Degu.
Junsu: Sério? Eu tenho uma tia que mora em Degu. Eu já estive lá uma vez.
Mina: Já? O que achou?
Junsu: Gostei. É uma cidade muito bonita.
Baur: Junsu, desculpe interromper, mas preciso ir. Preciso voltar ao alojamento para pegar alguns livros para a minha próxima aula.
Junsu: Claro, nos vemos depois.
Mina: Foi ótimo conhecer você, Junsu.
Junsu: O prazer foi meu. Vejo vocês na próxima. Até mais.
» Veja a versão em coreano desse diálogo na p. 16

FALANDO SOBRE O TEMPO
Rijin: Você ouviu a previsão do tempo para o fim de semana?
Suji: Ouvi. Na previsão do tempo, sábado vai ser ensolarado, mas talvez chova um pouco no domingo.
Rijin: Eu não gosto de dia chuvoso. Eu sempre me sinto deprimida quando chove.

Suji: Entendo. Então você prefere o verão, não é?
Rijin: Ah, sim. É a estação que mais gosto. Você sabe, eu adoro atividades ao ar livre.*
Suji: Então, o que você está planejando fazer este fim de semana?
Rijin: Talvez eu vá à praia.
» Veja a versão em coreano desse diálogo na p. 23

FAZENDO RESERVA EM UM HOTEL

Recepção: Bom dia, Hotel Ranguc!
Jun Kim: Gostaria de reservar um quarto do dia 15 até 17.
Recepção: Um momento. Vou verificar as reservas. Sim, temos.
Jun Kim: Sim, então quanto é a diária para um casal?
Recepção: Seria US$ 95, com café da manhã incluso.
Jun Kim: Então gostaria de reservar um quarto para 3 dias, do dia 15 ao 17.
Recepção: Sim, senhor. O senhor está vindo para o congresso ortopédico?
Jun Kim: Não. Minha filha mora aí na Coreia. Vou visitá-la.
Recepção: Sim, entendi. Deixe-me preencher a ficha de reserva. Qual é o seu nome?
Jun Kim: Jun Kim.
Recepção: E...
» Veja a versão em coreano desse diálogo na p. 29

FAZENDO O CHECK-IN NO AEROPORTO

Atendente de check-in: Em que posso ajudar?
Passageira: Gostaria de fazer o chek-in. (entregando a passagem e o passaporte para o atendente de check-in)
Atendente de check-in: A senhora gostaria do assento ao lado da janela ou do corredor?
Passageira: Do corredor, por favor.
Atendente de check-in: Com certeza. Ao lado do corredor, então.
Passageira: E vocês têm assentos para não fumantes, por favor?
Atendente de check-in: Não se preocupe. Agora não é mais permitido fumar em nossos voos.
Passageira: Fico contente em saber disso!
Atendente de check-in: Então, a senhora pode colocar a sua mala aqui, por favor?
Passageira: Claro. É só uma mala. Posso levar esta como bagagem de mão?
Atendente de check-in: Sim. A senhora pode colocá-la no compartimento superior do avião. Aqui está o seu cartão de embarque. A senhora vai embarcar no portão 12.
Passageira: Obrigada.
» Veja a versão em coreano desse diálogo na p. 32

NO AVIÃO

Bom dia a todos, aqui é o comandante falando. Em 30 minutos aterrissaremos no aeroporto internacional de Seul. A hora local é 7:14. O tempo está ensolarado, a temperatura é de 20 graus Celsius. Espero que todos tenham tido um bom voo e em nome da Aerolíneas Coreia gostaria de agradecer a todos novamente por voar conosco.
Nina: Estou realmente contente por aterrissar logo.

Dabi: Você tem medo de avião?
Nina: Bom, não é uma das minhas ocupações favoritas.
Dabi: De onde você é?
Nina: Vim de De jón. E você?
Dabi: Vim do Brasil.
Nina: Sério? Eu sempre quis ir para o Brasil para passar o Carnaval. E as praias são maravilhosas, não é?
Dabi: São mesmo! É um ótimo lugar para passar as férias. E você está vindo a Seul a negócios?
Nina: Não! Meu irmão mora aqui. Na verdade eu vim visitá-lo. Não o vejo há muito tempo...
» Veja a versão em coreano desse diálogo na p. 33

PEGANDO UM TÁXI DO AEROPORTO PARA O HOTEL

Dabin: Táxi!
Motorista de táxi: Oi! Deixe-me colocar a sua bagagem no porta-malas.
Motorista de táxi: Para onde vai?
Dabin: Hotel Seul, por favor.
Motorista de táxi: Ok, senhor.
Dabin: Quanto tempo demora?
Motorista de táxi: Uns 40 minutos se o trânsito estiver bom. O senhor está em Seul a negócios?
Dabin: Sim. Eu vim para um congresso, mas tenho planos para me divertir também.
Motorista de táxi: Claro. Há muito para se fazer aqui.
Dabin: Quanto é?
Motorista de táxi: 29.000 won.*
Dabin: Ok. Aqui está. Fique com o troco.
Motorista de táxi: Obrigado. Vou pegar sua bagagem. Aqui está. Tenha uma boa estadia.
Dabin: Obrigado. Tchau.
» Veja a versão em coreano desse diálogo na p. 38

FAZENDO O CHECK-IN NO HOTEL

Recepcionista: Posso ajudar, senhor?
Senhor Park: Sim, eu tenho uma reserva em nome de Min Park.
Recepcionista: Um momento, por favor. Sim, aqui está, Min Park. O senhor vai ficar 6 dias, certo?
Senhor Park: Isso mesmo.
Recepcionista: Preencha esta ficha, por favor.
Senhor Park: Claro.
Recepcionista: O senhor vai ficar no quarto 201. A bagagem será entregue no seu quarto.
Senhor Park: Obrigado e vocês têm serviço de despertador?
Recepcionista: Sim. Que horas o senhor gostaria de ser acordado?
Senhor Park: 7:30 seria bom e que horas é o check-out?
Recepcionista: Meio-dia, senhor.
Senhor Park: Ok, obrigado.
Recepcionista: Não há de que, senhor!
» Veja a versão em coreano desse diálogo na p. 41

VIAGEM PARA O EXTERIOR
Bada: Você tem viajado muito, não é? Quantos países já visitou?
Minrro: Uns 17 países, mas ainda não conheço a Coreia.
Bada: O que você faz quando visita um país que não conhece?
Minrro: Visito todos os pontos turísticos e experimento os pratos típicos.
Bada: Que legal!
» Veja a versão em coreano desse diálogo na p. 45

HÁ UMA AGÊNCIA DO CORREIO AQUI PERTO?
Turista: Desculpe, há uma agência de correio aqui perto?
Transeunte 1: Sinto muito, mas não sei. Por que não pergunta para aquela pessoa?
Turista: Obrigado.
Turista: Com licença. Você sabe se há uma agência de correio aqui perto?
Transeunte 2: Sim, há uma no próximo quarteirão. É só ir reto e fica à esquerda.
Turista: Obrigado! Também preciso ir ao banco. Tem algum aqui perto?
Transeunte 2: O mais perto fica no próximo quarteirão virando à direita e andando mais um quarteirão.
Turista: Muito obrigado.
Transeunte 2: Não há de quê!
» Veja a versão em coreano desse diálogo na p. 47

ALUGANDO UM CARRO
Agente: Bom dia! Em que posso ajudá-lo?
Turista: Gostaria de alugar um carro por uma semana.
Agente: Claro. De que país o senhor é?
Turista: Do Brasil.
Agente: Ok. Posso ver a sua carteira de motorista?
Turista: Claro. Aqui está.
Agente: Certo. Que tipo de carro o senhor deseja?
Turista: Um econômico. Somos apenas eu e minha esposa, não precisamos de carro grande. A propósito, o seguro vem incluso?
Agente: Sim, vem com seguro incluso.
» Veja a versão em coreano desse diálogo na p. 50

PROBLEMAS COM O CARRO
Byóm Ju: Qual é o problema?
Jõm u: Não faço a mínima ideia. Simplesmente não pega.
Byóm Ju: Posso dar uma olhada?
Jõm u: Claro.
Byóm Ju: Parece um problema com injeção eletrônica. Você teve problemas com ela recentemente?
Jõm u: Não. Estava funcionando bem até agora.
Byóm Ju: Bom, então é melhor chamar um mecânico.
» Veja a versão em coreano desse diálogo na p. 52

HORA DO RUSH (TRÂNSITO RUIM)

Ujin: Odeio dirigir quando o trânsito está congestionado.
Minu: Eu também. É sempre assim na hora do rush.
Ujin: E se a gente pegar a rua de trás? Pode estar menos congestionada.
Minu: Ok. Vamos tentar. Você conhece algum atalho?
Ujin: Acho que conheço um. Vou virar à direita na próxima esquina.
» Veja a versão em coreano desse diálogo na p. 54

COMPRANDO ROUPAS

Atendente: Posso ajudar?
Senhor Kim: Sim. Estou procurando camisetas.
Atendente: Por aqui, por favor. Que tal estas?
Senhor Kim: Bem, em vez disso, não haveria camisa polo?
Atendente: Sim. Deixa eu lhe mostrar algumas. Que cor o senhor deseja?
Senhor Kim: Verde ou azul. Não tenho certeza.
Atendente: Que tal esta azul-claro?
Senhor Kim: É bonita. Posso experimentar?
Atendente: Claro. Que tamanho você usa?
Senhor Kim: Eu uso médio.
Atendente: Ok. Aqui está. Tem um provador ali.
Senhor Kim: Obrigado.
(Alguns segundos depois...)
Atendente: Serviu?
Senhor Kim: Acho que está um pouco apertada. Você tem um tamanho maior?
Atendente: Ok, aqui está.
Senhor Kim: Obrigado.
(O cliente vai de novo ao provador. Alguns segundos depois...)
Senhor Kim: Esta aqui ficou boa. Quanto é?
Atendente: Na verdade ela está em liquidação agora. Com 20% de desconto, ficou no valor de 30.000 won.
Senhor Kim: Ótimo. Vou levar.
Atendente: Bom! Precisa de mais alguma coisa?
Senhor Kim: Acho que não. Vocês aceitam cartão de crédito?
Atendente: Claro!
» Veja a versão em coreano desse diálogo na p. 57

UMA GRANDE LIQUIDAÇÃO

Juri: Haverá uma grande liquidação no Lotte essa semana. Tudo está com pelo menos 20% de desconto.
Jina: Sério? Então não podemos perder!
Juri: Eu estava planejando ir lá na quinta à tarde. O que você acha?
Jina: Ótimo! Eu não vou fazer nada na quinta à tarde. O que você acha de eu lhe pegar por volta das quatro horas?
Juri: Ótimo. Só não vamos nos entusiasmar e comprar mais do que realmente precisamos.

Jina: Bom, vamos ver...
» Veja a versão em coreano desse diálogo na p. 59

SAINDO PARA SE DIVERTIR
Minro: O que você quer fazer hoje à noite?
Lina: Não sei. Que tal ir ao teatro?
Minro: Bom. Vamos ver o jornal. Há uma peça nova no teatro Gumnib. O nome é **A Bela e a Fera**.
Lina: Parece drama. Eu odeio drama. Não há outra?
Minro: Que tal um musical? Parece ser legal....
Lina: Que horas é?
Minro: Vamos ver... Às 18 horas ou às 21 horas.
Lina: Vamos convidar a Mina e o Biro.
Minro: Boa ideia. Liga para os dois para ver o que vão fazer hoje à noite.
Lina: Ok!
» Veja a versão em coreano desse diálogo na p. 63

UM ÓTIMO FIM DE SEMANA
Jesóc: Como passou o fim de semana?
Gãm su: Foi maravilhoso!*
Jesóc: Sério? O que você fez?
Gãm su: Bem, nós assistimos a um programa de comédia na sexta à noite. Rimos sem parar.
Jesóc: Que programa assistiram?
Gãm su: Um programa de comédia chamada **Utchassa**!
Jesóc: Deve ter sido muito engraçado. E o que mais vocês fizeram?
Gãm su: Nós fomos ao clube jogar tênis no domingo e fomos na casa de um amigo.
» Veja a versão em coreano desse diálogo na p. 66

INDO AO CINEMA
Ūn ji: Você já assistiu ao novo filme de James Bond?
Mi ji: Não, Ainda não. E você?
Ūn ji: Ainda não. Quer assistir hoje? Esse filme está passando no Cinema Seul.
Mi ji: Claro. Amo filme de ação. Vamos comprar os bilhetes pela internet.
Ūn ji: Boa ideia! Vamos fazer assim.
» Veja a versão em coreano desse diálogo na p. 67

O QUE TEM PARA O JANTAR?
Jungui: Querida, o que tem para o jantar?
Sumi: Acho que vai ser pizza...
Jungui: Ah, de novo! Já enjoei de pizza e sanduíche. Precisamos mudar.
Sumi: Ok. Que tal jantar fora? Vamos a um restaurante novo no centro.
Jungui: Ok. Boa ideia. Vamos.
» Veja a versão em coreano desse diálogo na p. 69

NO RESTAURANTE
Garçom: Boa noite, querem fazer o pedido?
Jirro: Sim. Querida, o que você quer?
Inna: Quero Bibimpap.
Jirro: Ok, um Bibimpap para ela e um combinado de Burgogui para mim.
Garçom: Sim, senhor. E o que vão beber?
Inna: Quero um chá.
Jirro: Quero uma soda.
Garçom: Ok. Um chá e uma soda.
Jirro: Primeiro, você traz os acompanhamentos, por favor.
Garçom: Claro. Trago junto com as bebidas.
Jirro: Obrigado.
» Veja a versão em coreano desse diálogo na p. 70

UMA FESTA DE ANIVERSÁRIO
Só ión: Fico contente que tenha conseguido vir.
Sóc Jin: Obrigado pelo convite.
Só ión: Entre! Me dê o seu casaco.
Sóc Jin: Onde está Jun Rión?
Só ión: Ele está na cozinha, fatiando o pão.
Sóc Jin: Ele sempre ajuda você na cozinha?
Só ión: Não, na verdade ele não ajuda!
Sóc Jin: Isto é para o Bo Rión. Espero que ele goste do presente.
Só ión: Obrigada! Ele vai gostar mais se você entregar pessoalmente.
Sók Jin: Então, primeiramente, deixe-me cumprimentar os amigos...
» Veja a versão em coreano desse diálogo na p. 77

UM ÓTIMO LUGAR PARA PASSAR NAS FÉRIAS
Munrrióc: Você vai entrar de férias, não é?
Sóm u: É verdade. Acho que não vou consegui esperar até semana que vem. Preciso mesmo tirar alguns dias de folga.
Munrrióc: Como você está planejando passar as férias?
Sóm u: Minha esposa tem uma irmã que mora em Gãm uóndô, por isso nós estamos planejando passar uma semana lá.
Munrrióc: Gãm uóndô! Acho que vai ser legal. O clima é perfeito lá. É um ótimo lugar para passar as férias.
Sóm u: Eu sei. Minha filha de 12 anos está toda entusiasmada para ir ao festival de neve.
Munrrióc: Ótima escolha! Espero que vocês se divirtam bastante.
Sóm u: Tenho certeza de que sim. Obrigado!
» Veja a versão em coreano desse diálogo na p. 78

UMA VISITA AO MÉDICO

Médico: Boa tarde. Que dor está sentindo?
Mingui: Eu tenho dores de cabeça e às vezes sinto tonturas.
Médico: Você mudou a sua alimentação?
Mingui: Não.
Médico: Você tem trabalhado mais do que o normal?
Mingui: Não, mas tenho estado bastante estressado ultimamente.
Médico: Deixe-me examiná-lo. Você pode tirar a camisa e deitar-se na cama, por favor?
(alguns minutos depois...)
Médico: Não há nada. Preciso que você faça só exame de sangue. Por ora tome uma aspirina quando tiver dor de cabeça. Não deve ser nada sério.
» Veja a versão em coreano desse diálogo na p. 81

SENTINDO-SE DOENTE

Jungui: Mingui! Tudo bem? Está doente?
Mingui: Sim, na verdade, não estou me sentindo bem. Estou com dor de cabeça desde ontem à noite e sinto vontade de vomitar.
Jungui: E agora? Ainda não está bem? Tem algo que possa te ajudar?
Mingui: Não, tudo bem. Tenho tomado aspirina desde ontem à noite, mas não tem ajudado muito.
Jungui: Você não comeu alguma coisa que te fez mal?
Mingui: Não sei. Pode ser, mas se não melhorar acho que vou ao médico.
Jungui: Acho que é melhor.
» Veja a versão em coreano desse diálogo na p. 83

É MELHOR VOCÊ FAZER REGIME

Sumin: Puxa! Não acredito que engordei 2 kg em uma semana!
Dabin: Pensando bem, acho que você engordou um pouquinho.
Sumin: Eu sei.... Preciso mesmo fazer um regime.
Dabin: E precisa se exercitar com mais frequência. De qualquer forma, não deixe de ir ao médico antes de começar qualquer regime.
» Veja a versão em coreano desse diálogo na p. 85

NO DENTISTA

Dentista: Qual é o problema?
Paciente: Um dos meus dentes está doendo há algum tempo.
Dentista: Talvez seja uma cárie. Quando foi a última vez que você foi ao dentista?
Paciente: Acho que faz uns três anos. O problema é que fico nervoso quando vou ao dentista.
Dentista: Não se preocupe. Feche os olhos e relaxe.
Paciente: Vou tentar.
» Veja a versão em coreano desse diálogo na p. 87

MANTENDO-SE EM FORMA

Jei: Ei, que boa forma!
Gueri: É, tenho me exercitado regularmente há algum tempo.
Jei: Quantas vezes por semana você se exercita?
Gueri: Pelo menos três vezes por semana e também corro todas as manhãs.
Jei: Ah é? Também gostaria de ter tempo para me exercitar.
Gueri: Também usava a mesma desculpa. Então, precisa arrumar tempo. Lembre-se de como é importante ter um estilo de vida saudável.
Jei: Sim, tem razão!
» Veja a versão em coreano desse diálogo na p. 88

DICAS DE UM PERSONAL TRAINER

Theú: Eu me sinto fora de forma. Realmente preciso de um programa de exercícios. O que você recomenda?
Personal trainer: Como você não se exercita há muito tempo, primeiro você precisa fazer um check-up.
Theú: Certo. Eu estava pensando em fazer isso.
Personal trainer: Bom. Se estiver tudo bem com o seu exame médico, então você pode, aos poucos, começar um programa de exercícios. Você gosta de correr?
Theú: Gosto. O único problema é que eu fico bastante cansado após apenas alguns minutos.
Personal trainer: Claro que fica. Você não está em forma. Precisa começar devagar e gradualmente aumentar o ritmo.
» Veja a versão em coreano desse diálogo na p. 90

UM NOVO LUGAR PARA MORAR

Hana: Ouvi dizer que vocês vão se mudar.
Mina: Vamos, encontramos um apartamento maior aqui perto. Tem um dormitório a mais e a sala é grande.
Hana: Você estava precisando de uma casa maior.
Mina: Sim, já não havia espaço para mais nada.
Hana: Que bom que vocês vão ficar no mesmo bairro.
Mina: Ah é. Estamos tão acostumados com este bairro que não podíamos nos imaginar morando em outro lugar.
Hana: Me avise se precisar de ajuda.
» Veja a versão em coreano desse diálogo na p. 93

MEU AFAZER DOMÉSTICO PREFERIDO

Byóm u: Você ajuda com o trabalho doméstico?
Dom u: Claro, o meu afazer doméstico preferido é lavar os pratos.
Byóm u: Vocês têm empregada?
Dom u: Não, não temos. Temos uma faxineira que vem uma vez por semana.
Byóm u: É uma boa ajuda!
Dom u: Você sabe, minha esposa não tem tempo para mais nada, pois trabalha em uma empresa e cuida de três filhos.
Byóm u: Eu sei o que você quer dizer!
» Veja a versão em coreano desse diálogo na p. 96

VOCÊ SEMPRE MOROU EM UM APARTAMENTO?
Sr. Lee: Você sempre morou em apartamento?
Sr. Kim: Não, antes de casar morava em uma casa grande.
Sr. Lee: No começo deve ter sido difícil.
Sr. Kim: Foi bem difícil no começo, mas agora já me acostumei.
Sr. Lee: Então, há alguma vantagem em morar em apartamento?
Sr. Kim: Bom, há vantagens e desvantagens. Acho que uma das grandes vantagens é a segurança. Quando viajamos precisamos apenas trancar a porta, sem mais preocupações!
» Veja a versão em coreano desse diálogo na p. 97

PROBLEMAS COM O APARTAMENTO
Mansu: Estou cansado de morar nesse apartamento.
Young ju: Qual é o problema?
Mansu: Bom, a pia da cozinha está sempre entupida.
Young ju: Você já chamou um encanador para olhar?
Mansu: Já chamei duas vezes. Mas depois de alguns dias começa tudo de novo.
Young ju: Esse apartamento é velho mesmo.
Mansu: Eu sei. E tem algo de errado com o ralo do banheiro também.
Young ju: Se eu fosse você, começaria a procurar outro apartamento.
» Veja a versão em coreano desse diálogo na p. 98

VIDA FAMILIAR
Bora: Jun ho, como é a sua relação familiar?
Junrro: Eu tenho um irmão mais velho e uma irmã gêmea.
» Veja Vocabulário 5: Relações familiares p. 171
Bora: Você tem uma irmã gêmea?
Junrro: Sim, mas não somos muito parecidos.
Bora: Você vê todos eles com frequência?
Junrro: Não, o meu irmão mais velho mora longe e vejo uma vez por ano e a minha irmã vejo com frequência. De qualquer maneira, a família inteira se reúne pelo menos uma vez por ano, normalmente no dia de Ação de Graças.
» Veja a versão em coreano desse diálogo na p. 99

DOIS AMIGOS FALANDO SOBRE TRABALHO
Munsu: Qual é o problema? Você parece chateado.
Rojun: Tá certo. Estou cansado de fazer as mesmas coisas chatas no trabalho dia após dia.
Munsu: Já pensou em procurar um outro emprego?
Rojun: Sim, ultimamente tenho dado uma olhada nos anúncios de emprego do jornal e da internet.
Munsu: Que tipo de emprego você tem pensado?
Rojun: Não sei. Algo mais desafiador. Só estou cansado da mesma rotina de trabalho o dia inteiro.
Munsu: Eu sei o que você quer dizer.
» Veja a versão em coreano desse diálogo na p. 101

VOCÊ PRECISA DIMINUIR O RITMO!
Jesóc: Você parece pálido? Está se sentindo bem?
Ujin: Não.
Jesóc: Por que não tira uma folga o resto do dia e descansa?
Ujin: Acho que vou fazer isso. Tenho andado muito estressado ultimamente.
Jesóc: Às vezes precisamos viver diminuindo o ritmo, você sabe...
Ujin: Você tem razão! Obrigado.
» Veja a versão em coreano desse diálogo na p. 102

UMA ENTREVISTA DE EMPREGO
Entrevistador: Então, eu vi no seu currículo que você trabalha com publicidade há mais de dez anos.
Entrevistado: É verdade. Eu comecei a trabalhar com publicidade assim que me formei na faculdade.
Entrevistador: O que você mais gosta em publicidade?
Entrevistado: Bom, eu gosto principalmente da parte criativa. Desde que eu era criança, sempre gostei de bolar logotipos e slogans.
Entrevistador: E por que você gostaria de trabalhar conosco?
Entrevistado: Eu sinto que, com minha experiência na área, poderia certamente contribuir com ideias para novos produtos e campanhas de publicidade.
Entrevistador: Você sabe que nós fabricamos guinchos. Você sabe algo sobre esse produto?
Entrevistado: Não conheço muito, mas tenho certeza de que posso aprender tudo a respeito do assunto em pouco tempo. Além disso, seria um desafio trabalhar com um novo produto.
Entrevistador: Sim, entendo. Muito obrigado.
» Veja a versão em coreano desse diálogo na p. 104

O QUE VOCÊ ACHA DO NOVO PRODUTO?
Dujun: E então, o que acha do novo produto?
Biho: Acho melhor que o anterior. A fragrância é sem igual. Há um grande mercado para esse tipo de perfume. Tenho certeza de que vai agradar a todas as mulheres.
Dujun: Eu estou realmente entusiasmado. Como você acha que deveríamos promovê-lo?
Biho: Bom, para começar, acho que deveríamos colocar alguns anúncios em revistas e talvez até em outdoors.
Dujun: Concordo. Mal posso esperar a nossa reunião com a equipe de marketing.
» Veja a versão em coreano desse diálogo na p. 111

VOCÊ PODE PEDIR PARA ELE RETORNAR A LIGAÇÃO?
Recepcionista: Escritório de advocacia Seul, bom dia!
Yōm su: Bom dia, eu poderia falar com o dr. Jóm Ro Lee, por favor?
Recepcionista: Só um momento. Eu vou transferir para a secretária dele.
Yōm Su: Obrigado.
Secretária: Alô.
Yōm Su: Oi, posso falar com o dr. Jóm Ro Lee, por favor?
Secretária: O senhor pode esperar? Ele está atendendo outra pessoa na outra linha.
Yōm Su: Ok.

(Alguns minutos depois...)
Secretária: Ele ainda está ocupado. O senhor gostaria de deixar recado?
Yōm Su: Ah, sim. Meu nome é Yōm Su Kim. Você pode pedir para ele retornar a ligação?
Secretária: Claro. Ele tem o seu telefone?
Yōm Su: Não. O meu telefone é 010 4472-0984.
Secretária: 0-1-0-4-4-7-2-0-9-8-4.
Yōm Su: Isso mesmo. Obrigado!
Secretária: Então darei o recado.
» Veja a versão em coreano desse diálogo na p. 114

O DINHEIRO MOVIMENTA O MUNDO
Jei: Às vezes penso sobre o futuro do dinheiro.
Lina: O que você quer dizer?
Jei: Se o dinheiro desaparecer algum dia, será que alguma outra coisa vai poder substituir as notas e moedas?
Lina: Bom, um número cada vez maior de pessoas tem usado apenas cartões de crédito ultimamente.
Jei: Esta é a realidade, mas eu acho que alguma outra coisa vai acontecer. Com todos os novos dispositivos tecnológicos que estão sendo criados atualmente, nós provavelmente lidaremos com o dinheiro de uma forma eletrônica daqui a alguns anos.
Lina: É, isso deve mesmo acontecer, mas de qualquer modo o dinheiro sempre terá um papel importante em nossas vidas. Você sabe, o dinheiro movimenta o mundo.
» Veja a versão em coreano desse diálogo na p. 118

SEM TEMPO PARA PASSAR EM UM CAIXA ELETRÔNICO
Themin: Ei Miru, você pode me emprestar 20.000 won?
Miru: Claro. Para que você quer?
Themin: Conto mais tarde. Estou com pressa agora e não tenho tempo para passar em um caixa eletrônico par pegar dinheiro. Devolvo para você amanhã.
Miru: Sem problemas!
» Veja a versão em coreano desse diálogo na p. 119

UM NOVO NAMORADO
Minji: Você parece feliz hoje. Tem alguma boa novidade?
Yumi: Parece assim?
Minji: Parece.
Yumi: Bom, conheci um cara novo.
Minji: Ah é isso! Um novo namorado! Me conta, como ele é?
Yumi: Ele tem altura mediana, não é gordo nem magro, tem cabelos e olhos castanhos. Olha, tenho uma foto no meu celular.
Minji: Uau, ele é bonito! Que sorte você tem!
Yumi: Eu sei.
Minji: Quantos anos ele tem?
Yumi: Dezenove. Ele vai fazer vinte no próximo mês.

Minji: Bom para você!
» Veja a versão em coreano desse diálogo na p. 123

AS SEPARAÇÕES SÃO SEMPRE DIFÍCEIS!
Ju ri: Você parece mal! Qual é o problema?
So ri: Terminei com o Jiu.
Ju ri: O que aconteceu? Por que vocês se separaram?
So ri: Para começar, ele mentiu para mim várias vezes. Desta vez também mentiu. Eu descobri que ele tem saído com a Jeni, a mais bonitinha da escola.
Ju ri: É mesmo? Não sei o que lhe dizer. As separações são sempre difíceis. Ânimo!
Sue: Sim, obrigado.
» Veja a versão em coreano desse diálogo na p. 126

CONVIDANDO UMA COLEGA DE TRABALHO PARA JANTAR
Toni: Você tem compromisso hoje à noite?
Juri: Não, por quê?
Toni: Bom, se for possível, poderíamos jantar juntos em algum lugar.
Juri: Jantar!? Humm, qual é a intenção?
Toni: Nenhuma. É que a gente se conhece há tanto tempo. Não sei... Gostaria de conhecer você melhor.
Juri: Bom, eu adoraria. Só gostaria de ir para casa depois do trabalho e me trocar.
Toni: Sem problemas. Então posso pegar você mais tarde na sua casa?
Juri: Seria ótimo. Obrigada.
» Veja a versão em coreano desse diálogo na p. 129

FICA PARA A PRÓXIMA
Nara: Ok. Por hoje chega.
Therry: Bom. O que você acha de irmos tomar um drinque?
Nara: Fica para a próxima. Estou me sentindo muito cansado. Só quero ir para casa e relaxar.
Therry: Ah, vamos, não são nem 18 horas. A gente fica no bar só uma meia hora. Vai fazer bem a você.
Nara: Bom, para ser sincero, eu também estou com um pouco de dor de cabeça. Nós vamos amanhã, eu prometo.
Therry: Ok, descanse!
» Veja a versão em coreano desse diálogo na p. 130

VOCÊ DEVERIA SAIR COM MAIS FREQUÊNCIA
Da Bin: Munsu, algum problema? Você não parece muito bem.
Munsu: Não estou.
Da Bin: Qual é o problema?
Munsu: Acho que não me divirto há muito tempo. É só trabalho, trabalho, trabalho...
Da Bin: Você pensa assim? Então deveria sair com mais frequência e conhecer pessoas novas.
Munsu: Eu sei. É que eu tenho trabalhado tanto ultimamente que quase não tenho tempo para mais nada.
DaBin: Então, que tal irmos a uma boate hoje à noite?

Munsu: Uma boate? Não sei, estou me sentindo cansado...
DaBin: Sem desculpas. Eu passo para pegar você às 21 horas. Esteja pronto! E vamos comer uma pizza no caminho.
» Veja a versão em coreano desse diálogo na p. 131

ACHO QUE LHE DEVO DESCULPAS

Theu: Posso falar com você um minuto?
Seri: Ok, desembucha!
Theu: Acho que lhe devo desculpas pelo o que eu disse ontem.
Seri: Bom, se você quer saber a verdade, fiquei mesmo chateada com o que você disse ontem à noite.
Theu: Eu sei, não deveria ter sido tão desagradável. Sinto muito mesmo pelo o que eu disse, não quis dizer aquilo. Você acha que pode me perdoar?
Seri: Todos nós erramos, não se preocupe.
Theu: Sem ressentimento, ok? Desculpe.
Seri: Sim, está tudo bem.
» Veja a versão em coreano desse diálogo na p. 132

É POR ISSO QUE EU ADORO ESTE LUGAR!

Gam su: Olha só aquela gata ali.
Tcham ro: Nossa. Ela é mesmo linda demais, não é?
Gam su: Essa boate está cheia de garotas bonitas.
Tcham ro: Eu sei! É por isso que eu adoro este lugar.
Gam su: Bom, eu só espero que tenhamos sorte hoje à noite!
Tcham ro: Vai ser bom!
» Veja a versão em coreano desse diálogo na p. 134

UMA ROTINA DIÁRIA

Jey: Como é a sua rotina diária, Insu?
Insu: Bem... eu sempre levanto às 7 horas, tomo banho, tomo o café da manhã e saio para trabalhar às 8 horas.
Jey: E a que horas você normalmente chega no escritório?
Insu: Por volta das 8:30, se o trânsito estiver bom.
Jey: Você lê o jornal todos os dias?
Insu: Não. Só leio o jornal nos fins de semana, mas assisto ao noticiário noturno com frequência.
Jey: Então você deve dormir tarde?
Insu: Por volta da meia-noite.
Jey: Você não se sente cansado de manhã?
Insu: Não mesmo. Sete horas de sono bastam para mim.
» Veja a versão em coreano desse diálogo na p. 137

A VIDA NO BRASIL E NA COREIA

Junsu: Você já pensou sobre como a vida no Brasil é diferente da vida na Coreia?
Munsu: Sim, às vezes eu penso. Especialmente quando vejo filmes coreanos.
Junsu: Veja os carros, por exemplo. A maioria dos carros na Coreia são automáticos. Eles são muito mais fáceis de conduzir!
Munsu: Eu sei. Eu aluguei um quando fui para a Coreia há três anos. Outra coisa que achei interessante é o fato de que os coreanos comem muito mais no café da manhã do que nós.
Junsu: Ah, sim. O café da manhã é a refeição principal. As refeições na Coreia são saudáveis e variadas, com bastantes legumes e verduras, bem temperadas e os coreanos curtem muito o gosto apimentado.
Munsu: Bem, então o que você acha da comida brasileira?
Junsu: Há muita variedade de frutas e, principalmente, o sabor da carne é muito bom.
» Veja a versão em coreano desse diálogo na p. 138

ESTÁ QUENTE AQUI DENTRO!

Jiun: Puxa, está quente aqui! Posso ligar o ar-condicionado?
Sónrro: Seria bom, mas está quebrado.
Jiun: Ah não, não acredito!
Sónrro: Disseram que vão consertar logo.
Jiun: Gostaria de poder nadar hoje!
Sónrro: Eu também. Vamos sem falta na próxima.
» Veja a versão em coreano desse diálogo na p. 140

SENTINDO-SE CANSADO

Minsu: Eu estou cansado. Podemos ir para casa?
Ara: Há outra coisa que eu preciso comprar.
Minsu: O que é?
Ara: Calçados, lembra? Quero verificar a loja de sapatos novos.
Minsu: Sim, está ali. Então você se importa se eu me sentar no café enquanto você faz isso?
Ara: Ah, é mesmo? Gostaria que você fosse junto e desse a sua opinião, seria difícil?
Minsu: Não. Tudo bem. Mas vamos comprar rápido.
Ara: Sim, obrigada. Vamos comprar logo!
» Veja a versão em coreano desse diálogo na p. 141

UM DIA DURO

Themin: Você parece chateado.
Jeu: Eu tive um dia difícil.
Themin: O que aconteceu?
Jeu: Bem, no início da manhã eu tive um pneu furado, quando eu estava dirigindo para o trabalho. Mas isso não é tudo!
Themin: O que mais aconteceu?
Jeu: Quando eu finalmente cheguei ao escritório, percebi que eu tinha deixado a minha pasta com alguns relatórios importantes em casa.

Themin: Então, você voltou para casa?
Jeu: É isso mesmo. E adivinha o que aconteceu quando eu estava voltando para o escritório?
Themin: Eu não tenho a menor ideia.
Jeu: Por causa de uma batida de carro demorei mais de uma hora para voltar aqui. Como consequência a reunião com os vendedores foi cancelada.
Themin: Nossa, parece que você realmente teve um dia difícil!
» Veja a versão em coreano desse diálogo na p. 142

VOCÊ PODE ME DAR UMA MÃO?
Tchani: Ei, Jirrun, você pode me dar uma mão?
Jirrun: Claro. O que você precisa?
Tchani: Pode me ajudar a mover essas caixas?
Jirrun: Ok. Onde você quer colocá-las?
Tchani: Bem ali, na janela.
Jirrun: Tudo bem. Vamos fazê-lo! Uau! Elas são pesadas. O que tem nessas caixas?
Tchani: Principalmente papelada.
» Veja a versão em coreano desse diálogo na p. 144

OBRIGADO PELA CARONA!
Umin: Ei, Munsu! Aonde você está indo?
Munsu: Umin! Mundo pequeno! Estou indo ao centro.
Umin: Que bom! Estou indo também. Entre!
Munsu: Ótimo! Obrigado pela carona.
Umin: Você é sempre bem-vindo!
» Veja a versão em coreano desse diálogo na p. 144

COMO ERA A VIDA DOS COMPUTADORES
Dujun: Você pode imaginar como era a vida quando não havia computadores?
Rojun: Muito difícil, eu acho. Meu avô tem uma máquina de escrever antiga. Eu simplesmente não posso acreditar que as pessoas as usaram. Quero dizer, você não pode compará-los com os processadores de textos atuais. Computadores têm feito a vida de todos muito mais fácil.
Dujun: É. Basta pensar sobre o que seria a vida sem e-mail.
Rojun: Eu envio e recebo e-mails todos os dias. Eu simplesmente não consigo imaginar a minha vida sem eles. Eu acho que nós somos uma geração de sorte afinal. A vida é muito mais fácil agora.
Dujun: Bem, eu não tenho tanta certeza. Há sempre um lado negativo de tudo. Por causa de tantos dispositivos tecnológicos, hoje as pessoas trabalham muito mais do que antes.
Rojun: Isso é verdade. Se você tem um laptop, os e-mails vão segui-lo aonde quer que vá e os telefonemas também, se você tem um celular!
» Veja a versão em coreano desse diálogo na p. 147

E SE VOCÊ FOSSE UM WEBDESIGNER?

Nara: Então, o que você gostaria de ser se não fosse um web designer?
Baur: Eu não sei. Eu não consigo me imaginar fazendo outra coisa. Talvez eu pudesse ter sido um veterinário, eu amo os animais.
Nara: Sério? Você cria algum animal de estimação?
» Veja Vocabulário 21: Animais e bichos de estimação p. 191
Baur: Claro, eu crio dois cachorros e um gato.
Nara: Você é a pessoa que cuida deles, certo?
Baur: Ah, sim. Minha esposa não gosta muito de animais de estimação, então eu geralmente sou a pessoa que cuida deles.
» Veja a versão em coreano desse diálogo na p. 152

ELE ME PARECE UM CARA PROFISSIONAL

Guery: Então, o que você acha do novo funcionário no escritório?
Ubin: Eu acho que ele está se saindo bem. Ele me parece um cara profissional.
Guery: Há quanto tempo ele está na empresa?
Ubin: Cerca de cinco semanas, eu acho.
Guery: Sério? O tempo passa muito rápido.
» Veja a versão em coreano desse diálogo na p. 153

PRECISO DO SEU CONSELHO SOBRE ALGO

Therro: Você tem um minuto?
Junsu: Claro. O que há?
Therro: Nada de mais. Eu só gostaria de falar com você. Na verdade, eu preciso do seu conselho sobre algo.
Junsu: Sou todo ouvidos, pode falar!
Therro: Você sabe que eu estou prestes a concluir o ensino médio e eu estava planejando ir para a Faculdade de Direito como o meu pai fez.
Junsu: Sim, você sempre quis ser um advogado como seu pai.
Therro: Bem, esse é o ponto. Eu não tenho mais tanta certeza.
» Veja a versão em coreano desse diálogo na p. 154

POSSO FALAR COM O GERENTE, POR FAVOR?

Balconista: Bom dia! O que eu posso fazer por você, senhora?
Ūnji: Eu gostaria de falar com o gerente, por favor.
Balconista: Claro, talvez eu possa ajudar se a senhora me disser do que se trata.
Ūnji: Bem, eu comprei este liquidificador aqui ontem e fiquei surpreso ao descobrir esta manhã que ele não está funcionando direito.
Balconista: A senhora tem o recibo?
Ūnji: Claro, aqui está.
Balconista: Ok, senhora, sem problemas. A senhora prefere trocá-lo por outro ou receber o dinheiro de volta?
Ūnji: Eu queria um outro aparelho. Eu realmente preciso de um liquidificador novo, é por isso que eu comprei ontem aqui.

Balconista: Tudo bem. Só um minuto. Vou pegar um novo para a senhora.
Ŭnji: Obrigado pela sua ajuda!
» Veja a versão em coreano desse diálogo na p. 156

POR MIM TUDO BEM!
Rojin: Que tal dar um pulo na casa do Ujin hoje à noite? Nós não o vemos há muito tempo.
Minrro: Acho bom. Eu me pergunto o que ele tem feito.
Rojin: Às 19 horas é um horário bom para você?
Minrro: Pode ser um pouco mais tarde, às 20 horas?
Rojin: Claro. Você quer que eu lhe pegue?
Minrro: Seria ótimo. Ei, todos nós podíamos ir comer comida coreana. O que você acha?
Rojin: Por mim tudo bem! Tenho certeza de que Uju vai gostar da ideia também. Ele é fã da comida coreana. Vejo você às 20 horas, então.
» Veja a versão em coreano desse diálogo na p. 158

NOVOS TEMPOS, NOVOS TRABALHOS
Umin: Como você vê o mundo daqui a vinte anos?
Munsu: É meio difícil de imaginar. As coisas mudam tão rápido hoje em dia.
Umin: Você acha que as pessoas não vão se locomover até o trabalho?
Munsu: Bem, eu acho que muitas pessoas vão trabalhar em casa. Eu tenho um casal de amigos que faz isso agora.
Umin: E sobre empregos? Você acha que alguns deles vão desaparecer?
Munsu: Eu tenho certeza de que alguns vão. Veja por exemplo os alfaiates. Você quase não vê mais alfaiates.
Umin: Isso é verdade. Por outro lado a tecnologia fez surgir novos empregos, como web designers!
» Veja a versão em coreano desse diálogo na p. 159

VII. GUIA DO ÁUDIO: FAIXA E PÁGINA
CD 안내문:트랙 및 페이지
CD annemun: thūrec mid phéiji

트랙 1: Quebrando o gelo p. 13
서먹한 분위기를 깨면서 sómókhán buniguirūr quemiónsó

트랙 2: Acho que você não conhece minha amiga p. 15
내 친구를 모르는 것 같아요 ne tchingurūr morūnūn gód gathaiô

트랙 3: Falando sobre o tempo p. 23
날씨에 대해 말하면서 narchie derre mar ramiónsó

트랙 4: Fazendo reserva em um hotel p. 29
호텔 예약 rother ieiác

트랙 5: Fazendo o check-in no aeroporto p. 31
탑승 수속 thab<u>sūm</u> susôc

트랙 6: No avião p. 33
비행기에서 bi<u>rrem</u> guiesó

트랙 7: Pegando um táxi do aeroporto para o hotel p. 37
공항에서 호텔로 택시를 타면서 <u>gōm</u> <u>ruãm</u> esó rotherlo thec chirūr thamiónsó

트랙 8: Fazendo o check-in no hotel p. 40
호텔에서 체크인을 하면서 rotheresó chekhūinūr ramiónsó

트랙 9: Viajando para o exterior p. 45
해외 여행 reué ió<u>rrém</u>

트랙 10: Tem uma agência do correio aqui perto? p. 47
근처에 우체국이 있나요? Gūn tchóe utchegugui innaiô?

트랙 11: Alugando um carro p. 50
차 렌트하기 tcha ~renthūrragui

트랙 12: Problemas com o carro p. 52
차 문제에 관하여 tcha munjeé guanrraió

271

트랙13: Hora do rush p. 54
혼잡한 시간 (러시아워) **ronjaphán chigán (-róchiauó)**

트랙14: Comprando roupas p. 56
옷을 사면서 **o sūr samión só**

트랙15: Uma grande liquidação p. 59
바겐 세일 **baguen seir**

트랙16: Saindo para se divertir p. 63
여가를 즐기기 위해 나가면서 **iógarūr jūrguigui uirre nagamiónsó**

트랙17: Um ótimo fim de semana p. 66
좋은 주말 **joūn jumar**

트랙18: Indo ao cinema p. 67
영화 보러 가면서 **ióm ruaboró gamiónsó**

트랙19: O que tem para o jantar? p. 69
저녁 메뉴는 뭐예요? **jónhóc menhunūn muóieiô?**

트랙20: No restaurante p. 70
식당에서 **chictām esó**

트랙21: Uma festa de aniversário p. 76
생일 파티 **sem ir phathi**

트랙22: Um ótimo lugar para passar as férias p. 78
휴가 가기 좋은 장소 **riugá gaguí joūn jām so**

트랙23: Uma visita ao médico p. 81
병원에서 **bióm uónesó**

트랙24: Sentindo-se doente p. 83
질병 **jirbióm**

트랙25: É melhor você fazer regime! p. 85
다이어트를 하는게 좋을거야! **Daióthūrūr ranūngue joūrgóia!**

트랙26: No dentista p. 87
치과에서 **tchigua esó**

트랙27: Mantendo-se em forma p. 88
몸매 관리 momme guarli

트랙28: Dicas de um personal trainer p. 90
개인 트레이너의 도움말 guein thūreinóūi doummar

트랙29: Um novo lugar para morar p. 93
새로 살 집 sero sar jib

트랙30: Meu afazer doméstico preferido p. 96
내가 제일 좋아하는 집안 일 nega jeir joarranūn jiban ir

31: Você sempre morou em um apartamento? p. 97
당신은 항상 아파트에서 살았어요? Dãm chinūn rãm sãm aphathūe sarassóiô?

트랙32: Problemas com o apartamento p. 98
아파트 문제 aphathū munje

트랙33: Vida familiar p. 99
가정 생활 gajóm sem ruar

트랙34: Dois amigos falando sobre trabalho p. 101
직장에 대해서 이야기하는 두 친구 Jic jjãm e derresó i iaguirranūn du tchingú

트랙35: Você precisa diminuir o ritmo! p. 102
천천히 하기! tchón tchón ri raguí

트랙36: Uma entrevista de emprego p. 104
면접 miónjób

트랙37: O que você acha do novo produto? p. 110
신제품에 대해서 어떻게 생각해요? Chinjephume derre só óthókhe sem gacrreió?

트랙38: Você pode pedir para ele retornar a ligação? p. 114
다시 전화 주시라고 전해주시겠어요? dachi jónrrua juchirago jónrrejuchiguessóió?

트랙39: O dinheiro movimenta o mundo p. 118
세상을 돌아가게 하는 경제 sesãm ūr doragague ranūn guióm je

트랙40: Sem tempo para passar em um caixa eletrônico p. 119
자동 현금 인출기에 갈 시간이 없어요 jadōm rióngūm intchurguie gar chigani óbssóió

273

트랙41: Um novo namorado p. 123
새 남자 친구 se namja tchingu

트랙42: As separações são sempre difíceis! p. 126
헤어 질때는 항상 어렵다! Reójirtenūn rām sām órióbta!

트랙43: Convidando uma colega de trabalho para jantar p. 129
저녁 식사에 직장 동료 초대하기 jónhóc sicssae jicjjām dōmnho tchoderragui

트랙44: Fica para a próxima p. 130
다음 기회에 하기 daūm guirrue e ragui

트랙45: Você deveria sair com mais frequência p. 131
좀 더 자주 외출하기 jom dó jaju uetchur ragui

트랙46: Acho que lhe devo desculpas p. 132
내가 당신에게 사과해야 할 것 같아요 nega dām chinegue saguarreia rar cód gathaio

트랙47: É por isso que eu adoro este lugar! p. 134
그래서 내가 이곳을 좋아하는 거야! Gūressó nega igossūr joarranūn góia!

트랙48: Uma rotina diária p. 137
일상 irssām

트랙49: A vida no Brasil e na Coreia p. 138
브라질 그리고 한국 생활 būrajir gūrigo ranguc sem ruar

트랙50: Está quente aqui dentro! p. 140
여기는 덥다! ióguinūn dóbta!

트랙51: Sentindo-se cansado p. 141
피곤하다 phigonrrada

트랙52: Um dia duro p. 142
힘든 하루 rimdūn raru

트랙53: Você pode me dar uma mão? p. 144
도와 줄 수 있습니까? Doua jur su issūmnicá?

트랙54: Obrigado pela carona! p. 144
태워 줘서 고마워요! Theuó juósó gomauóio!

트랙55: Como era a vida antes dos computadores p. 147
컴퓨터가 나오기 이전 생활 Khómphiuthóga naogui ijón sem ruar

트랙56: E se você não fosse um web designer? p. 152
웹 디자이너가 아니라면? Uéb dijainóga aniramión?

트랙57: Ele me parece um cara profissional p. 153
전문가인 것 같아요 Jónmungain gód gathaio

트랙58: Preciso do seu conselho sobre algo p. 154
조언이 필요하다 Joóni phiriorrada

트랙59: Posso falar com o gerente, por favor? p. 156
관리자와 이야기해도 되겠습니까? Guarlijauá i iáguirredo dueguessūmnicá?

트랙60: Por mim tudo bem! p. 158
나는 좋아! nanūn joa!

트랙61: Novos tempos, novos trabalhos p. 159
새로운 시간, 새로운 일! Seroun chigan, seroun ir!

BIBLIOGRAFIA

Dicionário coreano-português:
한국어-포르투갈어 사전 한국외국어대학교 출판부, 2002.

Dicionário português-coreano:
Sungangdang. Seoul, Korea, 1980.

Sites pesquisados:
www.google.com (Wikipedia)
www.naver.net

COMO ACESSAR O ÁUDIO

Todo o conteúdo em áudio referente a este livro, você poderá encontrar em qualquer uma das seguintes plataformas:

Ao acessar qualquer uma dessas plataformas, será necessário a criação de uma conta de acesso (poderá ser a versão gratuita). Após, pesquise pelo título completo do livro, ou pelo autor ou ainda por **Disal Editora**, localize o álbum ou a playlist e você terá todas as faixas de áudio mencionadas no livro.

Para qualquer dúvida, entre em contato com **marketing@disaleditora.com.br**

IMPORTANTE:
Caso você venha a encontrar ao longo do livro citações ou referências a CDs, entenda como o áudio acima indicado.

Este livro foi composto nas fontes Interstate e Myriad Pro e impresso em novembro de 2024 pela Paym Gráfica Editora Ltda., sobre papel offset 75g/m^2.